트럼프의 퇴장?

2020년 미국 대통령 선거의
평가와 전망

미국정치연구회 편

박영사

서문

2020년 11월 3일에 열린 미국 대통령 선거에서 바이든(Joe Biden) 민주당 후보가 제46대 대통령으로 당선되었다. 바이든 후보는 306개의 선거인단을 확보한 반면, 트럼프 대통령은 232개의 선거인단을 확보하였다. 이는 선거 전 예상되었던 박빙의 승부와는 거리가 먼, 바이든 후보의 낙승이라고 판단할 수 있는 결과이다. 바이든 후보가 2016년 선거에서 클린턴(Hillary Clinton)이 아깝게 잃은 미시건, 위스콘신, 펜실베이니아를 탈환했을 뿐만 아니라, 오랫동안 공화당의 텃밭으로 알려진 애리조나와 조지아에서도 승리하였던 점을 특히 주목할 만하다. 포퓰리스트 정치인으로서 기존 미국 정치 질서에 많은 혼란을 가져온 트럼프(Donald Trump) 대통령의 재선을 막기 위한 미국 유권자의 힘을 확인할 수 있기 때문이다.

바이든 행정부가 미국 사회를 "더 나은 모습으로 되돌리겠다(Build Back Better)"는 슬로건을 걸고, 코로나-19 방역, 경기 부양, 인종 차별 문제 해결, 그리고 기후 변화 대처라는 네 가지 국정과제를 설정한 것은 놀랍지 않다. 하지만 바이든 행정부와 민주당이 이 국정과제를 완수하기 위해서 넘어야 할 장벽이 높다. 성공적인 국정운영을 위해서는 연방 의회 및 민주당 내 급진 세력으로부터의 견제를 극복해야 하는데, 이 작업이 쉽지 않기 때문이다. 2021년 10월 현재 바이든 행정부가 제안한 예산안을 둘러싼 진통이 좋은 예이다. 지금 논의되고 있는 약 1조 2000억 달러 규모의 인프라 예산안과 3조 5000

억 달러 규모의 사회복지 예산안은 이미 바이든 대통령이 제안한 예산 규모보다 상당히 축소된 상태이다. (이 글을 쓰는 순간, 바이든 대통령이 3조 5000억 달러에서 대폭 축소된 1조 8500억 달러의 새로운 예산안을 제안했다는 소식이 들려온다.) 그럼에도 불구하고 공화당 상원의원들 50명 전원의 반대와 민주당 내 중도 성향의 상원의원인 맨친(Joe Manchin)과 시너마(Kyrsten Sinema)의 소극적인 태도 때문에 의회에서 통과되기 쉽지 않은 상황이 지속되고 있다.

바이든 대통령이 약속한 대전환이 성공적으로 이루어지지 못한다면 2022년 중간선거, 더 나아가 2024년 대통령 선거를 계기로 미국이 다시 혼란의 소용돌이에 빠질 가능성을 배제할 수 없다. 우선 아직도 상당수의 트럼프 지지자들이 있다는 사실을 주시해야 한다. 올해 초에 수행된 한 여론 조사 결과에 따르면 공화당 지지 유권자 중의 약 64%가 2020년 대통령 선거에서 트럼프 후보가 이겼다고 생각하고 있다. 더 나아가 지난 11월 선거 이후 트럼프 대통령의 행보를 높게 평가하고, 트럼프가 2021년 1월 6일 의사당 점거 폭동에 책임이 없다고 생각하며, 트럼프가 2020년 선거에서 이겼다고 생각하고, 앞으로도 트럼프가 정치권에 계속 남아야 된다고 생각하는 사람들의 비율이 공화당 지지자 중에서 무려 29%나 된다. 미국 정계에 여전히 트럼프의 후광을 정치적으로 이용하려는 사람들이 있다는 사실도 중요하다. 2020년 선거에서 트럼프 대통령이 압승한 지역구를 관리해야 하는 공화당 의원들은 트럼프와 쉽게 결별하기 어려울 것이다. 이와 관련하여 작년 주 단위 선거에서 공화당이 대단히 선전했다는 사실은 트럼프의 그림자를 걷어내는 작업이 거의 불가능하다는 점을 시사해 준다.

이 책은 2020년 미국 대통령 선거 결과가 주는 시사점을 살펴보기 위한 작업이다. 구체적으로 트럼프 전 대통령이 재선에 실패한 원인을 점검하고, 바이든 행정부가 마주한 정치 상황을 검토하면서, 변화하는 미국 정세가 한반도에 주는 영향에 대해 전망해 본다. 모두 9개의 장으로 구성된 이 책은 크게 보아 두 부분으로 나뉜다.

1부에서는 2020년 대통령 선거 결과의 평가에 초점을 맞춘다. 1장은 2020년 선거의 성격을 트럼프 행정부의 국정 평가 선거로 규정하면서, 코로나-19

에 대한 대처가 미흡했던 트럼프 대통령 개인의 "자충수"가 결과에 큰 영향을 주었다는 주장을 담고 있다. 하지만 공화당이 2020년 11월에 열린 대통령 선거를 제외한 나머지 선거에서는 선전함으로써 트럼프 시대가 아직 끝나지 않았음을 보여준다는 점 역시 강조하면서, 2022년 중간선거에서 공화당이 유리한 고지를 점령할 것이라는 전망을 한다. 2장은 미국 대통령 예비선거 제도의 변화에 초점을 맞춘다. 전통적인 예비선거 방식인 코커스(caucus) 제도가 점점 사라지고, 유권자들의 직접적인 참여가 보장된 프라이머리(primary) 제도로 대체되는 과정을 자세히 기술하면서, 이러한 변화가 심화되고 있는 이념 양극화를 완화시킬 수 있는 제도의 적응일 수도 있다는 주장을 펴고 있다. 3장은 공화당 내의 계파 정치를 분석하고 있다. 트럼프의 등장 이후 공화당 내 프리덤 코커스(Freedom Caucus)의 영향력이 강해짐에 따라 상대적으로 중도 성향을 띠고 있는 메인스트리트 파트너십(Main Street Partnership)이 약화되는 과정을 자세히 설명하면서, 2010년 이후 주목받은 티파티 코커스(Tea Party Caucus)의 쇠퇴로 인해 극우성향이 약화된 공화당이 다시 우파 성향을 띠는 경향성을 확인해 준다. 4장은 최근 미국 대통령 선거 결과에 의미 있는 영향력을 행사하고 있는 라티노 유권자의 투표 성향을 검토하고 있다. 기존 논의들이 라티노 유권자가 공유하고 있는 정치성향의 동질성에 주목하여 민주당에게 유리한 상황이 전개될 것이라고 전망한 것과는 달리, 플로리다와 텍사스 국경지역 라티노 유권자의 투표행태를 자세히 살펴봄으로써 "라티노=민주당"이라는 공식의 허구성을 지적하고 있다. 5장은 2020년 코로나-19 상황에서 진행된 대통령 선거에서 특별히 주목받은 우편투표 제도를 살펴본다. 예상대로 우편투표가 원활했던 주에서는 투표율이 상대적으로 높았다. 흥미로운 점은 부정선거 가능성을 이야기하면서 줄곧 우편투표에 부정적인 입장을 취했던 트럼프 대통령이 오히려 우편투표 때문에 혜택을 보았다는 분석이다. 이 분석 결과가 사실이라면 2020년 트럼프 대통령이 재선에 실패한 이유는 우편투표 제도의 확대 때문이 아니라, 우편투표의 신뢰성을 의심한 공화당 성향 유권자들의 투표율이 상대적으로 낮았기 때문이라는 결론을 얻을 수 있다.

2부는 바이든 대통령 취임 이후 예상되는 외교 정책 변화의 성격과 그것이 한반도 정세에 미칠 영향에 대해 검토한다. 6장에서는 "미국우선주의(America First)"로 대변되는 트럼프 독트린이 바이든 행정부에 의해 폐기될 것인지를 따져본다. 대내적으로 트럼프에 대한 지지는 여전히 높고, 공화당 정치인들의 상당수가 여전히 트럼프의 영향력을 벗어나고 있지 않다는 점, 그리고 대외적으로 중국을 강하게 견제하려는 미국의 의도 때문에 트럼프 독트린의 기본적인 내용은 지속적으로 유지될 것이라는 전망을 하고 있다. 7장은 트럼프 행정부 시절 퇴색한 한미동맹의 가치를 재조명하면서, 미중경쟁이 심화되는 상황에서 바이든 행정부가 원하는 한미동맹 청사진에 대응할 우리나라의 전략 옵션에 대한 조언을 담고 있다. 8장은 2020년 대통령 선거 당시 주목 받은 트럼프 대통령의 "중국 때리기(China bashing)"의 의미를 살펴본다. 트럼프 대통령은 코로나-19 위기를 극복하기 위한 전략 중의 하나로, 인종주의 논란을 감수하면서 중국의 책임론을 지속적으로 부각한 바 있다. 이는 트럼프 행정부 하 중국과의 갈등과 맞물려 미국이 중국과 분리될 것이라는 디커플링(decoupling) 시나리오의 실현 가능성이 높다는 세간의 평으로 이어졌다. 하지만 미중간 상호의존 정도가 높기 때문에 디커플링이 생각보다 쉽게 이루어지지 않을 것이라는 전망을 해 주고 있다. 9장은 현 미국 외교정책을 통시적이면서도 거시적인 관점에 조망하고 있다. 트럼프 대통령이 새로운 전쟁을 일으키지 않으면서 전임 집권세력과 달리 반개입주의 공약을 지켰다는 점을 주목해야 한다고 강조한다. 이는 일극체제라는 물적 토대가 이미 허물어진 상황에서 미국이 보편적 이상을 수호하는 예외적 국가로서 세계의 리더 역할을 더 이상 하지 않을 수도 있다는 신호일 수 있기 때문이다. 따라서 현재 우리가 목도하고 있는 미국 외교정책의 변화는 단기적인 변화가 아니라 미국이라는 나라의 정체성을 재규정할 정도의 거대한 변화일 수도 있다는 점을 지적한다.

이 책은 <미국정치연구회> 구성원들의 적극적인 지지와 협조로 만들어졌다. 우선 흔쾌히 글을 적어주신 아홉 분의 저자들께 감사 인사를 드린다. 그리고 연 6회에 걸쳐 토요일 아침에 열리는 월례 세미나에 참석하여 발표와 토론을 해 주시는 회원들께도 이 자리를 빌려 감사하다는 말씀을 드린다. <미국정치연구회>에서 미국 대통령 선거와 중간선거가 열릴 때마다 다양한 시각의 평가와 전망을 담은 단행본을 발행한지 어언 20여 년이 지났다. 이러한 전통이 앞으로도 유지될 수 있기를 소망하고, 더 나아가 이 작업이 미국 정치 및 선거에 관심을 갖는 일반 독자들에게도 유용한 정보를 제공해 주기를 바란다.

저자들을 대표하여,
2021. 12. <미국정치연구회> 회장
하상응

차 례

3 트럼프 행정부 전후 공화당 내부 변화

이종곤(이화여대)

4 2020년 미국 대통령 선거와 라티노 투표의 다양화

이병재(연세대학교 디지털사회과학센터)

5 우편투표와 2020 대선

백미정(LA 총영사관)

6 바이든 행정부 하 트럼프 독트린의 존속 요인 분석과 전망

권보람(한국국방연구원)

7 바이든 행정부의 아태정책과 한반도 정책 전망

이수훈(한국국방연구원)

8 2020년 대통령 선거와 미중 관계 : 중국 때리기(China Bashing)와 디커플링 논쟁

김영준(경상대)

9 탈자유주의적 역사로의 가속화?
포스트-코로나, 포스트-트럼프 시대 미국외교와 세계질서 읽기
차태서(성균관대학교)

1. 미국 정치 변화와 2020년 대통령 및 의회 선거*

서정건(경희대)

▽

Ⅰ. 서론

미국은 선거의 나라다. 대통령 선거를 4년마다 치루고 4년 임기 중간에 중간 선거(off-year elections)가 있다. 하원 의원 435명 전원을 2년마다 새로 뽑고 6년 임기의 상원 의원을 세 개의 클래스(class)로 나누어 하원 선거와 함께 다시 선출한다. 더구나 정당 지도부가 관리하는 위원회 형식의 후보 선출이 아닌 유권자 중심의 프라이머리(primary) 방식으로 본선에 나갈 후보자들을 가려내는데 이 과정 또한 짧지 않다. 대통령 후보 선출 경우에는 '보이지 않는 경선(invisible primary)'이라 불릴 정도로 출마 예상자들이 일찌감치 아이오와(Iowa) 혹은 뉴햄프셔(New Hampshire) 등 경선 전초전 지역을 방문하며 터를 닦아 놓는다. 결국 미국의 경우 이번 선거가 끝나자마자 다음 선거가 기다리고 있고 선거 과정이나 캠페인에 대한 제약이 상대적으로 적을 뿐 아니라 미

---

* 본 장은 『2020년 미국 대통령 선거와 국내외 정책 전망』(통일연구원 정책연구시리즈 20-02)과 "해외의정리뷰: 미국 117대 의회 선거와 미국 정치 변화"『의정연구』 27(1)을 수정 및 보완한 글임을 밝힙니다.

디어(media) 보도와 여론 조사도 활발하다. 선거와 선거 사이의 물리적 기간 혹은 정치적 시간 모두 짧은 이유로 인해 선거와 정치의 분리가 매우 어려운 나라가 미국이다.

기본적으로 2020년 대통령 선거는 트럼프 4년에 대한 평가일 수밖에 없다. 2017년 1월 20일 트럼프 대통령이 취임한 이후 임기 내내 트럼프가 만드는 국내외 정치 현상은 예측하기 쉽지 않았다. 그럼에도 불구하고 트럼프 대통령 시대가 미국의 국내 정치와 외교 정책의 상관성에 대해 높은 관심을 불러일으킨 것은 확실하다. 미국 정치 맥락에서 볼 때 청년, 여성, 흑인, 라티노, 그리고 동성애자들을 주축으로 한 '오바마 연합(Obama Coalition)'에 대한 반발로 인해 2008년 이후 백인 노동자 집단이 공화당 편에 서게 되었다. 이들의 분노감(resentment)과 위기의식(replacement)은 매우 다층적인데 인종 문제, 경제 문제, 국제 문제 등이 얽혀 있다. 여기에 기존 워싱턴 문법을 타파한 아웃사이더 트럼프 후보가 촉매제가 되었다는 것이 중론이다. 특히 2008년과 2012년 모두 오바마를 지지했다가 2016년에 트럼프 지지로 표심을 바꾼 소위 '오바마-트럼프 유권자들(Obama-Trump voters)'은 미국의 대통령이 국제 이슈보다는 국내 문제에 집중해 주기를 요구하였다. 또한 공화당 자체의 지지 연합 구성도 고졸 이하 백인 유권자들로 재편되었다. 게다가 주류 미디어(mainstream media)에 대한 보수 유권자들의 불신감이 극도로 커졌고 소위 가짜 뉴스 신봉자들(fake-news believer)을 양산하는 결과를 초래하기에 이른다(Lee and Hosam 2020). 리와 호삼(Lee and Hosam 2020)은 아래 <그림 1>에서 미국 보수 유권자들의 대부분(88 퍼센트)이 주류 언론은 가짜 뉴스라는 점에 동의한다는 것을 보여주고 있다.[1)]

---

1) Taeku Lee and Christian Hosam, 2020. "Fake News Is Real: The Significance and Sources of Disbelief in Mainstream Media in Trump's America," *Sociological Forum, vol. 35, issue. S: 996-1018*

▶ 그림 1 가짜 뉴스와 유권자 인식

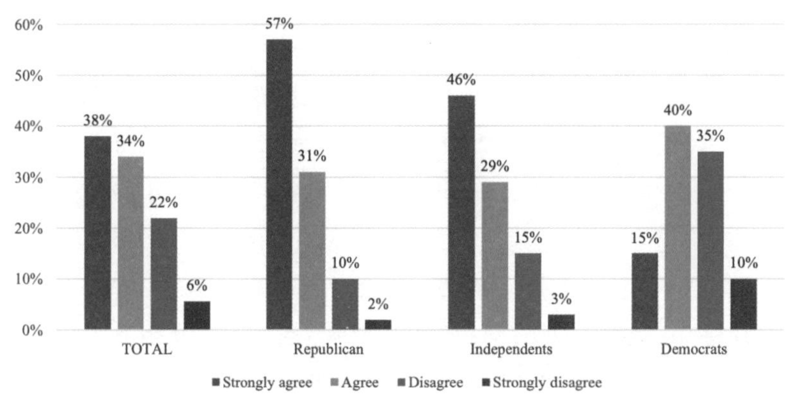

출처: Lee and Hosam(2020, 1003)

먼저 '오바마 연합'과 대비되는 '트럼프 연합'을 파악하는 작업이 필요하다. 그 구성원은 강경 이민 정책 등을 포함한 우파 포퓰리즘을 지지하는 백인 농민과 노동자들, 주류 언론을 혐오하는 보수 유권자들, 자유주의적 국제주의에 반감을 가지는 중서부 러스트 벨트 유권자들이라고 분류해 볼 수 있다. 트럼프의 취임 이후 지지율을 살펴보면 40퍼센트 초반 대에서 변동이 거의 없는데 이는 다시 말해 트럼프의 실적이나 실수에 크게 상관없이 트럼프 개인에 대한 호불호가 미국 대통령 국정 지지율에 큰 변수가 되어 버린 상황을 뜻한다고 볼 수 있다. 이러한 트럼프 대외 정책 기본 방향은 잭슨주의 외교 정책(Jacksonian foreign policy)으로 평가할 수 있다. 비(非)개입주의 원칙에 따라 아프가니스탄과 시리아에서 미군 철군을 감행하였다. 동시에 미국의 압도적 국방력을 유지하고 미국의 권위에 도전하는 세력에 대해서는 단호히 응징하는 내용이다. 다시 말해 해외 군사적 개입 측면에서는 고립주의보다 축소주의(restraint)에 가깝지만 국내 국방예산 차원에서는 여전히 군사주의(militarism) 원칙이 유지되고 있는 실정인 셈이다(Harris 2018). 그런데 이민, 무역, 국제주의 등 거의 모든 영역에서 트럼프가 공화당을 정책 차원에서 자신의 정당으로 변모시켰는지에 대해서는 아직 결론 내기 이르다. 트럼프 지지

기반이라 할 수 있는 미국 중서부는 고립주의 전통이 오래된 곳이며 자유무역으로 인한 폐해가 가장 큰 곳 중 하나이므로 중국과의 무역 전쟁은 지지를 받고 있다(백창재 2015). 하지만 중국이 가장 큰 수출 시장인 이 지역 농민들 입장(subsidy vs. market)을 고려할 때 어떤 형식으로든 중국과의 무역 분쟁을 끝낼 가능성이 대선 전에 높아 보였다. 코로나 사태로 모든 것이 뒤틀어진 상황에서 트럼프 대통령의 중국 정책이 바이든 행정부 시대에 어떻게 전개될지 판단이 쉽지 않다.

결국 2020년 미국 대선은 트럼프 선거로 귀결되었다. 물론 트럼프 캠페인은 선거 구도를 트럼프인가, 바이든인가 선택으로 전환하기 위해 부단히 애를 썼다. 중국 이슈로 2020년 상반기 코로나 팬데믹 책임론에서 벗어나고자 애썼지만 바이든 후보 또한 중국에 대해 비판적인 상황에서 중국 이슈는 차별 이슈가 되기 어려웠다. 이후 인종 차별 반대 시위가 일부 폭력 시위로 전개됨에 따라 교외 지역 유권자들이 느낀 치안 불안감을 이용하여 '법과 질서(law and order)' 대통령으로 스스로를 규정하며 바이든의 미국은 불안한 미국이 될 거라 강조하기도 하였다. 하지만 본인이 코로나 바이러스에 감염되면서 가장 중요한 10월 한 달 중의 절반을 날려버리게 된 트럼프는 10월 중순 이후 방역이냐 경제냐 구도로 다시 한 번 선택 선거로의 전환을 시도하였지만 이미 상당수의 유권자들이 사전 우편투표를 마친 상황이었다. 민주당 지지자들 대부분이 인정하듯이 바이든 후보에 대한 선호 혹은 지지는 그리 강력하지 않았다. 하지만 코로나 팬데믹 시대 무분별하고 예측불허인 트럼프 리더십에 대한 불안과 비판은 경합주의 교외 지역 유권자들과 흑인 유권자들의 투표 참여를 불러일으켰고 트럼프 대통령은 결국 단임으로 임기를 마치게 되었다. 물론 향후 더 많은 자료 분석이 필요하지만 대체로 보아 트럼프에 대한 반대가 2020년 미국 대선 향배를 결정지은 것으로 볼 수 있다.

II. 2020년 미국 대통령 선거

1. 2020년 대통령 선거 특징

2020년 미국 대선은 코로나 팬데믹이라고 하는 미증유의 위기 상황에서 치러졌다. 임기 내내 미국 사회의 혼란과 분열을 초래하였지만 한편으로는 경제 호황을 이루어냈던 트럼프 대통령에 대한 평가가 COVID-19 상황에서 이루어진 것이다. 미국 정치 전반적으로는 보수와 진보 간 양극화가 지난 1980년대 이후 심화되어 왔고 더 이상 정책 제안에 따른 정치적 경쟁이 아닌 사회-문화 이슈 입장에 대한 전면적 충돌 양상이 그 특징으로 자리 잡게 되었다. 게다가 미국 역사에 전례 없이 자신의 지지층에게만 정치적 관심을 쏟아 붓고 반대편은 철저히 배제한 현직 대통령의 재선 시도가 이번 2020년 대통령 선거였다. 코로나 팬데믹으로 인해 사전 우편투표가 광범위하게 도입되었고 경제 위기 상황과 바이러스 방역 대응을 놓고 책임론 전가가 이번 선거의 주요 이슈였다. 대외 정책 이슈는 거의 부각되지 않았던 특이 선거이기도 하다.

지난 세 번의 현역 대통령 재선 성공(1996년 클린턴, 2004년 부시, 2012년 오바마) 사례와 비교해 볼 때 2020년 선거 기간 내내 지속되어 온 패턴을 주목해야 할 필요가 있다. 이전 사례와 마찬가지로 현역 대통령이 가지는 선거 관련 유리한 점은 부상(浮上)하는 상대당 도전자를 일찌감치 불리하게 규정하여 본선에서 맥을 못 추게 하는 전략 구사라고 볼 수 있다. 1996년 밥 돌 상원 의원을 워싱턴 정치인으로 규정한 클린턴 대통령, 2004년 존 케리 상원 의원을 우유 부단하고 표리부동한 정치인으로 규정한 부시 대통령, 2012년 밋 롬니 주지사를 금융 위기 주범 공화당과 동일시되도록 만든 오바마 대통령 등의 예가 그것이다. 이번 선거에서도 현역 대통령 트럼프는 바이든 후보에 대해 일찌감치 민주당 혁신계의 꼭두각시 등으로 밀어붙일 계획이었다. 하지만 2020년 3월경부터 급격히 악화된 전대미문의 코로나 팬데믹 상황이 민주당 대선 후보 경선 일정과 맞물리면서 트럼프 대통령의 계획은 수포로 돌아갔다. 대선 선거 운동 기간 내내 “If Biden wins, China wins” 혹은 “법과 질서(Law and Order)" 등 다양한 방식으로 바이든 후보와 대결 구도의 선거로 판을 짜 보려고 트럼프는 애썼지만 결국 9월 말 대통령 본인이 코로나 확진 판정을 받으면서 결국 이번 대선이 바이든과의 선택 선거(choice election)가 아닌 트럼프 심판 선거(referendum)로 귀결되었다. 이번 대선에 대해 구체적으로 살펴보면 다음과 같다.

첫째, 트럼프 대통령 개인의 '자충수' 선거였다. 만일 트럼프가 마스크 쓰기와 일반적 방역 대책을 강조한 '보통 대통령'이었다면 이번 미국 대선 승패 결론은 달랐을지도 모른다. 실수와 실패를 인정하지 않고 오로지 자신감과 승리만을 일평생 강조해 온 트럼프라는 개인(personality) 차원이 현직 대통령(presidency) 차원을 과도하고 불필요하게 넘어선 결과라고 볼 수 있다. 미국 역사상 실패했다고 평가받는 대통령들의 일반적 특징은 실수를 인정하지 않는 경향이었는데 윌슨, 후버, 닉슨, 존슨 대통령 등이 해당된다(서정건, 차태서 2017). 트럼프 경우 10월 초 코로나 확진 후 의료진 도움으로 양호해진 상황에서 "코로나에 걸렸던 것은 신으로부터의 축복(a blessing from God)"이라는 표현을 사용함으로써 일반 국민 정서와 엇박자(out-of-touch) 대통령 이미지를 극대화하였다고 볼 수 있다. 이미 그 시기에 사전 우편투표는 진행되고 있었다.

둘째, 트럼프 시대에 대한 일종의 '재확인' 선거였다. 특이한 점은 이번 대선을 통해 트럼프가 얻은 약 7천 4백만 표는 2012년 오바마보다 많이 받은 결과라는 점이다. 이는 진보 진영으로 하여금 2016년 선거 결과가 단순히 반(反)힐러리 정서 때문만은 아니었음을 제대로 깨닫게 한 의미가 크다. 중서부 저학력 유권자들의 분노 정서(resentment)에 편승한 트럼프를 자화자찬 사기꾼 정도로만 여겼던 미국 엘리트들과 진보 그룹에게는 충격적 사실이 아닐 수 없다. 이번 대선 결과 트럼프에 대한 분명한 지지 재확인은 이후 바이든 시대 민주당의 진로 및 2024년 대선 준비에도 큰 영향을 미치게 될 것으로 보인다. 다만 2008년과 2012년 모두 오바마를 선택하고 2016년 트럼프를 찍었던 '오바마-트럼프 유권자들(Obama-Trump voters)'의 선택은 다소 엇갈렸다. 예를 들어 위스콘신 주 키노샤(Kenosha) 카운티 경우 2016년 약 250여 표 차로 트럼프 손을 들어 주었지만 이번에는 거의 2,700여 표 차이로 트럼프 지지가 크게 늘었다. 이곳은 흑인 청년이 백인 경찰에 의해 사망한 또 하나의 인권 평등 이슈 충돌 지역이었음에도 불구하고 트럼프 지지가 더 늘어난 것이다. 이와 반대로 같은 성향의 펜실베이니아 이리(Erie) 카운티 경우 2020년 선거에서 바이든 지지로 확실히 돌아왔음을 보여 주고 있다. 결국 러스트 벨트 지역에서 바이든이 2016년 트럼프에게 쏠렸던 지지를 일부 되찾아 왔다고 볼 수 있지만 전부는 아니라는 점에서 민주당에게 향후 큰 숙제를 안겨 주었다.

셋째, 트럼프 정당 공화당이 예상을 뒤엎고 선전했던 선거였다. 미국 하원과 상원 선거 결과를 놓고 보면 민주당이 예상과 달리 크게 부진하였고 공화당은 약진하였다. 우선 하원의 경우 공화당은 새로 얻은 의석이 10석 이상에다 출마한 현역 의원이 단 한 석도 빼앗기지 않았다. 상원의 경우에도 당초 적어도 4명의 현직 의원이 패배할 것이란 예상과 달리 애리조나, 콜로라도에서만 패배하고 메인, 노스캐롤라이나는 수성하는데 성공하였다. 물론 2021년 1월 5일 치러진 조지아 연방 상원 두 자리를 모두 상실함으로써 117대 상원에서 다수당 지위를 빼앗긴 것은 사실이다. 그럼에도 불구하고 더 많은 의석을 잃을 것이라는 여론 조사 결과와 달리 50 대 50 상원 구도를 만들어 내었다. 이러한 결과는 트럼프가 4년 동안 던졌던 메시지와 경제 성과로 인해 트럼프 정당이 된 공화당을 유권자들이 어느 정도 다시 선택하였음을 보여준다(서정건, 최민진 2017, 서정건, 장혜영 2017). 한편으로는 경쟁력 있는 후보들을 이번에 공화당 지도부가 대거 충원하였고 경찰서 해체(defund the police) 혹은 환경 우선(Green New Deal)만을 외치는 정당이라고 민주당을 효과적으로 공격하였던 것이 주효하였다. 결국 트럼프는 자신이 변모시킨 공화당에게 도움을 준 반면 자신의 백악관 자리는 상실한 셈이 되었다.

넷째, 철저하게 현직 대통령에 대한 '평가(referendum)' 선거였다. 트럼프는 2016년 대선 과정에서 그동안 인종 및 경제 두 차원 모두에서 소외받아 온 중서부 저소득 백인 유권자들의 지지를 받았고 교외 지역 유권자들의 힐러리 퇴짜 놓기에 편승한 바 있다. 대신 취임 후에는 오바마 및 이전 대통령들이 추진했던 국제주의(internationalism) 기조를 부정함으로써 미국 전통의 비(非)개입주의를 부활시켰다. 경제 회복, 의료 보험, 교육 기회, 소득 불평등, 환경 문제 등 무수한 국내 문제에 주로 집중해 주기를 바라는 미국 국민들의 일반적 정서를 파고 드는데 성공한 셈이다. 또한 트럼프 행정부의 경제 정책 기여도를 특정하기는 쉽지 않지만 결과적으로 지난 50년 사이 최저의 실업률을 달성할 정도로 경제가 호황이었던 점은 분명하다. 돌이켜 보면 2차 대전 이후 미국이 국제 사회 리더로 자리 잡으면서 세계화를 주도하는 과정에서 많은 이익을 누린 것은 분명하다. 동시에 미국의 국제적 리더십 유지를 위해 국내적으로 감수할 수밖에 없었던 부분 또한 있었는데 공화당과 민주당 모두 이들을 보호하는데 실패하였다. 전통적으로 노조와 연합하였던 민주당은 점차 월스트리트에 정치 자금을 의존하게 되었고 민생 문제보다 특정 이슈, 예를 들어 환경 보호에 더 큰 관심을 기울이게 되었다. 공화당은 전통적으로 기업과 금융 편을 들었던 정당이라 고졸 이하 백인 유권자들과는 사실 정치적으로 거리가 멀었다. 애국심과 반공주의를 내건 레이건 대통령에게 지지를 보낸 소위 “레이건 민주당원들(Reagan Democrats)” 정도가 예외적 현상이었다.

이처럼 미국의 거대 양당으로부터 소외되어 온 중서부 백인 저소득 유권자들에게 트럼프는 글자 그대로 “미국을 다시 위대하게(Make America Great Again)” 만들어 줄 정치 아웃사이더이자 실질적 구세주였던 셈이다. 트럼프의 다양한 미국 우선주의 정책들은 큰 호응을 이끌어 냈다. 하지만 결국 코로나 팬데믹 상황과 인종 차별 반대 시위 상황이 겹치면서 트럼프는 민심을 다독이지 못한 일방적 리더십으로 일관하였다. 출구 조사에 따르면 2020년 대선은 민주당 지지자들 뿐만 아니라 교외 지역(suburb) 유권자들이 공동체 정신에 취약하고 공감 능력을 결여한 현직 대통령을 높은 투표율로 퇴출시킨 선거로 귀결되었다.[2] 존재감이 크지 않았던 경쟁자 바이든이 이번 선거를 철저히 ‘트럼프 심판 선거’로 유지하는데 성공함으로써 트럼프가 결국 패배하게 된 셈이다.

---

2) “Philadelphia’s Suburbs Helped Deliver Crucial Pennsylvania For Biden,” *NPR* Nov 13, 2020.

2. 코로나 팬데믹과 대선 우편투표

2020년 한 해 전 세계를 혼란과 위기에 빠트린 COVID-19 팬데믹은 트럼프 대통령의 지지층 중심 통치 스타일과 예측 불허 자기중심적 리더십 성향에 큰 타격을 가했다. 사실 트럼프 대통령의 어떤 특정 정책이 경제를 호황으로 끌고 갔는지에 대한 논란은 차치하고 미국 경제가 트럼프 대통령 재임 시 팬데믹 이전까지 엄청난 회복세를 보였다는 점에 대해서는 논란의 여지가 없다. 트럼프 대통령의 국정 운영에 대한 지지율은 4년 내내 거의 변화 없이 40퍼센트 대를 유지하였지만 경제 운영에 대한 평가는 거의 50퍼센트에 가까울 정도로 인정받고 있었다. 물론 트럼프 대통령 자신이 경제 호황에 대해 적극 홍보하고 이를 선거 이슈로 활용하였는지는 별개의 문제이다. 예를 들어 2018년 중간 선거 당시 공화당 지도부는 대통령이 경제 이슈를 통해 당 득표력에 도움 줄 것을 줄기차게 요청하였지만 트럼프는 "경제 문제는 따분하다"고 말할 정도로 이민 등 다른 이슈들에 더욱 관심을 보인 적이 있다.

코로나 팬데믹 초기부터 대선 시기에 이르기까지 드러난 트럼프 대통령의 자충수는 매우 명확하다. COVID-19이 중국 우한에서 창궐하고 점점 미국 본토에 영향을 미치기 시작하던 초기에 트럼프 대통령은 중국이 잘 대비할 것이라는 실언을 내놓았다. 중국으로부터의 입국자를 봉쇄하는 등 일정한 조치들을 취했음에도 불구하고 코로나는 큰 문제가 안 될 것이라는 과도한 자신감과 잘못된 판단에 따른 리더십 실패는 유권자들에게 크게 각인되기 시작했다. 대통령 스스로 마스크 착용을 계속 거부하였고 검사자 수를 줄이면 확진자 수가 줄어들 것이라는 무책임한 판단을 거듭하였을 뿐만 아니라 코로나 바이러스를 "중국 바이러스(China virus)"라고 부르며 책임을 전가하는 데만 주력하였다. 이 사이 코로나 팬데믹 악화로 인해 뉴욕을 비롯한 개별 주들은 경제 및 사회 활동 봉쇄(lock-down)를 명령하게 되기에 이르렀고 크게 위축된 경제 활동으로 인해 경제 지표는 최악으로 치닫게 되었다.

코로나를 막기 위해 내린 어쩔 수 없었던 각 주의 봉쇄 결정에 대해 트럼프 대통령은 반발하였고 주별 경제 활동 재개를 명령할 권한이 자신에게 있다고 호언하기도 하였다. 이에 대해 리즈 체니(Cheney) 같은 트럼프 충성파 공화당 의원조차 수정헌법 10조를 자신의 트윗에 올리며 트럼프 대통령의 무분별한 권한 남용 시도에 반발하기도 하였다.[3] 9월 말에는 급기야 트럼프 대통령 자신이 코로나 감염 확진 판정을 받게 되었는데 사실 이 시기에도 병원 밖 지지자들에게 인사하기 위해 마음대로 출입하는 등 절제된 대통령의 모습과는 거리가 먼 행동으로 일관하였다. 의료진의 집중 치료로 회복된 이후 트럼프 대통령은 백악관으로 돌아온 후 결정적으로 코로나 관련 리더십 실패의 절정을 보였다. 자신이 코로나에 걸렸던 것이 "신의 축복(a blessing from God)"이었다고 말한 대목이 그것인데 당시 이미 사전 우편투표가 진행 중이었고 20만 명 넘는 코로나 사망자들과 그 가족들에게는 어처구니없는 대통령의 행보가 아닐 수 없었다. 물론 임기 내내 선거 승리와 여론 변동에 극도로 민감했던 트럼프 대통령의 스타일을 고려해 볼 때 코로나 대응 실패로 보이는 일련의 언행은 미국 정치 양극화와 무관하다고 볼 수는 없다. 마스크 사용에 대해 극도의 거부감을 가지고 있는 미국 특유의 문화와 적극적 방역과 추적을 과도한 권력 개입이라고 인식하는 보수 유권자들의 존재로 설명되는 코로나 시대 양극화 현상을 주목할 필요도 있다.

코로나 팬데믹이 트럼프 리더십 실패와 연관이 크다면 COVID-19으로 인해 각 주별로 우편투표를 대거 도입한 점은 위기 시 제도 개혁의 측면을 보여 준다. 2020년 미국 대선은 2월 3일 아이오와 코커스를 기점으로 프라이머리를 치른 바 있다. 준비가 부족했던 애플리케이션 사용 문제로 아이오와 승자 결정이 미루어졌고 뉴 햄프셔 프라이머리 시점부터 코로나 팬데믹에 대한 우려가 점점 커졌다. 이후 사우스 캐롤라이나 대역전승을 시작으로 슈퍼 화요일에서 대승, 미시건 압승 등을 통해 바이든 부통령이 민주당 대선 후보로 확정되어 갔지만 선거를 관리한 각 주는 우편투표 제도의 미비점과 개선점을 직접 체험하는 기회가 되기도 하였다. 이에 따라 주로 부재자 투표(absentee voting)로만 이루어지던 사전투표(early voting)에 우편투표(mail-in voting)를 대폭 포함시킴으로써 코로나 시대 새로운 투표 방식에 대해 각 주는 서로 다른

---

3) 공화당 내 지도부 일원이자 서열 3위인 체니 의원은 이후 하원의 트럼프 탄핵에 찬성한 공화당 의원 10명 중 한 명이 된다.

시기에 서로 다른 방식으로 고민하기 시작하였다.

예를 들어 주마다 각기 다른 사전투표 기간은 별개로 치더라도 송부된 우편투표와 관련하여 언제부터 개표 준비를 시작할 수 있는지(processing) 그리고 언제부터 개표할 수 있는지(counting) 역시 각 주마다 각양각색이었다. 2018년 중간 선거 당시 주 헌법을 고쳐 2020년 대선에서 사전투표를 역사상 최초로 도입한 미시건 주 경우 11월 3일 대선 하루 전날 우편투표 개표 준비를 시작할 수 있도록 허용하였다. 상당수의 주가 대선 현장투표(in-person voting)가 마감된 후 우편투표 개표를 허용한 반면 2000년 대선에서 오명을 뒤집어썼던 플로리다 경우 선거 2주 전부터 우편투표가 도착하는 대로 개표할 수 있도록 주 선거법을 규정하였다. 그 덕택에 이번 대선에서 최대 경합주 중 하나였지만 비교적 신속히 개표 결과를 발표할 수 있었다. 반대로 또 다른 경합주들인 펜실베니아와 위스콘신 경우 사전에 미리 개표 준비를 허용하지도 않았고 개표 또한 직접 투표 종료 이후에 가능토록 함으로써 바이든 후보의 역전승 기회를 제공하게 되었다. <그림 2>는 이를 잘 보여준다.

▶ 그림 2 사전 개표 준비 및 실제 개표 관련 주별 시기 차이

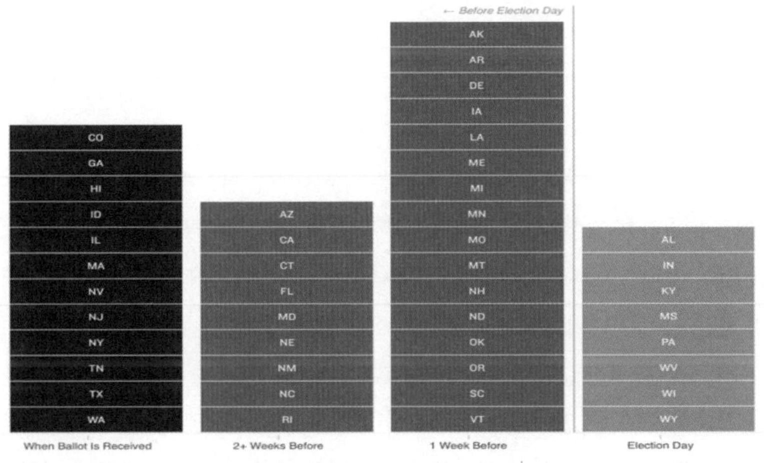

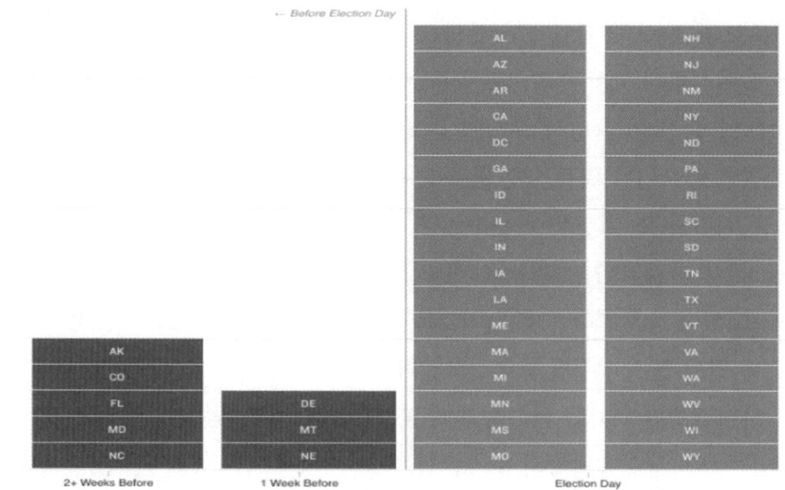

Notes

Counting dates not specified for Hawaii, Kansas, Kentucky, Ohio, Oklahoma, Oregon, Nevada and Utah. Counting dates vary in Connecticut by locality.

Credit: Jess Eng/NPR

출처: NPR

향후 우편투표와 관련된 쟁점은 더욱 복잡해 보인다. 사실 2020년 선거 운동 기간 동안 트럼프 대통령이 반복해서 우편투표 방식을 비판할 때만 해도 트럼프 개인의 견해라는 인식이 지배적이었다. 특히 사회과학 연구 중 기존에 진행되었던 우편투표 방식이 어떤 특정 정당에 유리 혹은 불리하다는 연구 결과는 나온 것이 없었기에 우편투표와 정당 지지를 연관 짓는 일은 무리였다. 더구나 이미 6개 경합주(미시건, 펜실베이니아, 위스콘신, 아리조나, 조지아, 노스캐롤라이나)가 모두 선거 결과를 인증한 마당에 우편투표의 불법성은 드러난 것이 없다고 보아도 무방한 상황이다. 그런데 현실적으로 늘어난 사전 투표 기간 중 우편투표라는 편리한 투표 방식은 소수 인종이나 청년층의 투표율 제고를 초래하였고 이는 1900년 대선 이후 가장 높은 투표율(약 65퍼센트)을 기록하는데 큰 기여를 하였다. 적극적인 투표 참여라는 민주주의 기본 원리에도 충실하게 된 선거 현실이 정작 특정 정당, 공화당에게 불리하게 돌아가는 측면에 대해 향후 논란이 있을 것으로 보인다. 특히 코로나 팬데믹이 완화되고 사리지게 되면 대폭 확대되었던 사전 우편투표 시스템을 원상 복귀시킬 것인지 아니면 그대로 유지할지를 놓고 각 주의 주 의회가 논쟁을 벌일 것으로 예상된다. 대체적인 방향은 우편투표 제도 자체는 유지하되 투명성을 높이기 위한 규제가 강화될 것으로 보인다. 결국 주 의회 선거 중요성이 더욱 높아지는 상황으로 이어질 것이다.

Ⅲ. 2020년 미국 의회 선거

1. 미국 의회와 정책 연합

미국 의회를 구성하는 양당제(two-party system) 하에서 어떤 이슈이든 네 가지 중 하나인 정책 연합(coalition-building) 상황을 예상해 볼 수 있다. 구체적으로 bipartisan(초당파), partisan(당파적), wedge issue(분열 이슈), cross-cutting(동시 분열 이슈) 상황이 그것이다. 예를 들어 대북 제재 혹은 북한 인권 이슈를 둘러싼 미국 의회 구도는 초당파적 상황으로 해석할 수 있고 최근 경찰 개혁과 관련한 법안 구도는 민주당 찬성-공화당 반대인 당파적 상황으로 파악할 수 있다. 친(親)이민 정책을 표방하는 민주당에 비해 경제적 동기와 사회적 반감이 내부적으로 엇갈리는 공화당 경우는 분열 이슈(wedge-issue) 상황인데 반해 민주당 또한 노조 그룹과 소수 인종 그룹으로 분열되었던 과거의 이민 이슈는 동시 분열(cross-cutting) 상황이라고 상정해 볼 수 있다. 이와 관련 중요한 변수 두 가지는 현재의 정책 경쟁/연합 구도 파악과 미래의 정책 경쟁/연합 변화 파악이라고 할 수 있다. 특히 현재의 미-중 관계와 관련한 의회 정치가 '초당파적(bipartisan) 상황'인가 혹은 '동시 분열 이슈(cross-cutting)'인가에 대해서는 논란이 있다. 여기서 중요한 점은 미국 의회가 행정부에 일단 이양한 외교 정책 관련 권한은 어떠한 이유로든 다시 되찾아 오는 것이 쉽지 않다는 점과 현재 정당 경쟁 및 연합 구도상 미국 의회를 통과할 중국 정책의 대전환은 가능성이 높지 않다는 점이다.

케네디 행정부 당시 초당파적으로 통과시킨 무역확장법(Trade Expansion

Act of 1962) 내용 중 Section 232(safeguarding national security)에 근거하여 트럼프 행정부는 중국과 무역 전쟁을 벌였다. 이와 관련하여 미중 무역 분쟁의 장기화를 우려한 공화당 코커(Bob Corker) 상원 외교위원장과 투미(Pat Toomey) 공화당 상원 의원(Finance Committee 핵심 멤버)은 115대 의회 당시 무역확장법 수정안을 상정 시도한 바 있다. 13명의 공동발의자(cosponsors)와 함께였다. 수정안의 주요 내용은 "232항 국가 안보 조항에 근거한 관세 부과에 대해 의회는 60일 이내에 이를 승인할 수 있다. 별도 조치가 없으면 대통령의 관세 부과는 무효화된다. 해당 수입이 국가 안보에 해를 끼치는지 여부 조사 권한을 상무 장관에서 국방 장관으로 이행한다."이다. 하지만 이 수정안은 맥코넬 상원 원내 대표 등의 반대로 인해 표결 자체가 이루어지지 않았다."[4] 다만 트럼프가 낙선한 현재 바이든 행정부 시대에 과도한 대통령 권한 견제 시도가 두 정당 모두에 의해 합의된다면 이후 통과 가능성이 없지는 않다.

한편 최근 두 개의 중국 관련 미국 의회 법안은 상징적 의미를 가진다고 볼 수 있다. 케네디(Kennedy, R-LA) 의원이 주도한 해외 기업 책임법(Holding Foreign Companies Accountable Act)은 중국 기업이 미국 주식 시장의 회계 및 감사 원칙을 따르지 않을 경우 주식 시장에서 퇴출(delisting)도 가능하도록 하는 내용을 담고 있다. 그런데 이 법안이 발의된 것은 2019년 3월, 즉 코로나 사태 훨씬 이전이고 만장일치 합의(Unanimous Consent Agreement) 방식으로 통과된 것을 보아 의회 내 논쟁이 크게 없었음을 알 수 있다. 이에 대한 해석은 미국과 해외 미디어에서 주장하는 것처럼 미국 의회의 반(反)중국 초당파적 정서를 나타낸다고 볼 수도 있지만 반대로 어느 누구도 크게 이해관계에 엮이지 않는 성격의 법안이라는 식으로 해석할 수도 있다. 2000년 클린턴 2기 행정부 마지막 해에 영구적 통상 관계법 (Permanent Normal Trade Relations: PNTR) 통과를 마지막으로 미국 의회는 무수히 많은 외교 정책 결의안들을 통과시킨 바 있다. 이는 주로 미국 의회 입장 천명(Expressing the Congress)의 성격이었다.

---

4) "GOP senator pans Trump's aid to farmers as 'very bad policy'," *The Hill*, May 15, 2019, <https://thehill.com/homenews/senate/443816-toomey-pans-trumps-aid-to-farmers-as-very-bad-policy> (Accessed November 1, 2020).

두 번째 법안은 미주리 초선 상원 의원 홀리(Josh Hawley, R-MO)가 코로나 위기 상황에서 최근 발의한 법안인데 중국의 주권 면제 지위(sovereign immunity)를 박탈하고 미국 시민이 중국 정부를 상대로 코로나 손해 배상을 청구할 수 있도록 하였다. 더 나아가 미국 내 중국 자산을 동결하여 손해 배상을 집행할 수 있도록 허용하고 있다. 홀리 의원 경우 스타일이나 성향상 포스트 트럼프 시대를 노린다고 알려져 있는데 이 법안이 코로나 상황과 맞물려 미국 상원의 표결까지 간다면 미-중 관계는 돌아올 수 없는 강을 건너는 형국이 될 것이다. 하지만 맥코넬(McConnell, R-KY) 상원 공화당 원내 대표 및 미국 상원의 성향상 그 가능성은 거의 없다고 볼 수 있다.

결국 이 두 법안이 상징하는 바는 중국에 대한 비호감/반감이 코로나 상황 이후 더욱 증폭됨에 따라 의회 내 강경한 중국 입장은 지속되겠지만 동시에 경제 회복을 위해 서로의 시장을 절대적으로 필요로 하는 미-중 관계 특성상 미국 의회가 주도적으로 중국 관계를 악화시키는 일은 예상하기 어렵다는 것이다. 결론적으로 트럼프 또한 농업주 보수 유권자들을 염두에 두고 지난 1차 미니 딜(mini-deal)을 성사시켰다고 볼 수 있고 재선 이후 트럼프는 "다음 선거가 없는 정치인"이 되므로 현재와 같은 대립적 정책을 보다 유연하게 사용하게 될 가능성이 있었다. 바이든 대통령의 경우 중국과의 무역 적자 및 기술 패권 문제에 대해서는 강경 대처할 것으로 예상된다. 하지만 오바마 시대 중국과의 협력 경험(예: 기후변화 협약, JCPOA 등)을 바탕으로 보다 협력적 접근을 취하게 될 가능성도 크다고 볼 수 있다.

2. 2020년 미국 의회 선거

지난 2020년 11월 대선과 동시에 미국 117대 의회를 구성하는 선거가 전국적으로 열렸다. 트럼프 재선인가 바이든 당선인가를 놓고 초미의 관심을 끌었던 대통령 선거에 비해 의회 선거는 크게 주목을 끌지 못했던 것이 사실이다. 역사적으로 늘 그래 왔고 특히 코로나 시대 치러진 선거인 탓에 혼란도 상당하였다. 특히 하원에서 다수당인 민주당이 의석 수 차이를 더욱 벌리고 상원까지 접수할 수도 있다는 관측 때문에 긴장감이 덜했다. 결과는 예상과 너무도 달랐다. <그림 3>에 따르면 거의 모든 상원 의원 선거 결과가 선거 운동 마지막 주 여론 조사 예측치와 매우 다른 결과로 나타났음을 알 수 있다. 특히 메인 주와 노스캐롤라이나 주 경우 각각 13 퍼센트, 5 퍼센트가 뒤집힌 것으로 드러났다. 코로나 팬데믹을 제대로 대응하지 못한 트럼프 대통령 개인에 대한 불만과 불안감과는 별개로 트럼프 시대 공화당이 성취한 정책 성과와 방향, 그리고 합리적 중도를 지향한 개별 의원들에 대해서는 재신임 평가가 나온 것으로 볼 수도 있다.

▶ 그림 3 여론 조사 기관 예측과 다른 상원 선거 결과[5]

In Competitive Senate Races, GOP Candidates Outperformed Polls

STATE	RESULT SO FAR	POLLING AVG. IN LAST WEEK OF ELECTION	DIFFERENCE
Alaska*	R+20	R+3	R+20
Maine	R+9	D+4	R+13
South Carolina	R+10	R+0.2	R+10
Montana	R+10	R+1	R+9
Iowa	R+7	D+2	R+9
Alabama	R+20	R+12	R+8
Kansas	R+11	R+3	R+8
Michigan	D+2	D+8	R+6
Arizona	D+2	D+7	R+5
North Carolina	R+2	D+3	R+5
Texas	R+10	R+5	R+5
Georgia (Perdue-Ossoff)	R+2	D+2	R+4
Colorado	D+9	D+11	R+2

Notes

*Alaska: Results are incomplete, with 74% of the expected vote in as of Nov. 11. The preelection polling average shown is for all of October, as there was only one poll in the last week, which also showed the Republican up by just 3 points.

Source: Election data from AP, as of Nov. 9. Polling averages computed by NPR from polls compiled by FiveThirtyEight.

Credit: Alyson Hurt and Domenico Montanaro/NPR

5) "The 2020 Election Was A Good One For Republicans Not Named Trump," *NPR News*, November 11, 2020, <https://www.npr.org/2020/11/11/933435840/the-2020-election-was-a-good-one-for-republicans-not-named-trump> (Accessed November 12, 2020).

민주당은 경합 지역구 대부분에서 참패하였고 공화당은 현역 의원 전원이 재선 성공 신화를 썼다. 다수당 지위를 유지할 수 있을 것으로 보였던 상원 공화당은 2021년 1월 개원 이틀 후에 치러진 조지아 주 결선 투표에서 2석을 모두 빼앗기는 완패를 당했다. 이에 따라 117대 상원 구성은 민주당 50명, 공화당 50명으로 최종 정리가 되었고 부통령이 소속된 민주당에게 다수당 지위가 주어졌다. 상임위원장을 민주당이 독식하였고 두 정당이 같은 비율로 배분된 위원회에서 찬반이 같을 경우 위원장 직권으로 본회의 상정이 가능하게 되었다. 117대 의회 선거는 미국 정치 현주소와 변화 가능성을 동시에 보여주는 한 편의 드라마와도 같았다.

의회 선거 결과를 설명하고 분석하는 정치학 이론은 의외로 많지 않다. 대통령 선거 해에 치러지는 의회 선거와 관련된 개념으로는 '후광 효과(coattail effects)' 정도가 대표적이다(Edwards III 1979). '기대-각성(surge-and-decline)' 이론은 주로 중간 선거에 초점을 둔 분석틀인데 대통령 소속 정당의 중간 선거 패배 설명에 주로 인용된다(Campbell 1960) 대통령과 의회 소속당을 엇갈려 지지하는 '분할 투표(split-ticket voting)' 경우 유권자들이 대통령 권력 제한하는 분점 정부를 만들기 위해 투표한다는 가설이다(Campbell and Miller 1957, Alesina and Rosenthal 1995). 후광 효과 이론을 통해 살펴보면 바이든 대선 후보가 만들어 낸 의회 선거 혜택은 거의 없었다고 볼 수 있다. 트럼프 대통령의 팬데믹 대응 실패로 불안하던 유권자 중 상당수가 의회 지역구에서는 공화당 후보들에게 표를 던졌다는 해석이 가능하다. 정치 양극화를 심화시켜 온 일괄 투표(straight-ticket voting) 행태에도 별 변화 조짐은 없어 보인다.[6] 트럼프 개인에 대한 거부감과 달리 미국 우선주의를 표방한 트럼프 정책에 대한 호감은 유권자들 사이에 광범위하게 퍼져 있다는 주장이 눈길을 끌 수밖에 없는 이유다.

하원 선거를 먼저 살펴보자. 민주당은 경합 지역구로 분류되었던 24곳 중

6) 이번 하원 선거에서 당선된 총 435명 중 419명(96%)은 지역구에서 자신의 소속 정당 대선 후보와 함께 승리하였다. 의회 선거만 치렀던 지난 2018년 중간 선거에서 의석을 크게 잃었던 공화당이 대선과 함께 치러진 이번 의회 선거에서 회복세를 보인 배경이라 짐작해 볼 수 있다.

12곳에서 패배를 당하였다. 캘리포니아, 플로리다, 아이오와, 사우스캐롤라이나, 유타 등에 걸친 광범위한 경합 지역구에서 기대에 한참 못 미치는 성적을 거두었다. 조지아 한 곳과 노스캐롤라이나 두 곳 정도에서 공화당 의석을 빼앗아 오는데 그쳤다. 민주당 입장에서는 2018년 중간 선거 승리를 통해 되찾았던 하원 다수당 지위는 가까스로 유지하게 되었지만 222석으로 줄어든 의석 탓에 5명만 이탈해도 과반인 218표를 지키지 못하게 된 상황이다. 반대로 예상과 달리 공화당은 하원에서 약진하였다. 공화당에게 불리한 경합 지역구로 선정된 37곳 중 3개 지역구에서만 민주당에게 졌고 나머지는 모두 수성에 성공하였다. 또한 15석에 달하는 기존 민주당 의석을 공화당 의석으로 뒤집는데 성공함으로써 197석에서 213석으로 보유 의석수를 크게 늘렸다. 강력한 하원 소수당으로 등극한 셈이다. 승패를 가늠하기 불가능했던 초(超) 경합 지역구들(toss-up seats) 중 민주당은 한 곳도 건지지 못한 결과다. 우리와 달리 미국 의회 경우 1933년에 채택된 수정 헌법 20조에 따라 선거 다음 해 1월 3일로 개원 날짜가 고정되어 있다. 결국 117대(2021.1.~2023.1) 미국 하원은 민주당 222석 대 공화당 213석으로 출범하게 되었다.[7)]

다수당이 늘 표 대결에서 승리하게 마련인 다수결 기관(majoritarian institution) 미국 하원에서 다수당 지위를 위협받게 된 원인을 두고 민주당은 다양한 각도에서 분석중이다. 최근의 하원 선거 경합 지역구들은 주로 민주당 성향인 큰 주(州)에 위치한 전통 공화당 텃밭일 가능성이 크다. 다시 말해 주로 일리노이, 펜실베이니아, 뉴저지, 캘리포니아, 뉴욕, 플로리다 등에 중도 성향인 하원 승부처가 다수 걸려 있다. 민주당 성향인 캘리포니아에서 오랫동안 공화당 지지세가 강했던 오렌지 카운티(Orange County)가 좋은 예다.

7) 최근 미국 역사상 가장 의석 수 차이가 적었던 하원은 정확히 20년 전 107대 하원이었는데 당시 다수당이던 공화당은 이번 민주당보다 두 석이 더 적은 220석을 보유하였다. 하지만 하원 규칙에 밝고 정치적 책략에 능했던 톰 딜레이(Tom DeLay)의 강력한 리더십으로 인해 공화당은 9/11 사태를 거치며 일사분란한 정당이 되었다. 게다가 선거구 재획정 혜택까지 누리며 결국 2002년 중간 선거에서 의석수를 9석이나 늘리는 예외적 성공을 거두게 된다. 대통령 소속 정당이 중간 선거에서 하원 의석수를 늘린 경우는 1934년 루스벨트 민주당, 1998년 클린턴 민주당, 2002년 아들 부시 공화당 세 번이 전부다.

2018년 트럼프 중간 선거 당시 민주당에게 의석을 빼앗겼던 39지역구와 48지역구에서 이번에 공화당이 재기하였는데 두 지역 모두 최초의 한국계 여성 의원들(Young Kim, Michelle Steel) 당선인 점도 특이하다. 민주당에게 특히 뼈아픈 점은 이번 선거에서 소수 인종이 많이 모여 있는 지역구에서도 여러 곳 패배했다는 사실이다. 특히 라티노 남성들의 민주당 이탈 현상은 민주당에게 앞으로도 큰 숙제가 될 전망이다. 물론 전문가들은 2018년 중간 선거에서 거둔 압승 결과를 민주당이 바로 다음 선거 사이클에서 유지하기란 애초부터 어려웠다는 지적을 내놓기도 한다. 하지만 선거 직전까지 여론 조사는 민주당의 의석수 증가 가능성을 점쳤다는 점에서 설득력이 커 보이지 않는다. 예상대로 민주당 내부에서는 선거 패배 원인 분석을 둘러싸고 진보파와 중도파 간 내홍이 벌어졌다. 경찰 재정 지원 철회("defund the police")를 포함한 소위 사회주의적 어젠다에 치중했던 당 지도부 입장이 교외 지역 경합 지역구의 중도 성향 유권자들 불안감을 자극했다며 민주당 중도파가 비판의 목소리를 높였다.[8)] 2022년 중간 선거를 치러야 하는 바이든 행정부로서는 내년 말까지인 임기 전반부 2년 동안 진보 어젠다 추진에 속도 조절을 고려해야 할 수도 있다.[9)]

이번 2020년 의회 선거가 민주당에게 새로운 희망을 전혀 주지 못한 것은 아니다. 실제로 이번 하원 선거에서 유일하게 공화당이 차지하고 있던 의석을 민주당이 빼앗아 온 곳은 조지아 7지역구인데, 이 지역구의 변화는 앞으로 미국 정치 변화를 예측할 수 있는 척도 중 하나라고 볼 수 있다. 공화당 텃밭인 포시드(Forsyth) 카운티와 민주당 지지율이 올라가는 그위넷(Gwinnett)

---

8) 2020년 하원 선거 패배 이후 오바마 대통령이 "defund the police" 슬로건을 두고 듣기 좋은 구호(snappy slogans)만으로는 실질적 변화를 가져올 수 없다며 부정적 입장을 내비치자 민주당 진보파 의원들이 공개적으로 오바마를 반박하기도 하였다. *The Hill*, "It's not a slogan: Progressives push back on Obama's comments on defund the policy," Dec 2, 2020.

9) 한편 개인적으로 2022년 상원 선거를 앞둔 슈머(Charles Schumer) 민주당 상원 원내 대표는 같은 뉴욕 주 연방 하원 의원인 오카지오-코테즈(Alexandria Ocasio-Cortez)의 프라이머리 도전 가능성을 차단하기 위해 진보 어젠다를 상원에서 밀어붙이는 모습을 보여야 하는 상황이기도 하다.

카운티가 만나는 애틀란타 북동쪽 교외 지역 지역구에서 현역 공화당 하원 의원이 은퇴하였고 캐롤린 보도우(Carolyn Bourdeaux) 민주당 후보가 약 1만 표 차이로 공화당 경쟁자를 따돌리고 당선되었다. 이 지역 공화당 현역 의원이었던 우달(Woodall, R-GA) 의원 경우 2016년과 2014년 각각 20퍼센트와 30퍼센트 차이로 당선되었지만 2018년에는 보두우 후보에게 단 0.2퍼센트, 즉 433표 차이로 신승을 거두었다. 우달 의원이 은퇴를 선언한 지역구에 보도우 의원이 재도전하였고 이번에 승리를 거둠으로써 조지아 교외 지역 변화가 민주당에 유리한 방향으로 전개되고 있음을 보여주었다. <그림 4>에서 알 수 있듯이 교외 지역 백인 유권자 비중은 줄어들고 아시아계와 라티노 유권자들이 늘고 있는데 이는 교외 지역 관련 거의 전국적 현상이라고 보아도 무방하다. 교외 지역에서의 학력과 소득 수준 또한 올라가고 있는데 이로 인해 공화당 후보가 쉽게 낙승하던 곳에서 민주당이 경쟁력을 갖춘 곳으로 변모하고 있다.

▶ 그림 4 조지아 제 7지역구와 민주당으로의 지지세 변화 양상[10)]

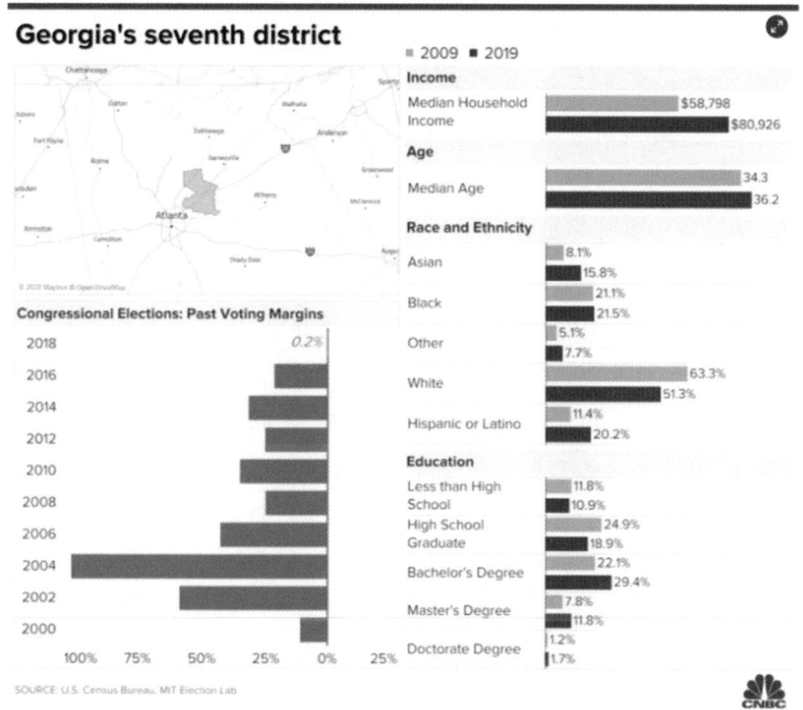

상원 선거 상황은 민주당이 공화당으로부터 다수당 지위를 빼앗아 왔다는 점에서 또 다른 양상이다. 2018년 트럼프 중간 선거 결과 구성된 116대 상원에서 공화당은 53석을 차지함으로써 무소속 2석 포함 총 47석에 그친 민주당을 따돌리고 다수당 지위를 유지하였다. 민주당은 이번 2020년 11월 선거를 앞두고 콜린스(Maine), 틸리스(North Carolina), 가드너(Colorado), 맥셀리(Arizona) 등 적어도 4명의 현역 공화당 상원의원을 낙선시키고 민주당 소속

10) "These Atlanta suburbs show how Georgia has become a 2020 battleground state," *CNBC*, October 24, 2020, <https://www.cnbc.com/2020/10/24/georgia-7th-congressional-district-shows-how-state-has-become-2020-battleground.html> (Accessed November 1, 2020).

존스(Jones) 의원만 낙선하는 경우 50 대 50 상원이 되고 해리스 부통령 시나리오로 다수당이 될 수 있다는 계산을 하고 있었다. 어쩌면 아이오와, 캔자스, 몬타나, 사우스 캐롤라이나, 그리고 심지어 텍사스 의석까지 넘볼 수도 있다는 일부 여론 조사로 인해 매우 고무된 상태였다. 막상 뚜껑을 열어보니 승리를 점쳤던 네 개 주 중 콜로라도와 애리조나 의석만 민주당이 가져왔고 기대했던 경합주에서는 공화당 현역 상원 의원 전원 재선을 허용한 초라한 성적을 거두었다. 반전은 더 있었다. 공화당 성향이었던 조지아(Georgia) 주에서 두 석 모두 공화당 후보가 11월 선거에서 과반 획득에 실패하였고 2021년 1월 5일 치러진 결선 투표를 통해 민주당 후보 두 명 모두 극적인 역전승을 거둠으로써 민주당은 기어이 원래 희망대로 50 대 50 상원을 만들어 냈다.[11)]

요약하자면 이번 2020년 미국 의회 선거 특징으로는 첫째, 바이든 대통령 후보의 낙승과는 반대로 민주당이 하원에서 참패한 사실을 꼽을 수 있다. 700만 표 이상 차이로 트럼프를 물리친 바이든 바람은 의회 선거에서 불지 않았고 민주당 의회 선거 득표율은 2018년 56.1 퍼센트에 비해 2020년 50.6 퍼센트로 하락세를 보였다. 중도 성향 민주당 그룹이 진보 이슈 탓을 하고 있는데 반해 민주당 진보파는 이번에 낙선한 대부분의 민주당 후보들이 진보 이슈를 대놓고 반대함으로써 오히려 청년층을 비롯한 민주당 지지층 동원에 실패한 것이 문제라고 반격중이다. 둘째, 220 대 213 하원과 50 대 50 상원이 상징하듯 이번 선거는 정당 간 의석 수 차이가 줄어드는 미국 의회 경쟁 구도를 재확인시켜 주었다. 의석수 차이가 컸던 1960년대 미국 의회에서 상원은 66퍼센트(88대 상원), 하원은 68퍼센트(89대 하원)가 민주당 일색이었다. 1980년대 이후 두드러진 흐름은 두 정당 간 의석 수 차이가 크게 줄어들고 있다는 점이고 다수당 지위 또한 자주 바뀐다는 사실이다.[12)] 셋째, 이번 의회 선

---

11) 상원 의원 수가 100명으로 늘어난 1960년 선거/87대 상원 이후 60년 동안 공화당과 민주당이 똑같이 의석을 나누어 가진 적은 2000년 선거/107대 상원과 2020년 선거/117대 상원 두 번 뿐이다.

12) 19세기 말, 즉 1874년 민주당의 중간 선거 재기부터 1896년 공화당 대선 압승까지 약 20여 년 동안 정당 간 경쟁이 엎치락뒤치락 했던 시기가 현재와 유사하다. 리(Lee 2016) 및 헤벌리그와 라슨(Heberlig and Larson 2012)은 의원들에게 정책 선

거를 통해 여성 의원이 대거 워싱턴에 입성하였다. 이번 117대 의회 여성 의원은 총 144명으로 전체 27퍼센트를 차지하는데 이는 10년 전 112대 의회의 96명에 비해 50퍼센트 상승한 수치다. 상원 경우 지난 회기에 비해 1명 줄어든 24명이 117대 여성 상원 의원이다. 특히 민주당에 비해 수치상 크게 열세였던 공화당 여성 의원 그룹은 이번 선거를 통해 존재감을 키웠는데 새로 당선된 여성 의원 27명 중 2/3(18명)가 공화당 소속이다.[13)]

Ⅳ. 소결: 바이든 시대와 2022년 중간 선거 전망

2022년 11월에 치러질 바이든 시대 중간 선거는 현 시점에서 바이든 행정부와 민주당 의회의 의제 설정 및 레토릭 선택에 이미 큰 영향을 미치고 있다. 필리버스터 폐지 관련 당내 확실한 반대론자인 맨신(Joe Manchin, D-WV) 상원 의원이 버티고 있는 한 이민 개혁, 총기 규제, 사회간접자본 확충, 기후 변화 대책, 오바마케어 개혁 그 어느 이슈도 원안대로 밀어붙이기 쉽지 않아 보인다.[14)] 하원 경합 지역구에서는 여전히 진보 어젠다에 대한 경계심이 적지 않은데다 역사적으로 대통령 소속당의 경우 중간 선거를 앞두고 대통령 지지율이 50퍼센트 이상이면 평균 14석을 상실하고 50퍼센트 아래면 평균 37석을 잃어 왔다는 점도 민주당에게는 악재다. 게다가 인구 조사(census)가 조만간 마무리되면 주 의회 세력 분포에서 크게 앞서는 공화당이 자신들에게 유리한대로 선거구를 재획정(redistricting)하여 2자로 끝나는 내년 2022년 선거를 치르게 된다. 5석만 상실해도 소수당 신세가 될 하원 민주당 입장에서는

호(policy preference)와 동시에 권력 선호(power preference)도 중요하므로 다수당 지위에 집착하게 되며 정당은 선거 자금 모금 기구로 변질된다고 주장한다. 그 결과 극단주의 그룹과 정치 자금에 휩쓸리게 되고 당내 정책 논쟁은 소홀히 하는 일종의 "속빈 정당(hollow parties)"이 되었다는 분석도 제기된다(Schlozman and Rosenfeld 2019).

13) Pew Research Center. "A Record Number of Women are Serving in the 117th Congress," Jan 15, 2021.

14) Jonathan Martin. 2021. "In Washington, Policy Revolves Around Joe Manchin. He Likes It That Way," *The New York Times*, Mar 27, 2021.

비관적 상황이 아닐 수 없다. 만일 하원을 공화당이 장악하게 된다면 바이든 후반 2년 동안은 어떤 정책 아이디어도 입법이 어려워진다. 2022년 상원 선거 경우 대략 공화당 5석, 민주당 4석 정도를 놓고 실질적 경합이 벌어질 전망이다. 내년 2022년 중간 선거는 2010년 티파티(Tea Party) 등장 이후 12년 만에 최초로 오바마 혹은 트럼프 같은 강력한 호불호 대통령이 존재하지 않는 중간 선거로 치러진다는 점 또한 관전거리다. 통합을 외쳤지만 양극화를 넘기 힘든 바이든 대통령 시대에 미국 의회 선거와 정치는 앞으로도 계속 요동칠 전망이다.

참고 문헌

서정건. 2014. “미국 중간 선거에 관한 역사적 고찰” 21세기 정치학회보 24(3): 605-625.

Alesina, Alberto and Howard Rosenthal. 1995. *Partisan Politics, Divided Government, and the Economy*. New York: Cambridge University Press.

Campbell, Angus. 1960. “Surge and Decline: A Study of Electoral Change,” *Public Opinion Quarterly* 24(3): 397-418.

Campbell, Angus and Warren E. Miller. 1957. “The Motivational Basis of Straight and Split Ticket Voting,” *American Political Science Review* 51(2): 293-312.

Edwards III, George C. 1979. “The Impact of Presidential Coattails on Outcomes of Congressional Elections,” *American Politics Quarterly* 7(1): 94-108.

Heberlig, Eric S. and Bruce A. Larson. 2012. *Congressional Parties, Institutional Ambition, and the Financing of Majority Control*. Ann Arbor: University of Michigan Press.

Lee, Frances E. 2016. *Insecure Majorities: Congress and the Perpetual Campaign*. Chicago: The University of Chicago Press.

Daniel Schlozman and Sam Rosenfeld. 2019. “The Hollow Parties,” in Frances E. Lee and Nolan McCarty ed. *Can America Govern Itself?* New York: Cambridge University Press.

2. 미국 예비선거과정상 코커스 제도의 퇴조와 그 함의*

임성호(경희대)

▽

Ⅰ. 서론: 2020년 2월 아이오와, 네바다에서의 혼란

2020년 2월 3일 아이오와(Iowa)주 민주당 대선 코커스(caucus)의 개표과정에서 대혼란이 발생했다. 1,600개가 넘는 기초 선거구(precinct)에서 표결 결과를 취합·보고하는 도중에 많은 문제가 터졌다. 특히, 후보별 득표수를 후보별 대의원 수로 전환하는 계산상 일부 착오가 발견되었다. 예를 들어, 1차 표결 참여자만 2차 표결에 허용됨에도 불구하고 1차 투표수보다 2차 투표수가 더 많이 나온 경우들이 있었다. 1차 표결 하한선인 15% 득표를 넘지 못했음에도 대의원을 할당받는 경우도 나왔다. 득표를 더 많이 한 후보가 대의원을 더 적게 할당받기도 했다. 이러한 문제들은 대부분 각 선거구의 코커스 관리자들이 집계 및 보고용 온라인 앱을 제대로 사용하지 못했고 애초 그 앱이 부실하게 만들어졌다는 데서 기인하였다. 더욱이, 온라인 앱의 비상 대체용으

* 이 장은 다음의 학술논문 내용을 수정 및 보완한 내용임.
"미국 예비선거과정상 코커스 제도의 퇴조와 그 함의," <국가전략> 제27권 1호 (2021년 봄), pp. 183-208.

로 준비한 전화 핫라인도 순간 급증한 통화량에 먹통이 되었다. 결국 민주당 아이오와 코커스의 결과는 최종 확인까지 수일 지체되었다.

아이오와 코커스 이후 19일 만인 2020년 2월 22일 개최된 네바다(Nevada) 주 민주당 대선 코커스도 개표과정의 혼선으로 최종 확인이 수일 지연되었다. 개표와 확인 절차가 매우 느린 데 더해, 후보들은 표결 집계에 비정상적인 부분이 많고 특히 사전투표 결과와 현장표결 결과를 합치는 가운데 여러 오류가 나왔다고 불평하였다. 예상보다 저조한 득표를 한 부티지지(P. Buttigieg) 후보는 진행 본부에 정식 이의제기까지 할 정도였다. 진행 본부는 아이오와의 불상사가 되풀이되는 것을 피하려고 나름 신경을 썼고, 차질 없이 진행될 것이라고 장담했음에도 당황스러운 결과가 나온 것이다.[1)]

아이오와 코커스와 네바다 코커스는 그 중요성이 크다. 수개월에 걸친 미국 예비선거 일정상 전자는 첫 번째로, 후자는 뉴햄프셔 프라이머리에 이어 세 번째로 실시된다. 초반 기선을 잡기 위해 거의 모든 후보는 이 두 주에 전력을 다하므로, 두 주는 언론의 집중 조명을 받으며 전국적으로 높은 정치 위상을 누린다. 이처럼 중요한 두 주의 코커스가 원만하게 종결되지 않았으니 그 여파가 컸다. 이미 2020년 미국 예비선거에서 코커스의 비중은 심하게 낮아져 있었다. 4년 전 선거에서 14개의 주가 코커스 방식을 채택했던 것에 비해, 이번엔 코로나 사태가 터지기 전에 결정된 사안이었음에도 불과 4개의 주에서만 코커스가 유지되었고 46개 주가 프라이머리 방식으로 예비선거를 진행했다. 더욱이, 후술하듯이, 코커스 유지 주 중 와이오밍과 노스다코타는 실질적으로 프라이머리로 옮겨갔고 코커스 이름만 바꾸지 않은 것이다. 아이오와와 네바다에서도 현장 공개표결이라는 원칙을 누그러뜨려 사전투표, 우편투표, 온라인투표를 부분적으로 허용함으로써 코커스의 원래 성격이 희석되었다. 이런 상황에서 터진 아이오와와 네바다에서의 소동은 코커스의 위상을 더욱 떨어뜨렸고 존폐 논란마저 일으켰다.

---

1) 공화당의 경우, 아이오와 코커스에서 현역 트럼프 대통령이 별 경쟁 없이 97%의 압도적 득표를 했기에 관심이 실종된 가운데 잡음도 들리지 않았다. 네바다에서는 공화당 코커스가 아예 취소되었다.

이 글은 2020년 미국 예비선거 과정상 코커스 제도를 유지한 주가 크게 줄었다는 점, 그리고 코커스 유지 주 중에서 핵심인 두 주에서 운영상 대혼란이 일어났다는 점에 주목해 코커스 제도의 위축과 쇠퇴가 어떠한 함의를 지니는지 탐구한다. 코커스 주의 감소는 코로나 사태의 확산 이전에 결정된 것이므로 그 함의는 단기적 상황뿐 아니라 거시적 · 통시적 추세와 관련해 논할 수 있을 것이다. 여기서 "함의"라는 표현은 분석적 관점에서 모호할 수 있다. 코커스 제도의 위축과 쇠퇴를 초래한 원인을 뜻하는지, 그 결과를 뜻하는지 양쪽으로 다 해석될 수 있다. 이 글이 의도적으로 이 모호한 표현을 쓰는 이유는 여러 요인이 복합적으로 얽혀 있기에 원인과 결과 간의 명확한 인과관계를 밝히기 어렵기 때문이다. 특히 이 글이 초점을 맞추는 미국 민주주의의 4가지 측면들—즉, 정당정치, 유권자 정치참여, 숙의적 사회담론, 선거관리—은 매우 거시적인 현상 · 추세를 포괄하는지라 코커스 제도의 퇴조와 관련해 명쾌한 인과관계로 논하기에 무리가 따른다. 자칫 내인성의 문제나 동어반복의 함정에 빠질 수 있고 쌍방향의 관계를 너무 단순화시킬 위험성이 있다. 여러 개입변인에 대한 통제가 잘 이루어지지 않은 상태에서 허위적 인과관계를 제시할 우려도 있다. 이러한 한계를 고려해 이 글은 2020년 시점에 미국 코커스 제도의 퇴조가 반영 · 투영하고 있고 또한 동시에 더욱 강화하기도 하는 상기 4가지 현상 · 추세를 종합적으로 살펴보며 그 함의가 무엇인지 짚어보고자 한다.

이 글은 가설 검증의 확증적 접근을 취하지 않는 탐색적 연구지만 코커스 제도의 퇴조가 지닌 함의를 미국 민주주의의 몇몇 측면에서 살펴봄으로써 미국 예비선거와 코커스 방식뿐 아니라 정당정치, 정치참여, 사회담론, 선거관리를 포괄하는 미국 민주주의에 대한 넓은 이해를 도모하는 데 도움이 될 수 있을 것이다. 또한, 이 글은 미국뿐 아니라 정당 공천과정의 개방성을 확대하고 있는 한국 등 여타 국가에 비교학적 시사점을 줄 수 있다는 의의도 지닌다. 한국의 경우, 근래 정당 공천과정에 국민참여경선제, 시민배심원제, 공론조사 등 일반 유권자의 적극적 참여를 요하는 방식이 점차 도입되고 있다. 미국에서의 코커스 퇴조와 그 반대급부인 프라이머리 방식의 증가가 민주주의와 관련해 지니는 함의를 탐색해봄으로써 공천과정의 개방화를 추구하는 국가들이 유념할 만한 시사점을 얻을 수 있을 것이다.

이하 내용의 구성은 다음과 같다. 제2절에서 코커스가 어떤 제도인지 소개한 후, 20세기 후반 이래 쇠퇴해온 역사적 변천을 묘사한다. 제3절에서는 2020년 미국 예비선거에서 코커스가 운영상의 문제점으로 존폐 논란을 일으킬 정도로 위축된 상황을 서술한다. 제4절에서는 코커스 제도의 퇴조가 지닌 함의를 정당정치, 국민의 정치참여, 숙의적 사회담론, 선거관리 등 4가지 측면에서 짚어보며 미국 민주주의의 복합적 모습을 탐색한다. 코커스의 퇴조는 정당정치 양극화의 완화를 의미할 수 있으나 정당 대립이 전국 차원으로 확장되는 추세를 뜻할 수도 있다는 점, 유권자 참여율은 높이나 행동적 시민성 가치에는 타격이 될 수 있다는 점, 집단주의적 계파 대립을 감소시킬 수 있으나 숙의적 시민교육의 기회도 없앤다는 점, 선거관리의 체계성을 기하기에 유리하나 사전투표, 우편투표, 온라인투표 등의 구체적 방안에 대한 정쟁과 불신을 일으킬 수 있다는 점 등을 통해 미국 민주주의의 복잡한 다면성을 지적할 것이다. 제5절에서는 비교학적 시사점을 후속 연구를 위한 단서 모색의 차원에서 간단히 정리한다.

Ⅱ. 미국 코커스 제도의 역사적 변천

각 주(州)와 자치령 단위로 실시되는 미국 민주당과 공화당의 예비선거는 수개월에 걸쳐 순차적으로 진행되는데(하루에 여러 주나 자치령이 겹칠 때도 있지만), 각 주는 프라이머리와 코커스, 두 방식 중 하나를 사용한다.[2] 양 방식은 일반 유권자가 비교적 자유롭게 참가해 표를 행사할 수 있다는 점에서 유사하다. 코커스의 원래 의미는 당 간부 회의지만, 특히 1970년대를 계기로 개방

2) 예외적으로 하나의 주가 두 방식을 혼용하는 경우가 있는데, 이때 한 방식은 상징적 의미만 갖기도 하고, 두 방식 모두가 실질적으로 활용되기도 한다. 같은 주의 민주당과 공화당이 다른 방식을 택할 때도 있다. 더욱이 각 주의 정당은 이런 방식을 수시로 바꾸기도 한다. 그러므로 50개 주를 일반화해 일률적으로 이해하기가 불가능하다. 현역 대통령이 재선에 나설 경우엔 여러 주에서 소속 당이 프라이머리든 코커스든 예비선거 자체를 취소하기도 한다. 2020년 트럼프가 재선에 나서면서 여러 주의 공화당 예비선거가 취소되었다.

성이 커지며 해당 지구에 거주하는 미국 유권자라면 큰 제한 없이 참여할 수 있다.[3] 원칙상 해당 정당에 등록되어야 하나 통상 당일 현장에서의 등록도 융통성 있게 허용된다(Winebrenner and Goldford 2010, 29). 그러나 개방적이라는 공통점에도 불구하고 두 방식은 근본적으로 다르다. 프라이머리는 비밀투표 방식이므로 유권자가 선거일 원하는 시간에 투표하거나 사전투표, 우편투표를 큰 제약 없이 할 수 있다.[4] 반면 코커스는 공개토의와 공개표결을 원칙으로 하는바, 유권자는 거주 선거구의 특정 장소(학교 강당, 교회, 공공건물 등)에서 정해진 시간(대부분 평일 저녁 7시. 주에 따라 토요일 오전 10시나 오후 2시인 경우도 있음)에 몇 시간 회의를 한 후 공개로 표결을 한다.[5] 그러므로 코커스는 일부 예외에도 불구하고 원칙상 사전투표나 우편투표를 허용하지 않는다. 자연스레 코커스 참가에는 큰 기회비용이 들고, 이에 따라 정당, 이념 등에서 강한 선호를 가진 유권자만 오는 경향이 있어 참가율도 낮다. 프라이머리는 주 정부가 관리하고 비용을 대는 데 비해 코커스는 주 정당들이 관리·재정의 주체라는 데에도 차이점이 있다. 이에 따라 프라이머리가 연방법과 주법에 전면적으로 규제 받는 것과 달리 코커스는 제한적으로만 법적 규제를 받는다.

프라이머리의 경우 각 선거구의 후보별 득표를 주 단위로 합산해 전국 당대회(national party convention)에 참가할 후보별 대의원(delegate) 수를 정하므로 그 절차가 간단하고 한 번의 투표로 종결된다. 반면, 코커스 방식은 여러 단계를 거치며 복잡하게 진행된다. 통상 코커스는 일반 유권자가 참가하는 가장 기초단위인 선거구(precinct)별 공개표결을 말한다. 여기서 후보별 득표

---

3) 프라이머리에 비해 상대적으로 덜 알려진 코커스 제도에 대한 해설은 다음을 참조할 것: 임성호 2014; Cronin 2008; Masters and Ratnam 2020; Redlawsk et al 2011; Smith and Springer 2009; Waldman 2012; Winebrenner and Goldford 2010.

4) 프라이머리는 해당 정당에 등록되지 않은 유권자도 투표할 수 있게 허용되는 open primary와 해당 정당 등록자만 허용되는 closed primary로 구분되지만, 후자도 주에 따라 차이가 있으나 당일 등록을 허용하는 등 개방성이 높다. 따라서 양자를 근본적으로 구분하지 않는 경향이 크다.

5) 예외적으로 비밀투표 방식을 쓰는 코커스도 있다. 예를 들어 과거 미네소타주의 코커스가 그러했고, 2016년 아이오와 공화당 코커스가 그러했다.

수에 따라 각 후보를 대표할 대의원들을 선발하고,[6] 이들은 다음 단계인 군(county) 당대회에 가서 회의하며 후속 단계인 연방하원선거구(district) 당대회에 참여할 대의원들을 선출한다. 이 상위 단계의 대의원들은 역시 비슷한 과정을 거쳐 주(state) 당대회 대의원들을 선출하고, 주 당대회에서는 마지막 단계인 전국 당대회에 갈 대의원들을 선출한다. 이러한 일련의 과정(중간 단계가 생략되는 때도 있음)에서 당 후보자들에 대한 선호 토의 및 표결과 대의원들의 선출만 이루어지는 것이 아니고, 주나 전국 당 강령에 반영될 정책현안이 토의되고 당 활동을 할 간부들이 충원되기도 한다. 공천의 취지만 있는 프라이머리와 달리 코커스는 공천을 포함한 당의 제반 활동이 이루어지는 지방 수준의 정치무대이다.

'태머니 홀'(Tammany Hall)로 상징되는 지방 정당보스들이 지배력을 행사하던 19세기에는 코커스가 위계적 방식으로 진행되며 공천을 놓고 뒷거래, 야합, 심지어 협박이 난무했다(Allen 1993). 20세기 초 개혁주의 운동(Progressive Movement)의 영향으로 정당보스 정치가 누그러지고 여러 주에 도입된 프라이머리 제도에 자극을 받아 코커스도 부정적 이미지를 조금씩 지워갔지만, 적어도 20세기 중반까지는 지방 정당조직만의 폐쇄적 행사에 머물렀다. 지방 정당조직이 편파적으로 코커스를 진행하며 강압적 동원마저 서슴지 않았고 일정 및 장소를 일부 주민에게만 공지하거나 촉박하게 공지하는 등 편법으로 주민의 참가를 방해하기도 해 시비가 벌어지곤 했다(Winebrenner and Goldford 2010, 25-6).

역사적으로 1968년부터 1972년까지의 시기에 코커스 제도가 크게 퇴조하기 시작한다. 1968년 전당대회에서의 소란과 대선 패배에 대한 반성으로 민주당은 예비선거를 일반에게 더 개방하기로 방향을 잡았고 이에 따라 여러 주에서 코커스 대신 프라이머리가 채택됐다. 1968년 험프리(H. Humphrey)가 프라이머리에 불참하고도 코커스에서의 승리로 민주당 후보가 되었다가 본

---

6) 민주당과 공화당은 후보별 코커스 득표수를 대의원 수로 전환하는 방식에서 차이를 보인다. 민주당의 경우엔 보통 15% 최소기준을 넘은 후보자들의 득표수에 비례해 각각의 획득 대의원 수가 정해지지만, 공화당에선 일반적으로 선거구별로 승자독식 방식을 택한다.

선에서 패배했던 경험을 반영한 것이다. 공화당도 시대에 뒤져 선거에서 밀릴세라 민주당의 본을 따랐다(Klonsky 2008; Wright 2016). 이러한 추세가 한동안 계속되어 프라이머리 주가 다수를 이루게 되어, 1968년과 1992년을 비교하면 프라이머리 주가 민주당의 경우 15개에서 40개로, 공화당의 경우 15개에서 39개로 현격히 늘어났다(Smith and Springer 2009, 3). 코커스를 유지한 주들도 일반 유권자가 쉽게 참여하도록 규칙을 바꿨다.

그 이후 다소의 부침(浮沈)을 겪으며 대략 30여 개를 훌쩍 넘는 주가 프라이머리를, 10여 개를 약간 넘는 주가 코커스를 채택하는 양상이 이어졌다. 21세기 상황을 보면, 민주당의 경우 코커스 주가 2000년 14개, 2004년 15개, 2008년 13개, 2012년(현역 오바마가 재선에 나선)은 건너뛰고, 2016년 14개로 안정세를 보였다. 공화당도 이와 비슷하였다. 그러다가 2008년 민주당 예비선거에서 오바마에게 패한 힐러리 클린턴과 지지자들이 코커스 유해론을 외치면서 변화의 계기가 온다. 힐러리는 프라이머리 주들에서의 근소한 우위에도 불구하고 코커스 주들에서의 큰 패배로 낙마의 고배를 마셨다. 이에 그의 지지자들은 2008년 8월 민주당 전당대회에서 향후 코커스를 철폐하고 다 프라이머리로 바꾸자는 방안을 제안하기도 했다(Panagopoulos 2010, 428). 2016년에는 샌더스 측이 아이오와 코커스의 운영이 공정치 않았다며 이의를 제기했다. 이러한 흐름 속에서 민주당 전국위원회는 국민의 더 많은 예비선거 참여를 통해 지지세의 저변을 확대하기 위해 코커스 주들이 프라이머리로 방식을 바꾸도록 권고하는 노력을 기울였다.

결국 2020년 민주당 대통령 예비선거에서 불과 4개 주(아이오와, 네바다, 노스다코타, 와이오밍)와 4개 자치령(미국령 사모아, 괌, 버진 아일랜드, 북마리아나)만이 코커스 방식을 사용하였다(Cramer 2020; de la Fuente 2020). 4년 전 코커스를 실시했던 14개 주 중에서 무려 10개 주(Washington, Colorado, Minnesota, Utah, Idaho, Nebraska, Kansas, Maine, Hawaii, Alaska)가 프라이머리로 전환하였다.[7] 코

7) 이 중 알래스카, 하와이, 캔자스에서의 프라이머리는 주 정부가 아니라 각 정당이 관리하는 방식으로서 다른 프라이머리와 구별되기도 하나 기본적으로 비밀투표라는 점에서 큰 차이가 나지는 않는다. 이 세 주에서 프라이머리를 각 정당이 관리한 이유는 스스로 원해서가 아니라 주 정부가 재정적 한계로 관리를 거부했기 때문이다.

커스 유지 4개 주는 인구가 적어 사회경제적 위상이 높지 않은 곳들이다. 게다가 이 주들은 사전투표와 우편투표를 부분적으로 허용해 공개토의와 공개표결이라는 코커스 고유의 성격을 일부 잃었다. 더욱이 노스다코타의 경우, 정당(주 정부가 아니라)이 운영하는 프라이머리(party-run primary, 일명 "firehouse primary")와 똑같은 방식을 썼으나 코커스 이름("firehouse caucus")만 유지한 것이다. 와이오밍에서도 코로나19로 인해 부득이 전면적으로 정당운영 우편투표를 실시했고 이름만 코커스를 유지했다. 실제상 아이오와, 네바다 2개 주에서만 전통적 코커스가 그나마 약해진 형태로 유지된 것이다. 현역 트럼프의 재선 도전으로 예비선거가 큰 의미를 띠지 못하게 된 공화당을 보면, 2016년 13개 주가 코커스 방식을 썼으나 2020년에는 5개 주로 줄었다.[8)]

이처럼 코커스 방식을 택한 주들이 급감한 결과로 코커스로 결정된 민주당 대의원 수도 4년 사이에 557명에서 103명으로 급감했는데, 이 숫자는 전체 대의원의 2.6%에 불과하다(de la Fuente 2020).[9)] 2020년 퇴조로 인해 이제 미국 예비선거 방식으로서 코커스는 위상이 크게 줄어들고 예외적인 경우로 전락했다. 이 상황은 2020년 예비선거 이전에 이미 시작된 것이나 전술한 아이오와, 네바다에서의 대혼란은 코커스에 더욱 타격을 가하고 존폐 논란을 일으킨다. 이에 대해선 다음 절에서 다룬다.

Ⅲ. 2020년 코커스 운영상의 문제와 존폐 논란

서론에서 소개한 민주당 아이오와 코커스와 네바다 코커스의 대혼란은 몇 가지 직접적 원인이 겹쳐 일어났다. 이전과 달리 선거구 표결결과를 상세하게 보고하도록 민주당 방침이 바뀐 데 더해, 결과의 집계 및 보고를 위해 도입한 온라인 앱이 부실했고 그 사용법에 대해 선거구 관리자들이 훈련도 안 받는

8) 2020년 공화당 예비선거에서 코커스를 치른 5개 주는 하와이, 아이오와, 켄터키, 노스다코타, 와이오밍이고 4년 전과 달리 프라이머리로 전환한 5개 주는 콜로라도, 메인, 미네소타, 유타, 워싱턴이다. 3개의 주(알래스카, 캔자스, 네바다)는 예비선거 자체를 진행하지 않았다(www.ncsl.org/...).

9) 이름만 코커스이고 실제로 프라이머리를 실시한 노스다코타와 와이오밍은 빼고 아이오와 41명, 네바다 36명, 4개의 자치령 합해서 26명.

안이함과 미숙함을 보였다. 더욱이, 비상용 전화 핫라인도 당황한 선거구 관리자들이 일시에 전화를 거는 바람에 수 시간 동안 먹통이 되었다.

코커스 운영상의 혼란은 물론 과거에도 있었다. 비교적 근래인 2012년 3월 미주리에서 폴(Ron Paul) 후보 지지자들과 조직본부 사이에 충돌이 일어나 해당 카운티의 코커스가 중단, 취소되는 일이 벌어지기도 했다(St. Louis Post-Dispatch, 2012-3-19). 그러나 2020년 아이오와, 네바다에서의 소동은 몇 가지 이유로 그 이전과는 비교할 수 없이 심각했다. 첫째, 일부 선거구에서만 문제가 터진 것이 아니고 대부분의 선거구에서 혼란이 일어나 주 전체 차원에서 결과를 공인하는 데 어려움이 발생하였다. 둘째, 예비선거 일정의 맨 앞에서 주목받던 주들에서 문제가 터진지라 전국적 관심이 집중되었다. 셋째, 사람들의 실수나 불순한 의도 때문이기보다는 첨단기술을 이용하는 가운데 나온 문제로서 투표 자동집계기가 보편화되고 인터넷 투표까지 일부 허용되는 상황에서 투개표과정에 대한 사람들의 막연한 불신감을 키웠다. 특히 트럼프와 음모론자 등 일부 극단주의자들이 본선 투개표 과정상 승리를 도둑맞았다고 불분명한 주장을 하며 결과에 불복하였는데, 아이오와, 네바다에서의 혼란이 그 불상사의 전조로 작용하고 동기를 제공했을지 모른다는 데서 사안의 심각함을 찾을 수 있다.

결국 2020년 예비선거가 끝나기도 전에 앞으로 코커스 방식을 없애고 모든 주가 프라이머리 방식으로 가자는 주장이 불거지기 시작했다. 네바다 출신으로 상원 다수당 원내대표를 지냈고 퇴임 후 여전히 정치력을 행사하는 리드(Harry Reid)는 네바다 코커스 직후 코커스 폐지와 프라이머리로의 교체를 주장했다(Epstein 2020a). 네바다 주 민주당 의장인 맥커디(William McCurdy)도 똑같은 주장을 했다(Collins et al 2020). 원래 네바다 민주당은 프라이머리로 전환하려 했으나 네바다 주정부를 장악하고 있던 공화당이 프라이머리 운영 재원을 거절해 무산되었던 바가 있다. 그러나 2018년 주지사 선거에서의 승리로 네바다 주정부가 민주당으로 넘어가 있으므로 프라이머리로의 전환은 시간문제로 보인다(Epstein 2020a).

코커스를 프라이머리로 바꾸자는 주장은 네바다뿐 아니라 전국에서 들렸다. 전직 교통부 장관으로서 2020년 대선에 출마하기도 했던 카스트로(Julian Castro)는 코커스는 반민주적 구시대 유물로 폐지돼야 한다고 주장하였다(Epstein 2020b). 첨단기술의 사용이 늘어날수록 엄중한 예비선거 관리를 주 정당조직에만 맡기기 불안하다는 생각이 퍼지고 있던 차에 2020년 아이오와, 네바다에서 연달아 코커스가 사고를 내니 주 정부가 관리하는 프라이머리로 바꾸자는 요구가 커진 것은 당연한 일로 보인다. 더욱이, 코커스 주들인 아이오와와 네바다가 예비선거 일정의 맨 앞에 포진되어 과분한 관심을 받고 과도한 정치적 위상을 누리고 있음에 대해 여타 프라이머리 주들은 불만일 수밖에 없다. 코커스 유해론 및 폐지론 이면에 예비선거 일정 순서에 대한 여러 주의 불만도 요인으로 작용하고 있을 것이다.

향후 수년간 정치권을 이끌 바이든 대통령이 중도 온건 정치인으로서 프라이머리보다 코커스에서 좋은 성적을 내지 못해 코커스에 호의적이지 않을 것이라는 점도 코커스의 앞날에 위협을 가하는 요인이다. 코커스 폐지론은 참정권 확대를 위해 활동하는 Third Way 같은 시민단체들도 지지한다. 다음 절에서 후술하듯이 공개표결인 코커스는 일반 유권자가 참가하는 데 불편하고 큰 기회비용을 치러야 하므로 참여율이 낮고 이에 따라 비민주적이라는 생각에 따른 것이다. 이러한 상황 속에서 민주당 전국위원회 위원장 페레즈(Tom Perez)가 2024년에는 모든 주가 프라이머리를 채택해야 한다고 주장한 것은 놀라운 일이 아니다. 결국 그의 요구대로 민주당 전국위원회 규칙위원회는 173 대 0의 만장일치로 코커스를 프라이머리로 바꿔나가자는 권고안을 통과시켰고, 이 권고안은 2020년 여름 민주당 전당대회에서 찬성 4628, 반대 45, 기권 48의 압도적 차이로 승인되었다(de la Fuente 2020).

이처럼 널리 호응을 얻는 폐지론에 맞서 아이오와 주 민주당은 반대를 피력하고 2020년 코커스의 대혼란도 민주당 전국위원회가 지나치게 간섭한 탓이라고 책임을 돌리는 보고서를 발표했다(Epstein 2020b). 그러나 이러한 주장은 궁색한 변명으로 여겨지며 대중적 공감을 얻지 못하고 있다. 물론 아이오와의 경우, 격년으로 열리는 코커스가 예비선거로 기능할 뿐 아니라 지방 정당조직의 풀뿌리 차원 행사로도 기능하기 때문에 전면 철폐되지는 않을 것이다. 그렇지만 아이오와 역시 사전투표, 우편투표 등을 확대하는 쪽으로 이미 움직였음을 볼 때 앞으로 코커스의 원래 모습은 점점 더 퇴색할 것으로 예상된다.

2020년에 와서 코커스 제도가 급격한 퇴조를 겪고 정치권에서 폐지론이 제기되었지만, 학문 영역에서는 이미 오래전부터 존폐 논쟁이 진행되어 왔다. 1970년대 이래 예비선거의 개방화와 민주화에 대한 논의가 주로 프라이머리 제도를 중심으로 진행되면서 코커스의 상대적 단점과 한계가 기정사실로 전제되었다. 특히 21세기에 접어들어 참여의 가치가 중시되는 시대를 맞아 코커스가 적합성을 띠기 힘들다는 지적이 학계, 언론계 등에서 꾸준히 제기되었고(Cronin 2008; Wang 2007; Lioz 2012; Waldman 2012; Clymer 2011; Wright 2016), 2020년 불거진 코커스 폐지론은 그러한 기존 논쟁에 입각한 것이다. 학문적으로 제기된 코커스의 핵심 문제점들은 이어지는 제4절에서 자세히 언급될 것이다.

이제 코커스는 지방 정당조직의 행사로 명맥을 유지하더라도 예비선거 방식으로는 거의 소멸 단계로 온 것으로 보인다. 이러한 관찰을 가능하게 하는 이유는 전술한 정치권의 문제제기와 학문적 논쟁 때문만이 아니다. 오늘의 거시적 시대상황도 코커스에 조종을 울리고 있다. 우선, 코로나19는 대규모 오프라인 집회인 코커스에 치명타를 날리고 프라이머리에서 많이 사용되는 우편투표, 사전투표, 온라인투표의 불가피함과 그에 대한 대중의 수용성을 높였다. 아울러, 2020년 코커스의 위축은 이미 팬데믹이라는 돌발변수가 터지기 이전에 확정된 것이라는 데서 알 수 있듯이, 코커스를 위축시켜온 거시적 시대 추세를 생각해볼 수 있다. 즉, 정당 대립이 전국 수준으로 확대되었다는 점, 유권자 정치참여의 중요성이 점증했다는 점, 체계적 선거관리의 필요성이 절실해졌다는 점 등도 코커스보다 프라이머리를 예비선거의 주된 방식으로 자리 잡게 만든 거시적 시대 추세일 것이다. 이에 대해 다음 절에서 코커스 퇴조의 함의와 관련해 상세하게 살펴본다.

Ⅳ. 코커스 제도 퇴조의 함의

코커스의 역사적 퇴조와 그 반대급부인 프라이머리의 확산은 미국정치에서 어떠한 함의를 지닐까? 미국정치의 어떠한 거시적 변화를 반영하고 있고 또 동시에 더 강화해주고 있을까? 미국 민주주의와 관련해 어떠한 평가를 받을 수 있을까? 이에 대해 이하에서 정당정치, 유권자 정치참여, 사회담론, 선거관리 각각에 초점을 맞춰 논의를 진행한다. 코커스의 퇴조는 오늘날 미국 민주주의와 관련해 긍정이나 부정, 한쪽만의 모습이 아니라 다양하고 복잡한 얼굴을 보여준다는 점을 지적할 것이다.

1. 정당 양극화의 완화인가, 정당대립의 전국적 격화인가

한편으로, 코커스의 퇴조는 정당정치의 양극화와 관련해 반가운 소식일 수 있다. 코커스는 민주당을 진보 극단으로, 공화당은 보수 극단으로 모는 경향이 있기 때문이다. 지방 당조직이 운영하는 공개토의와 공개표결인 코커스에 정파성, 이념성이 강한 열성분자가 주로 참가할 것이란 점은 쉽게 짐작할 수 있다. 익명성이 보장되지 않는 행사에 각종 불편을 감내하며 참가하려면 정당, 이념 등에 의한 강한 동기가 요구된다. 평균적 중도 유권자는 당연히 프라이머리보다 코커스에 참여가 저조하다. 이는 2020년 민주당 예비선거 참가 유권자를 대상으로 23개 주에서 실시된 출구/입구조사 결과(CNN 자료)가 잘 보여준다.

▶ 표 1 2020년 민주당 예비선거 출구/입구조사: 민주당 성향, 진보 성향 (CNN 자료)

민주당 성향자			매우 진보적 성향자			진보적 성향자		
순위	주	%	순위	주	%	순위	주	%
1	Nevada	82	1	Nevada	31	1	Maine	70
2	Florida	81	1	Maine	31	2	Washington	68
3	Mississippi	78	3	California	29	3	Iowa	67
4	California	77	3	Vermont	29	3	Nevada	67
5	Iowa	76	5	Washington	28	5	Minnesota	66
6	Alabama	74	6	Illinois	27	5	Vermont	66

7	Arizona	72	6	Massachusetts	27	7	California	65
8	Texas	71	8	Iowa	25	8	Colorado	64
9	Illinois	70	8	Missouri	25	8	Massachusetts	64
9	South Carolina	70	10	Colorado	24	10	Illinois	62
9	Tennessee	70	10	Minnesota	24	10	Missouri	62
12	Minnesota	69	10	Tennessee	24	12	Arizona	61
12	North Carolina	69	13	Mississippi	23	12	Michigan	61
14	Missouri	68	13	North Carolina	23	12	New Hampshire	61
15	Maine	67	13	Texas	23	15	North Carolina	59
16	Virginia	66	16	Alabama	22	16	Texas	58
16	Michigan	65	16	Arizona	22	17	Tennessee	57
16	Oklahoma	65	18	Michigan	21	18	Alabama	55
19	Washington	65	18	New Hampshire	21	19	Florida	54
20	Colorado	64	20	Florida	20	20	Virginia	53
21	Massachusetts	54	21	South Carolina	19	21	Oklahoma	49
22	New Hampshire	52	21	Virginia	19	21	South Carolina	49
23	Vermont	50	23	Oklahoma	18	23	Mississippi	46

주: 23개 주의 자료만 존재하고, 전통적 코커스 방식의 아이오와와 네바다에서는 출구조사가 아니라 입구조사를 진행하였음. 색상 테두리로 표시된 칸은 아이오와와 네바다의 경우를 보여줌.

출처: edition.cnn.com/election/2020/primaries-causes/entrance-and-exit-polls/...에서 편집함.

<표 1>에서 보듯이, 조사가 이뤄진 23개 주 중 21개가 프라이머리를, 2개만이 코커스를 실시하였는데, 코커스 주들(아이오와, 네바다)은 예비선거 참가 유권자의 민주당 성향과 진보 성향에서 상위 순위를 차지하였다. 특기할 점으로, 참가자의 진보 성향에서 최상위 순위를 차지한 주 중 아이오와와 네바다를 제외하고 메인, 워싱턴, 미네소타, 콜로라도는 4년 전까지 코커스를 실시하다가 이번에 프라이머리로 바꿨다. 이들 주에선 코커스를 했던 과거의 전통과 분위기가 잔존하고 있을 것이다. 이처럼 코커스 방식을 현재 유지하거나 그 전통이 남아있는 주들에서 예비선거 참가자들의 진보 성향이 유독 높

았다. 특히 아이오와에서 진보 성향자는 2020년 11월 대선 출구조사에서 투표자의 20%로서 전국 평균 24%에도 못 미쳤는데, 2월 민주당 코커스에서는 참여자의 67%가 진보적이었다. 코커스가 강한 이념성향 소유자들의 잔치라는 것을 알 수 있다.[10] 네바다는 대선 출구조사에서 투표자의 26%가 진보라고 밝혀 전국 평균을 약간 상회할 정도인데, 코커스 참여자의 진보성향에선 아이오와와 공동 3위(67%)를 차지했고 매우 진보적이라고 답한 비율에선 메인과 공동 1위(31%)를 차지했다.[11]

사실, <표 1>은 해석하기 쉽지 않다. 23개 주의 자료만 있다는 한계, 주마다 유권자의 기본적 성향이 다른데 이에 대한 통제가 이뤄지지 않았다는 한계 등을 감안해야 한다. 특히, 주마다 예비선거 일정이 달라 경쟁이 치열했던 초반에 실시되었는지 승세가 굳혀진 뒤 실시되었는지에 따라 유권자의 참가 동기가 달라질 수 있다는 점을 주목할 필요가 있다. 아이오와, 네바다의 코커스는 경쟁이 치열했던 초반에 실시되었고 코로나19 확산 이전이었다는 여건을 고려할 때, 뒤에 온 프라이머리들에 비해서 정당, 이념 성향에서 극단적 열성분자뿐 아니라 넓은 폭의 다양하고 평균적인 유권자도 참여하기에 유리하였다. 그런데도 실제 코커스 참여자는 진보 쪽으로 확 치우쳤다. 이러한 점도 종합해 표를 볼 때, 프라이머리보다 코커스는 정당, 이념에서 강한 신념의 유권자가 주로 참여한다는 점을 명확히 알 수 있다.

참가 유권자의 성향이 이러하므로 코커스는 진보나 보수 한쪽의 이념 성향을 강하게 띠고 이념적 풀뿌리 활동가들의 지지를 받는 후보들에게 유리하다. 민주당에서는 잭슨(J. Jackson), 딘(H. Dean), 샌더스(B. Sanders), 공화당에서는 부캐넌(P. Buchanan), 허커비(M. Huckabee), 크루즈(T. Cruz) 등 강한 이념성을 보인 후보들이 특히 코커스에서 예상보다 선전하곤 했다. 전국 정당으로서는 본선 경쟁력을 우선시하므로 극단적 후보보다 중도층의 호응을 받는

10) 아이오와 대선 출구조사 출처: edition.cnn.com/election/2020/exit-polls/president/iowa. 전국 대선 출구조사 출처: edition.cnn.com/election/2020/exit-polls/president/national-results.

11) 네바다 대선 출구조사 출처: edition.cnn.com/election/2020/exit-polls/president/nevada.

후보를 선호하겠지만, 지방 정당의 코커스에 온 유권자는 그러한 전략적 사고에 큰 영향을 받는 것 같지 않다. 이러한 이유로, 각 정당의 중도 온건 정치인(예: 힐러리 클린턴, 바이든, 존 맥케인)은 프라이머리보다 코커스에서 부진했다.

그러므로 코커스의 퇴조는 정당 양극화가 다소 완화되었고 더 완화될 수 있을 것이라는 함의를 지닌다. 4년 전 14개에 달했던 코커스 실시 주가 불과 4개로 줄었다는 사실은 자당의 극단화를 경계하는 정당 주류 측의 노력이 있었기에 가능했다. 전술했듯이 근래 민주당 전국위원회는 각 주의 당조직에게 코커스보다 프라이머리 방식을 채택하라고 권고했고 그 성과를 볼 수 있었다. 극단적 성향의 활동가들이 예비선거에서 목소리를 높이고 비슷한 성향의 후보들이 선전하면 본선 경쟁에서 밀릴 것이란 우려에서 그런 노력을 기울였다. 공화당도 본선 승리를 빼앗길 수 없다는 생각으로 민주당의 본을 따라 코커스를 대거 프라이머리로 교체하였다. 근래 정당정치의 양극화가 극심해지는 가운데 본선 승리를 노리는 양당 주류의 중도 전략이 코커스의 쇠퇴를 가져온 것이다. 이처럼 코커스의 퇴조는 정치 양극화가 어느 정도 완화된(혹은 완화하려 노력한) 결과로 볼 수 있고, 코커스에서 기세를 떨치던 극단세력의 힘을 떨어뜨려 앞으로 양극화를 더 누그러뜨리는 요인으로 작용할 것이라고 기대할 수 있다.

그러나 다른 한편으로, 미국 정당정치에 그늘을 드리우는 면도 있다. 정당 대립이 전국 수준으로 대규모화되고 격화되는 추세를 뜻할 수도 있기 때문이다. 독자적 힘을 발휘하는 지방 당조직이 운영하며 주기적으로 재결집하는 기회가 되는 코커스가 사라진다면 지방 당조직에 타격이 가해진다. 정치의 분권화, 다양화는 위축되고 정당정치가 전국 차원의 단일 논리만 따르게 될 수 있다. 그동안 코커스는 전국 스타보다는 지방 풀뿌리 차원에서 인기가 높은 후보, 미디어 시간을 사거나 대규모 선거운동을 할 재력은 없으나 발로 열심히 뛰는 후보, 당 주류가 아니나 시민단체 활동가들의 지지를 얻는 이념적 후보 등에게 유리했다. 코커스의 퇴조는 이와 반대로 대중 지명도가 높거나, 재정이 풍부하거나, 당 주류가 지지하는 전국적 위상과 네트워크를 가진 후보의 입지를 굳혀준다. 오늘날 정당 대립이 지방으로 분산되지 않고 거대한 전국 전면전으로 비화했기에, 이를 반영해 코커스가 줄어든 것일 수 있고 또한 코커스가 위축됨에 따라 정당 대립은 더 전국적 전면전으로 치닫게 된 것일 수 있다.

이처럼 코커스의 퇴조는 정당정치 양극화의 완화를 의미하는 면과 정당 대립의 전국적 격화를 의미하는 면, 양쪽을 다 지닌다. 이를 볼 때 코커스의 퇴조를 정당정치와 관련해 긍정이든 부정이든 한쪽으로 일반화하긴 힘들다. 그렇지만 트럼프의 불복과 그 지지자들의 폭동은 차치하더라도 2020년 미국 상황을 종합적으로 볼 때 양극화가 완화되기보단 오히려 더 심해진 듯하다. 적어도 2020년을 보면 선거해라 특히 그럴 수 있겠으나 양 진영 간의 거리가 더욱 멀어진 것으로 느껴진다. 그렇다면 코커스의 퇴조가 극단세력보단 중도 쪽에 유리한 면이 있지만, 정당 대립을 전국적으로 확산시키는 또 다른 면과 그 밖에 양극적 대립을 조장하는 보다 근원적인 시대환경을 상쇄하기에는 역부족인 것 같다는 탐색적 시사점을 얻을 수 있다.

2. 유권자 참여의 증가인가, 행동적 시민성의 약화인가

코커스가 프라이머리로 대체되면 예비선거에 참여하는 유권자의 수가 늘어난다. 코커스는 정해진 시간에 몇 시간 공개토의를 해야 하므로 유권자의 참가율이 낮을 수밖에 없다. 특히 생업에 바쁜 저소득층, 야간 근무자, 이동하기 힘든 노약자, 외국이나 타주에 주둔하는 군인, 육아 부담의 부모, 언어 장벽을 느끼는 이민자, 대중 앞 공개표결을 꺼리는 사람 등은 참가하기 어렵다. 전국에서 가장 먼저 열리는 아이오와 코커스의 경우, 겨울 저녁에 모이고 지각하면 참가가 불허되는 데다 회의가 예정 시간을 넘기는 경우도 많아 유권자의 참여 동기가 떨어진다. 더욱이 사전투표와 우편투표가 원칙상 허용되지 않아 참가에 한계가 크다. 2020년 예비선거에서 네바다, 노스다코타, 와이오밍 주가 코커스 참여율을 높이기 위해 사전투표, 우편투표, 드롭박스(drop-box) 투표를 예외적으로 허용하고 위성중계를 통한 참여도 허용하였지만(Cramer 2020), 기본적으로 코커스는 참여성 가치와 친화적이지 않다.

2008년 민주당 예비선거는 오바마와 힐러리 클린턴 간의 치열한 경쟁으로 유례없이 높은 관심 속에 진행되었는데, 프라이머리 주들의 평균 투표율 19.9%에 비해 코커스 주들의 평균 참여율은 4.5%에 그쳤다(Cronin 2008, 2). 게다가 코커스 주들은 인구가 많지 않은 중부나 서부에 몰려 있어 코커스 참여 인원수는 프라이머리 투표 인원수보다 현격히 적다. 2008년 민주당 예비선거 참여자 중 3.2%만 코커스 주에 속했고 나머지 96.8%는 프라이머리 주에 속했다(Cronin 2008, 3). 2012년 현역 오바마 대통령이 재선에 나선 민주당 예비선거는 큰 경쟁 없이 치러져 참여율이 떨어졌지만, 프라이머리는 10% 이상의 참여율을 보인 데 비해 코커스는 아이오와의 6.5%를 제외하곤 모두 5% 미만, 대부분 1%대의 저조한 참여율을 기록했다. 2016년 민주당 예비선거에선 프라이머리의 참가율 평균이 코커스의 수치보다 3배 정도 높았다. 프라이머리 참가율은 최고(버몬트 27.3%)부터 최저(테네시 7.7%)까지 편차를 보였는데, 테네시의 최저치는 코커스 참여율 최고치(아이오와 7.5%)보다 높았다(de la Fuente 2020).

2020년 예비선거에서는 코커스 실시 주가 줄고 프라이머리 주가 늘면서 전체적으로 참가가 증가했다. 2016년에는 전체 참가자 수가 3,100만 명에 조금 못 미쳤지만 2020년에는 3,650만 명 이상으로 늘었는데, 비율로는 13.7%에서 15.7%로 2.0% 포인트 증가한 것이다(de la Fuente 2020). 코로나19의 확산으로 사회활동이 위축되었고 예비선거 일정 초반에 승세가 굳혀졌음에도 불구하고 이런 증가가 이뤄졌다. 프라이머리 주 중 최저 참가율을 기록한 루이지애나가 7.9%로 코커스 최고 참가율인 아이오와의 7.6%보다 높았다. 아이오와 코커스가 전국적 주목을 받으며 제일 먼저 실시되는 데도 그 참가율이 최저 프라이머리 참가율보다도 낮다는 점은 주목할 만하다. 네바다 코커스도 초기에 실시되어 주목을 받았지만 4.9%의 참가율에 그쳤다.[12] 더욱이 아이오와와 네바다 코커스는 코로나19가 심각해지기 전에 실시되었고 이때까지 바이든이 민주당 선두주자로서의 위치를 굳히지 못해 경쟁이 치열했다는 점

12) 2020년 예비선거 투표율의 최하위 그룹에는 전통적 코커스를 실시한 아이오와(7.6%), 네바다(4.9%)와 아울러 정당(주 정부가 아니라) 운영 프라이머리 혹은 명목상 코커스("firehouse caucus")를 실시한 주들이 차지했다: 캔자스 7.1%, 알래스카 3.8%, 와이오밍 3.6%, 하와이 3.5%, 노스다코타 2.6%.

을 고려할 때 아이오와와 네바다의 코커스 참여율이 특히 낮게 느껴진다.

4년 전보다 가장 큰 폭으로 참가율이 오른 곳은 코커스에서 프라이머리로 전환한 주들이다. 특히 주 정부(정당이 아니라) 운영의 프라이머리로 전환한 7개 주(Idaho, Colorado, Maine, Minnesota, Nebraska, Utah, Washington)를 합한 참가자는 2016년 약 75만 명에서 2020년 약 396만 명으로(3.7%에서 17.1%로) 증가했다. 정당 운영 프라이머리를 실시한 주들도 전체 참가율 순위에서는 바닥이었으나 4년 전 코커스를 실시했던 때에 비하면 참가가 증가하였다. 즉, 캔자스는 1.9%에서 7.1%로, 알래스카는 2.0%에서 3.8%로, 와이오밍은 1.6%에서 3.6%로, 하와이는 3.3%에서 3.6%로, 노스다코타는 0.7%에서 2.6%로 올랐다. 2020년 하와이 프라이머리에서는 바이든의 승세가 굳어졌고 코로나가 창궐할 때였음에도 4년 전 힐러리와 샌더스가 아직 경합하던 때에 치른 코커스에 비해 참가율이 근소하나마 올랐다.

이상을 종합해볼 때 코커스의 퇴조와 프라이머리의 대세화는 유권자의 예비선거 참여율 증가와 밀접하게 연결되므로 참여의 가치에 긍정적인 의미를 지닌다. 앞에서 소개한 코커스 폐지론이 유권자의 예비선거 참여 확대를 가장 핵심의 논지로 내세울 만큼 참여의 가치는 미국 정치권과 사회에서 중시된다. 이는 미국의 오랜 민주주의 전통에 기인하나 모든 시민의 주체적 능력화(empowerment)와 계층 간 공정성을 강조하는 근래의 사회 분위기에도 힘입은 바 크다. 그처럼 참여 가치를 중시하는 사회적 맥락 속에서 코커스가 감소했고, 또 역으로 코커스 위축이 참여 가치를 더 높이게 되었다고 말할 수 있다.

그러나 긍정론만 펼칠 수는 없다. 코커스가 프라이머리로 대체될 때 참가자의 사회경제적 대표성 및 다양성과 관련해선 어느 요인에 초점을 맞추느냐에 따라 상반되거나 복합적인 평가가 가능하다. 우선, 성별의 경우, 본선보다 예비선거에서 여성 참여율이 현격히 높다. 2020년 미국 대선 본선의 출구조사에 의하면 전국적으로 투표자의 52%가 여성, 48%가 남성이었고 모든 주에서 이와 비슷한 수치를 보였다. 반면, 2020년 예비선거를 보면 주마다 예외 없이 투표율의 성별 격차가 더 컸다. 예를 들어, 앨라바마 민주당 프라이머리는 여성 61%, 남성 39%를 기록했고, 플로리다 프라이머리는 여성

59%, 남성 41%를 기록했다. 그나마 성별 격차가 제일 작았던 경우는 네바다 코커스로서 여성 54%, 남성 46%로 나왔다. 아이오와 코커스는 2020년에는 성별 격차가 크게 줄어들지 않았지만(여성 58%, 남성 42%), 과거 아이오와 코커스에 관한 한 연구에 의하면 전통적으로 남성 참가율이 높았다고 한다(Panagopoulos 2010). 그러므로 코커스가 프라이머리로 대체되면 예비선거 참여자의 성별 격차가 더 커지게 된다. 물론 차별을 받던 여성이 정치적 목소리를 높이는 것은 반가운 일이나 예비선거 투표자의 성별 비율이 너무 기울어지면 국민 전체(남성을 포함한)의 대표성에서 문제가 될 수 있다.

교육수준의 경우에는 코커스의 퇴조가 참여자의 고학력 편향성을 어느 정도 줄이는 효과를 낼 수 있을 것이다. 공개토의를 수반하는 코커스는 비밀투표만 하는 프라이머리에 비해 저학력자에게 부담스러우므로 참여자의 학력 편향성이 심한 편이다. 2020년 대선 출구조사에 나타난 전국 평균을 보면 투표자의 41%가 대졸자이고 59%는 학사학위를 받지 못했다. 코커스 실시 주들은 전국 평균보다 교육수준이 낮아 아이오와는 대졸자 38%, 비대졸자 62%, 네바다는 대졸자 32%, 비대졸자 68%를 기록했다. 그런데 이와 대조적으로, 코커스 참가자들을 보면 아이오와는 대졸자 53%, 비대졸자 47%로, 네바다는 대졸자 51%, 비대졸자 49%로 나왔다. 코커스 참여자들이 유권자 평균보다 월등하게 고학력임을 알 수 있다. 그러므로 코커스의 프라이머리로의 전환은 학력 격차를 좁히는 데 도움이 될 수 있다.

연령 변수를 보면, 코커스에는 노약자가 참가하기에 제약이 있는 탓에 비율상 젊은 층의 참가가 프라이머리에 비해 높다(Cohn 2020). 아이오와의 경우, 2020년 30세 미만 청년 유권자가 대선 본선에서는 16%인데 민주당 코커스에서는 24%에 달했다. 네바다의 경우에는 그 비율이 본선 15%, 민주당 코커스 17%로 나왔다. 일반적으로 청년 유권자는 예비선거에 참여할 정도로 정치에 관심을 두지 않기에 그들의 예비선거 투표율이 본선 투표율보다 낮게 마련인데, 코커스를 실시하는 주들에서는 그 반대였다. 그러므로 코커스의 퇴조는 예비선거 과정상 청년 유권자의 비중을 줄이는바, 이는 양면적으로 해석할 수 있다. 한편으로 청년층의 정치적 위상이 작아져 부정적일 수 있으나, 다른 한편으로 예비선거 참여자의 연령별 대표성을 기할 수 있다는 점에서는 꼭 개탄할 만한 일은 아닐 수 있다.

이상 코커스의 퇴조와 프라이머리로의 전환으로 예비선거 참여자 수가 늘어나 바람직하나 참여자의 대표성, 다양성 등에 있어서는 한쪽으로의 평가가 힘들다는 점을 논했다. 덧붙여, 참여자의 행동적 시민성과 관련해선 어떠한 함의가 있을까? 최소의 형식적 민주주의에 만족하지 않고 보다 성숙한 실질적 민주주의를 지향하는 이론들에서 상정하는 이상적 시민은 투표하는 데 그치지 않고 자기 생각을 적극적으로 표출하고 실천하는 행동적인 사람이다. 코커스는 특정 정당의 행사지만 공개토의와 공개표결을 핵심으로 하므로 행동적인 시민을 전제로 하고 그 시민성을 더욱 키우는 기능을 한다고 볼 수 있다. 더욱이, 원샷 게임인 프라이머리에 비해 코커스는 여러 단계에 걸쳐 진행되므로 참여자는 진심투표를 할지 전략투표를 할지 합리적 계산과 판단을 해야 하고 이때 정치의식을 계발, 함양할 수도 있다. 그러므로 코커스의 퇴조는 행동적 시민이라는 이상적 관점에서는 아쉬움을 남긴다.

3. 계파 집단주의의 약화인가, 시민적 숙의 기회의 상실인가

코커스가 취지대로 작동된다면 공적 숙의의 무대로 찬사를 받을 수 있다. 구딘(R. Goodin)이 말한 선거 민주주의의 최고 단계인 "숙의 투표"(deliberative voting) 민주주의를 구현하는 모범적 제도가 될 것이다(Goodin 2008). "숙의 투표" 민주주의란 유권자가 상호 숙의를 가진 후 투표하는 형태로서 개인보다는 공적 시민으로서의 유권자를 상정하여 선거의 핵심을 후보 간의 관계나 후보와 유권자 간의 관계 못지않게 유권자 간의 관계에서 찾는 체제를 말한다. 그러나 코커스의 현실은 이상적 취지와 달랐다. 진지한 경청과 진솔한 토의가 이루어지기보다는 일방적 외침과 세몰이가 현장을 지배하는 모습이 뚜렷했다. 선동적 분위기 속에 군중심리로 강경 포퓰리즘이 득세할 때 온건한 의견은 무시되게 마련이다(Sunstein 2002). 소수는 소외되었고, 일부 참여자는 공개표결의 부담으로 남의 눈치를 보게 되어 결과가 왜곡돼 나타나기도 했다. 예를 들어, 2008년 민주당 예비선거 당시 코커스 주들에서 나타난 '브래

들리 효과'[13]는 힐러리에게 불리하게 작용했다(Cronin 2008; Lioz 2012).

명분상 공개토의를 표방해도 현실에선 토의가 충분히 이루어질 만한 시간이 주어지지도 않았다. 2시간쯤의 짧은 시간에 행사를 끝내는 것을 원칙으로 하므로 서둘러 표결을 진행하는 경향이 있고, 아예 참가자들의 토의를 생략하고 각 후보 대리인의 정견발표 후 표결로 바로 가는 경우도 자주 있었다. 그런 모습은 특히 공화당 쪽에 많았다(Wang 2007, 1). 이렇다 보니 코커스는 숙의의 장보다는 당내 경쟁 계파들이 벌이는 집단주의적 세 대결의 무대로 작용하곤 했다. 언론도 코커스에서의 토의는 논외로 하고 누가 몇 표를 받아 대의원 몇 명을 얻었는지에만 집중했다. 코커스의 숙의적 이상과 대결적 현실 간의 괴리가 워낙 큰 탓에 코커스는 오히려 숙의의 가치와 그에 입각한 제도에 대한 불신을 키울 수밖에 없었다.

그러므로 코커스의 퇴조를 숙의민주주의의 관점에서 크게 아쉬워할 이유는 없다. 유권자의 시각에서 후보 선출은 하나의 대안만 선택하고 다른 대안(들)은 다 버려야 하는 승자독식 게임이다. 이 과정은 숙의가 잘 이루어지기에 근본적으로 한계가 크다. 공개토의와 공개표결은 다양한 생각을 말하고 들은 후 서로 조금씩 양보해 중간적 절충과 조정을 하거나 새로운 선택지를 모색하는 의사결정의 과정에는 잘 어울릴 수 있지만, 중간적 의견 수렴이 불가능한 제로섬 공천과는 정합성이 높지 않다. 의회 심의과정이나 주민타운미팅에서는 수많은 대안을 논의하며 의견의 수렴, 집약, 통합을 이룰 여지가 있으므로 숙의민주주의가 요원한 이상만은 아닌데, 한 명만 선택받는 공천을 그러한 숙의 친화적인 것들과 동일시해 코커스의 퇴조를 개탄할 필요는 없다는 것이다(임성호 2014, 180). 오히려 코커스의 현실적 특징인 당내 집단주의적 세 대결이 줄어드는 계기로 볼 수 있다.

그러나 대선 후보 선출방식으로서가 아니라 지방 당조직 차원에서 정강을 만들거나 정책현안에 대한 공감대를 모색하는 토의 활동으로서의 원래 취지

---

13) 소수인종 후보를 노골적으로 비판하면 인종주의자로 낙인찍힐까 우려해서 공개적 비판을 꺼리는 경향을 뜻하며, 흑인인 전 로스앤젤레스 시장 톰 브래들리의 이름에서 온 말이다.

까지 묻혀선 곤란하다. 코커스는 같은 정당에 속하는 유권자들끼리 주기적으로 토의를 연습하는 시민교육의 현장이 될 수 있다. 물론 지금까지 현실이 이 취지대로 가지 않았으나 코커스가 폐지된다면 숙의 가치를 위한 시민교육의 중요한 싹 하나가 아예 잘리는 셈이 된다. 포스트팬데믹 시대를 맞아 시민적 가치를 높여줄 숙의민주주의를 온라인으로 시도하는 기회가 늘고 있지만, 온라인 숙의는 오프라인에서의 면대면 숙의와 조화를 이룰 때 더 바람직한 효과를 낼 수 있을 것이다. 여기서 코커스 퇴조의 우려스러운 한 단면을 찾을 수 있다.

4. 선거관리의 체계화인가, 새로운 문제의 등장인가

트럼프의 선거결과 불복으로 선거관리의 중요성이 갑자기 커진 오늘날 코커스의 퇴조는 긍정적일 수 있다. 코커스는 주 정당조직이 스스로 주관하기 때문에, 주 정부가 연방법과 주법에 따라 관리하는 프라이머리에 비해 관리상 허점이 많다. 행정관리의 체계성이 부족하고, 회계처리도 불투명한 경우가 많다. 코커스의 최종 결과 확인이 오래 지체되기도 한다. 아이오와, 네바다에서의 대혼란이 이를 극명히 보여준다. 이제 코커스의 비중이 현격히 떨어짐으로써 공권력에 의한 체계적인 예비선거 관리가 가능해졌고 지방 당조직에 의한 운영의 문제점은 줄어들게 되었다. 트럼프의 불복, 음모론자들의 의사당 난입 폭동, 트럼프의 탄핵 기소 등 일련의 사태로 투개표 시스템에 대한 불신이 퍼져있는 상황에서 긍정적으로 볼 만한 대목이다.[14)]

그러나 코커스 대신 프라이머리 방식이 늘어나면서 또 다른 기술상의 문제가 대두되고 있다. 프라이머리는 사전투표, 우편투표, 온라인투표 등을 큰 제약 없이 허용하고 투표집계기로 더 많은 표를 세야 하므로 코커스보다 과학기술에 의존하는 정도가 높다. 그런데 과학기술의 사용이 때론 또 다른 문제를 낳기도 한다. 2020년 아이오와, 네바다 코커스에서 온라인 앱으로 인한 불상사는 이를 예시해준다. 과학기술은 특히 음모론의 소재가 되어 투개표

14) 2020년 11월 대선 출구조사에 의하면, 투표가 정확하게 집계될 거라고 믿는지 물어본 질문에 응답자의 12%가 별로 혹은 전혀 믿지 않는다고 답했다.

과정에 대한 막연한 불신을 퍼뜨리기도 한다(Newman 2020; Fessler 2020). 재래식 수개표와 달리 기계나 온라인을 이용한 투개표는 그 과정이 눈에 잘 보이지 않아 막연한 의심, 불신의 심리를 퍼뜨리기 쉽다. 그러므로 과학기술을 투명하게 사용해야 하는데, 이 원칙엔 모두가 동의하겠으나 구체적 방안을 놓고는 중지를 모으기 쉽지 않다. 방안에 대한 논의가 자칫 정쟁으로 비화하고 가짜 뉴스 공방이 재현되며 투표 시스템에 대한 불신이 커질 수도 있다.

아이오와, 네바다 코커스에서의 혼란은 트럼프 선거 불복의 전조였을지 모른다. 이미 그때 일부 유권자의 마음에는 투표 시스템에 대한 불신이 싹트기 시작했을 것이다. 트럼프 진영은 본선 결과에 시비를 건 것이지만, 본선과 마찬가지로 비밀투표 방식인 프라이머리도 부정선거 논란거리가 되지 않으리라는 보장이 없다. 따라서 향후 예비선거를 엄격하게 관리하려는 노력이 연방정부는 물론 프라이머리의 관리주체인 주 정부 차원에서 벌어질 것인데, 그 방식을 놓고 이견이 충돌하며 정쟁도 격화될 수 있고 이로 인해 불신이 커질 수 있다. 결국, 코커스의 퇴조와 프라이머리의 대세화는 선거관리와 관련해서 긍정과 우려의 양면성을 지니며 미국 민주주의에 양날의 검으로 작용할 것으로 보인다.

V. 결론: 비교학적 시사점

2020년 미국 예비선거에서 확인된 코커스 제도의 급격한 퇴조는 미국 민주주의를 평가하는 데 여러 함의를 지닌다는 점을 살펴보았다. 첫째, 코커스의 퇴조는 정당정치 양극화의 완화를 의미할 수 있으나 정당 대립이 전국 차원으로 격화되는 추세를 뜻할 수도 있다. 둘째, 코커스가 프라이머리로 대체됨으로써 유권자의 예비선거 참여율은 높아져 긍정적이지만 참여자의 대표성과 다양성, 그리고 행동적 시민성과 관련해서는 다면적이고 복합적인 평가가 가능하다. 셋째, 공개토의와 공개표결을 원칙으로 하는 코커스가 줄어들면 일방적으로 외쳐대는 집단주의적 대결이 덜 발생하겠으나 숙의민주주의를 연습할 시민교육의 기회도 사라진다. 넷째, 선거관리가 상대적으로 허술한 코커스가 퇴조하고 주 정부가 공적으로 관리하는 프라이머리가 늘면 선거

시스템의 체계성이 제고될 수 있겠지만, 사전투표, 우편투표, 온라인투표 등의 구체적 방식을 둘러싼 정쟁이 불거지며 새로운 불신이 생길 수도 있다. 이처럼 코커스의 쇠퇴는 오늘날 미국 민주주의의 여러 복잡하고 다면적인 모습을 시사해준다.

이러한 미국 사례는 공천과정의 개방성을 높이고자 하는 한국 등 여타 국가에 교훈을 준다. 한국 중앙선거관리위원회는 2011년 여야 동시 완전국민경선제를 제안한 적이 있는데, 이는 미국식 개방형 예비선거제에 대한 논쟁이 학계를 중심으로 전개된 결과였다(전용주 2010, 정진민 2011, 지병근 2010, 채진원 2012). 근래에는 여론조사뿐 아니라 공론조사 방식이 한국의 정당 공천과정에서 부분적으로 시행되기도 했다. 이러한 개방화 움직임을 고려할 때, 미국 코커스 제도가 근래 퇴조를 겪었고 그것이 미국 민주주의에 대해 복합적, 다면적 의미를 지닌다는 점을 비교학적으로 짚어볼 수 있을 것이다. 이의 심층 논의는 글의 범위를 벗어나므로 여기서는 본격적인 후속 연구를 위한 단서를 탐색하는 정도로 간략히 언급해본다.

한편으로, 당 조직에 의해 관리되는 코커스가 주 정부 관리체제의 프라이머리로 대체됨으로써 이념적 정당 양극화의 완화, 유권자 참여의 제고, 계파 집단주의의 약화, 선거관리의 체계화 등이 촉진될 수 있다는 긍정적 면을 주목해보자. 동일 논리를 한국에 적용해본다면, 정당보다 국가기관, 즉 선거관리위원회의 역할(예를 들어 중앙선관위가 주관하는 여야 동시 완전국민경선제)을 통해 공천과정의 개방성을 기할 때 그러한 긍정성을 기대해볼 수 있을 것이다. 또한, 같은 논리로, 현장 토의를 수반하는 공론조사나 시민배심원제 방식보다 유권자 비밀투표인 프라이머리 방식이 그러한 긍정적 효과들을 내는 데 적절할 수 있다는 시사점도 얻을 수 있다. 정당 기율과 집단주의 경직성이 높은 한국 정치토양에서 공개토의나 공개표결은 구습인 계파 조직 동원, 집단주의적 대결, 강경 입장의 득세를 더 부추길 위험성이 있다.

그러나 다른 한편, 코커스의 퇴조와 프라이머리의 대세화는 정당 대립을 전국 수준으로 확대하고, 행동성 및 숙의성 가치를 함양시킬 기회를 없애고, 선거관리의 구체적 방안을 둘러싼 정쟁을 격화시킬 수 있다는 부정적 면도 유의할 필요가 있다. 이를 한국에 적용해본다면, 한국에서도 공천과정의 개방화가 자칫 분권적 풀뿌리 차원의 정당정치를 억제하고 정당들의 전국적 대결을 격화시키는 도구로 악용될 가능성을 경계해야 한다. 또한, 시민의 행동성 및 숙의성은, 코커스 방식이든 프라이머리 방식이든 정당 공천제도보다는 다른 제도에서 그 실마리를 찾는 편이 나아 보인다. 전술했듯이, 공천과정은 한 대안을 택하고 다른 대안들은 다 버리는 결정을 수반하므로 여러 유권자가 함께 이익의 조정, 집성, 통합을 위한 참여민주주의나 숙의민주주의를 실천하기에 최적의 장이 아니다. 공천이 아닌 정책 타운미팅 등 다른 제도에서 그런 기회를 모색할 수 있을 것이다.[15] 마지막으로, 미국 코커스의 퇴조는 선거관리의 전반적 체계성을 높일 수 있지만, 프라이머리의 사전투표, 우편투표, 온라인투표 등의 관리를 어떻게 해야 할지 상이한 입장 간에 정쟁을 일으킬 여지도 있다는 점은 공천 민주화를 지향하는 모든 국가의 난제가 된다. 한국에서도 이와 관련해 향후 미국의 상황 전개를 예의 주시하며 신중하게 접근할 필요가 있다.

15) 예를 들어, 휘시킨(J. Fishkin)과 애커먼(B. Ackerman)이 제안한 "숙의의 날"(Deliberation Day)처럼 선거를 앞두고 기초 선거구별로 유권자가 자유롭게 정책현안을 토의하는 방안을 고려해볼 수 있을 것이다(Ackerman and Fishkin 2003). 이 방안은 숙의민주주의와 참여민주주의라는 상이한 두 민주주의 모델을 함께 구현하는 잠재성을 지니는바, 향후 진지하게 검토할 필요가 있다.

참고문헌

임성호. 2014. “미국 코커스제도의 이상과 현실적 한계.” 『국가전략』 제20권 3호.

전용주. 2010. “한국 정당 후보 공천제도 개혁의 쟁점과 대안.” 『현대정치연구』 제3권 제1호.

정진민. 2011. “정당의 후보선출과 공정성: 유권자정당모델을 중심으로.” 『의정연구』 제17권 제13호.

지병근. 2010. “후보선출권자(selectorate)의 개방과 분권화가 대안인가?” 『현대정치연구』 제3권 제2호.

채진원. 2012. “‘오픈 프라이머리 정당약화론’에 대한 비판적 검토: 다층적 수준의 정당기능론을 중심으로.” 『선거연구』 제3호.

Ackerman, Bruce, and James S. Fishkin. 2003. *Deliberation Day*. New Haven, CT: Yale University Press.

Allen, Oliver E. 1993. *The Tiger: The Rise and Fall of Tammany Hall*. Da Capo Press.

Clymer, Adam. 2011. “The Romance of Iowa.” *The New York Times*. Dec. 20, 2011.

Cohn, Nate. 2020. “Biden’s Iowa Problem: Our Poll Suggests His Voters Aren’t the Caucusing Type.” *The New York Times*. Jan. 28.

Collins, Keith, Denise Lu, and Charlie Swart. 2020. “Nevada Caucuses Repeat Errors of Iowa Contest.” *The New York Times*. Feb. 24.

Cramer, Maria. 2020. “Besides Iowa, These Are the States with Caucuses.” *The New York Times*. Feb. 13.

Cronin, Peniel. 2008. “2008 Democratic Presidential Preference Election.” Issue report. www.talkleft.com/media/2008caucusreport.pdf.

de la Fuente, David. 2020. "How the Near Death of Caucuses Supercharged Voter Turnout." *Third Way*. October 26.

Epstein, Reid J. 2020a. "Harry Reid Says Nevada Should Have a Primary." *The New York Times*. Feb. 23.

-------. 2020b. "10 Months Later, Iowa Democrats Blame National Party for Caucus Meltdown." *The New York Times*. Dec. 12.

Fessler, Pam. 2020. "Lessons Learned from the Iowa Caucuses, and Danger Signs Ahead." *National Public Radio*. February 5.

Goodin, Robert E. 2008. *Innovating Democracy: Democratic Theory and Practice after the Deliberative Turn*. Oxford: Oxford University Press.

Klonsky, Joanna. 2008. "The Caucus System in the U.S. Presidential Nominating Process. *Council on Foreign Relations*. Feb. 29.

Lioz, Adam. 2012. "Make Caucuses More Democratic." PolicyShop. Jan. 2, 2012 (www.policyshop.net/).

Masters, Jonathan, and Gopal Ratnam. 2020. "The U.S. Presidential Nominating Process." *Council on Foreign Relations*. Jan. 13.

Newman, Lily Hay. 2020. "The Iowa Caucus Tech Meltdown is a Warning." Feb. 4. (www.wired.com/story/iowa-democratic-caucus-app-tech-meltdown-warning/)

Panagopoulos, Costas. 2010. "Are Caucuses Bad for Democracy?" *Political Science Quarterly*. Vol. 125, No. 3.

Redlawsk, David P., Caroline J. Tobert, and Todd Donovan. 2011. *Why Iowa? How Caucuses and Sequential Elections Improve the Presidential Nominationg Process*. University of Chicago Press.

Smith, Steven S., and Melanie J. Springer. 2009. *Reforming the Presidential Nomination Process*. Brookings Institution Press.

Sunstein, Cass R. 2002. "The Law of Group Polarization." *Journal of Political Philosophy*. June.

Waldman, Paul. 2012. "Mommy, What's a Caucus?" *The American Prospect*. January.

Wang, Tova Andrea. 2007. "Has America Outgrown the Caucus? Some Thoughts on Reshaping the Nomination Contest." Issue brief. The Century Foundation.

Winebrenner, Hugh, and Dennis J. Goldford. 2010. *The Iowa Precinct Caucuses: The Making of a Media Event*. 3rd edition. Iowa City: University of Iowa Press.

Wright, Sean J. 2016. "Time to End Presidential Caucuses." *Fordham Law Review*. Vol. 85, Issue 3.

3. 트럼프 행정부 전후 공화당 내부 변화*

이종곤(이화여대)

▽

Ⅰ. 서론

2016년 제45대 미국 대통령 선거를 앞둔 경선에서 힐러리 클린턴(Hillary Clinton; D-NY)과 버니 샌더스(Bernie Sanders; D-VT)의 양강(兩强) 구도가 일찌감치 성립한 민주당과 달리 공화당에서는 다수의 후보들이 2012년 대선이 끝난 시점부터 난립하기 시작했다. 대표적으로 경합주(競合州; swing state) 혹은 민주당 강세 주(州)에서 주지사 경험이 있는 젭 부시 (Jeb Bush; R-FL), 존 케이식 (John Kasich; R-OH), 크리스 크리스티 (Chris Christie; R-NJ), 짐 길모어 (Jim Gilmore; R-VA) 같은 인물들과 펜실베이니아(Pennsylvania) 상원의원 출신의 릭 센토럼(Rick Santorum; R-PA)이 출사표를 던졌다. 이들은 대선주자들답게 오랜 정치 경험과 공화당 내 강한 인적(人的) 관계망을 갖추고 있었고, 정도의 차이는 있지만 주류 공화당원과 유사하거나 온건한 정치 이념을 지향하

* 이 장은 다음의 학술논문을 수정 및 보완한 내용을 담고 있음. 트럼프 행정부 전후 공화당 의원들의 투표 행태 변화. 사회과학연구논총, 37(1), 65-101. (2021년)

고 있었다.[1] 이들과는 달리 2010년대 초반 공화당의 이념 변화에 큰 영향을 미쳤던 티파티 운동(tea party movement)에 공감하는 의원들 일부도 공화당 대선 경선에 참가하였다. 2000년대 말 버락 오바마(Barack Obama) 행정부의 의료보험 개혁 등에 반발한 보수주의 정치 운동인 티파티 운동은 2010년대 초반 공화당 원내(院內) 의원들의 이념에 큰 영향을 미쳤으며, 일부 공화당 의원들은 공식적 · 비공식적 티파티 조직들을 당내에 설립하였다. 그들은 2010년 6월 하원에 티파티 코커스(Tea Party Caucus)를 의회회원조직(congressional member organization)으로 설립하였으며, 2011년에는 보수적 색채가 짙은 상원의원들이 비공식적으로 상원 티파티 코커스를 형성하였다. 그리고 상원 티파티 코커스 구성원이었던 마르코 루비오(Marco Rubio; R-FL), 테드 크루즈(Ted Cruz; R-TX), 랜드 폴(Rand Paul; R-KY)과 같은 의원들이 주요 대선 후보로 등장하였다. 이들은 앞서 설명한 주류 후보군(候補群)과 달리 대부분 초선 의원으로 정치 경력이 짧았으나, 강한 보수 성향을 드러내며 티파티 운동으로부터 강한 지지를 받고 있었다.[2] 그리고 이 두 대선 후보군의 대립은 2010년대 중반 무렵의 공화당 내부 갈등을 반영하고 있었다. 2010년대 초반 이후 공화당 당내 주류(establishment)로 분류되는 의원들과 티파티 운동에 기반한 의원들 간의 갈등은 점차 커지고 있었으며, 2016년 공화당 대통령 후보 경선 역시 이의 연장선상에서 치뤄지는 분위기였다.

하지만 2015년 6월 도널드 트럼프(Donald Trump)가 대선 참가를 선언하고, 각종 여론조사에서 공화당 경선 선두로 나서기 시작하면서 후보간 대립 양상이 달라지기 시작했다. 당시 트럼프 후보는 의원 및 주지사 경험이 없었을 뿐 아니라, 공화당 당적을 유지한 기간도 길지 않은 아웃사이더 (outsider) 공화당원이었다. 그렇기 때문에 공화당 내 의원들과 주지사들의 지지(endorsement)는 다른 공화당 유력 후보들에 비해 상당히 미약했으며, 주류 공화당원 및

1) 예를 들어 1980년대와 1990년대 의원으로 재직 경험이 있는 존 케이식과 릭 샌토럼의 DW-NOMINATE 점수는 각각 .314, .338으로, 이는 해당 시기 공화당원들의 DW-NOMINATE 중위값에 근접하거나 이보다 온건한 수치이다.

2) 랜드 폴 의원은 티파티 운동의 지적(知的) 대부(intellectual godfather)라 불리는 론 폴(Ron Paul; R-TX) 하원의원의 아들이기도 했다.

티파티 공화당원 모두와 질적(質的)으로 다른 후보였다.[3] 하지만 트럼프 후보는 대중적 인기를 발판으로 2015년 중반 이후 경선 선두를 유지하며 공화당 대선 후보로 최종 확정되었고, 2016년 11월 제45대 미국 대통령으로 당선되었다. 그리고 이 아웃사이더 대통령은 임기 동안 공화당 리더로서 내부 구성원들, 특히 공화당 의원들의 이념 지형에 큰 영향을 미쳤다.

오늘날 미국 대통령은 1980년대 이전과는 달리 정당의 전폭적 지지 하에 정책 의제를 설정하고, 정당 리더 역할을 수행하는 당파적 대통령(partisan president)의 특성을 강하게 띠고 있다(Skinner 2007; Kriner and Reeves 2015). 그렇기 때문에 대통령의 정책 성향과 정당 내부 인적 관계망은 정당 내부 이념 변화에 큰 영향을 미친다. 트럼프 대통령 역시 집권 이후 공화당 내부에서 자신의 지지기반을 다지는 동시에 자신의 정책 의제(policy agenda)를 입법화 하기 위해 큰 노력을 기울였다. 그리고 당내 주류도 아니고, 일부 티파티 조직들의 지지가 있었으나 티파티를 대표하는 인물도 아니었던 트럼프 대통령이 집권하면서 공화당 내에서는 주목할만한 내부 변화가 이루어졌다.[4] 이에 본 장(章)에서는 트럼프 대통령의 임기 전후로 공화당 내의 계파(faction) 간 관계, 그리고 의원들의 이념 분포에 있어 어떠한 변화가 있었는지 되짚어보고자 한다.[5] 상원은 하원과 달리 개별 의원들이 정치적 영향력이 강하고 의회회원조직을 거의 설립하지 않기 때문에 계파의 활동과 영향력이 하원에 비해 약하

3) 당시 트럼프 후보의 선전에 힘입어 신경외과의 출신의 벤 카슨(Ben Carson), 휴렛 팩커드(Hewlett-Packard) 최고경영자인 칼리 피오리나 (Carly Fiorina)와 같이 직업 정치인이 아닌 인물들도 공화당 경선에서 선전하기 시작한다.

4) 트럼프 후보는 전국 티파티(National Tea Party)의 공동 창립자인 마이클 존스(Michael Johns)와 같은 인물들로부터 정치적 지지를 받았지만, 티파티 코커스 인물들과 큰 교류가 없었다.

5) 공화당 내에는 공화당 연구 위원회 이외에도 다양한 의회회원조직과 기타 공화당 의원들의 모임들이 존재하며, 이들은 공화당의 정치적 선택, 정책 결정, 후보 경선 등에 있어 다양한 협력 및 갈등 관계를 맺고 있다. 최근의 많은 연구에서 이러한 조직 및 모임들을 통틀어 '계파'(faction)라고 부르고 있으며 (e.g., DiSalvo 2012; Clarke 2020; Homan and Lantis 2020), 본 장에서도 같은 용어를 활용하고자 한다. 물론 이러한 공화당 내 계파들은 특정 인물을 중심으로 한 한국의 '계파'와 다른 특징을 보인다.

다. 그렇기 때문에 이 글에서는 하원을 중심으로 공화당 내부 변화를 살펴본 후 상원에 대해서는 추가로 설명하고자 한다.

Ⅱ. 트럼프 행정부 이전의 공화당 내부 정치

1. 공화당 연구 위원회와 메인 스트리트 파트너십의 갈등과 협력

트럼프 대통령의 등장이 공화당 내부 변화에 어떠한 영향을 미쳤는지 분석하기에 앞서 트럼프 행정부 이전의 미국 정당의 이념 지형 및 공화당 내부 계파 관계에 대해 먼저 살펴보려 한다. 1980년대 이후의 미국 정당 정치를 가장 잘 설명하는 용어는 정당 양극화(party polarization)로서 이는 <그림 1>을 통해 잘 드러나고 있다(McCarty 2019). 해당 그림은 1980년대부터 2000년대까지의 민주당과 공화당 하원의원들의 이념 분포를 보여 주고 있으며, 티모시 녹켄(Timothy P. Nokken)과 케이스 풀(Keith T. Poole)이 개발한 녹켄-풀 추정치 (Nokken-Poole estimate)를 활용하여 구성하였다(Nokken and Poole 2004). 일반적으로 미 의회 의원들의 이념을 파악하기 위해 가장 많이 활용되는 지표는 DW-NOMINATE이며 의원들의 호명 투표 데이터와 공간 모형(spatial model)을 이용하여 -1과 1값 사이에서 의원들의 이념상 이상점(ideal point)을 2개의 차원에서 추정한다(Poole and Rosenthal 1997). 하지만 DW-NOMINATE는 의원들의 이상점이 고정적이라고 가정하기 때문에, 정치적 상황에 따른 의원들의 이념 변화를 관측할 수 없다. 반면 녹켄-풀 추정치는 DW-NOMINATE의 기본적인 특성들을 모두 공유하지만, 각 의회에 따라 의원들의 이념이 변동한다고 가정한다. 그렇기 때문에, 녹켄-풀 추정치가 공화당 내부 변화를 분석하고자 하는 본 장의 목적에 보다 부합한다. 해당 지표를 바탕으로 구성한 <그림 1>을 통해 100대 의회(1987-1989), 105대 의회(1997-1999), 그리고 108대 의회(2003-2005)의 민주당과 공화당 하원의원들의 이념 분포를 확인할 수 있다.

▶ 그림 1 1980년대~2000년대 민주당과 공화당 하원 의원 이념 분포

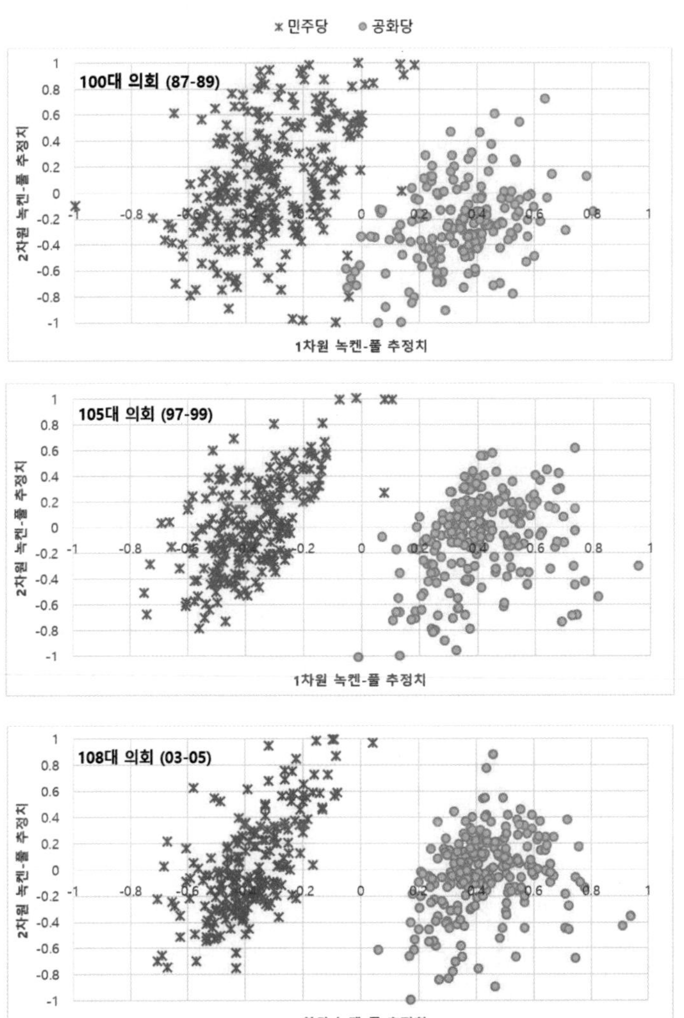

<그림 1>의 1차원(1st dimension) 녹켄-풀 추정치 분포는 진보(liberal), 보수(conservative) 간의 전통적 이념 갈등을 나타내며, 이를 통해 민주당 의원들과 공화당 의원들의 이념 격차가 시간이 갈수록 커지고 있음을 알 수 있다. 그리

고 녹켄-풀 추정치의 2차원(2nd dimension)은 1차원의 전통적인 진보-보수 이념 차이만으로 설명하지 못한 의원들의 호명 투표 경향을 반영하고 있으며, 일반적으로 특정 이슈에 대한 당내 의견 갈등을 의미한다(Noel 2016).[6] 그리고 의원들의 이상점 간 거리는 해당 의원들의 투표 성향이 얼마나 다르게 나타났는지 알려준다(Poole and Rosenthal 1997). 이러한 지표의 특성을 고려할 때, 공화당의 우측 상단과 민주당의 좌측 하단에 존재한 계파들이 각 정당에서 이념 양극화를 이끄는 주요 세력이라는 점을 알 수 있다. 일반적으로 당내에서 발생하는 이념 변화 양상은 대개 특정 계파의 적극적인 노력으로 이루어지는 경우가 대부분이기 때문에 (DiSalvo 2012), 공화당의 보수화 역시 <그림 1>의 우상향에 위치한 공화당 내 계파에 의해 진행되었음을 짐작할 수 있다.

공화당의 보수화와 정당 양극화를 이끌었던 계파를 확인하기 위해 <그림 2>에서는 공화당 연구 위원회(Republican Study Committee)와 메인 스트리트 파트너십(Republican Main Street Partnership) 계파 의원들을 구분하여 녹켄-풀 추정치 산포도를 구성하였다. 2020년 현재 민주당과 공화당을 통틀어 최대 이념 계파인 공화당 연구 위원회는 1973년 폴 웨이리치(Paul Weyrich)를 비롯한 보수주의 운동가들의 정치적 지원 하에 필 크레인(Phil Crane; R-IL), 베리 골드워터 주니어(Barry Goldwater, Jr.; R-CA), 벤자민 블랙번(Benjamin Blackburn; R-GA) 등의 강한 보수 이념을 가진 공화당 하원의원들이 주도하여 설립하였다.[7] 당시 민주당에서는 이미 민주연구그룹(Democratic Study Group)이 1959년 설립되어 민주당의 진보적 이념을 강화하고 있었으며, 필 크레인을 비롯한 9명의 공화당 의원들은 민주당의 예를 참고하여 입법 서비스 조직

---

6) 과거와 같은 경우에는 노예제, 화폐제도, 시민권 등의 이슈들이 당내 갈등으로 나타나 2차원 녹켄-풀 추정치의 차이를 발생하였다. 해당 문제에 대해 당내 갈등이 거의 없는 현재 시점에는 당내 주류에 비교하여 비주류의 분포와 투표 행태를 파악하는데 활용할 수 있다(Noel 2016).

7) 공화당 연구 위원회의 창립 멤버인 베리 골드워터 주니어는 1964년 공화당 대통령 후보이자 공화당 보수주의 개혁의 주역이었던 베리 골드워터(Barry Goldwater; R-AZ) 애리조나(Arizona) 상원의원의 아들이다.

(Legislative Service Organization)으로 공화당 연구 위원회를 형성하였다(Bloch Rubin 2017). 그들은 공화당 지도부가 이념적으로 너무 온건하다고 생각하였으며, 이들에 대항하여 보수주의적 변혁의 필요성을 강조하였다. 당시 공화당 연구 위원회는 선명한 보수주의적 정체성을 공화당에 요구하던 보수적 시민들에게 큰 호응을 얻었고, 로널드 레이건(Ronald Reagan) 대통령이 1981년 취임한 이후에는 더욱 강력한 정치적 조력을 얻을 수 있었다. 그 결과 1980년대까지 해당 계파는 공화당 컨퍼런스(Republican Conference)의 과반을 차지할 정도로 당내 세력을 크게 확장하였다. 공화당 연구 위원회는 1970년대 설립 당시에는 온건한 공화당 기득권에 반대하는 비주류 역할을 맡았지만, 1980년대 이후 보수적 공화당원들이 대거 공화당 연구 위원회에 가입하면서 새로운 주류 계파로 등극하였다. 그리고 1980년대 이후 최소 2000년대까지 공화당의 이념 보수화를 이끌었다. 이러한 공화당 연구 위원회 의원들은 <그림 2>를 통해 알 수 있듯 일반적으로 1차원 녹켄-풀 추정치에서 보수적인 수치를, 2차원 녹켄-풀 추정치에서도 역시 양(陽)의 값을 보이며 우측 상단에 위치하고 있다. 그리고 이를 통해 108대 의회(2003~2005)와 같이 정당 양극화가 한창 진행될 무렵 공화당 연구 위원회가 주류 계파의 입장에서 당내 보수화를 이끌었다.

▶ 그림 2 108대, 111대, 114대 의회의 공화당 하원 의원 계파별 분포

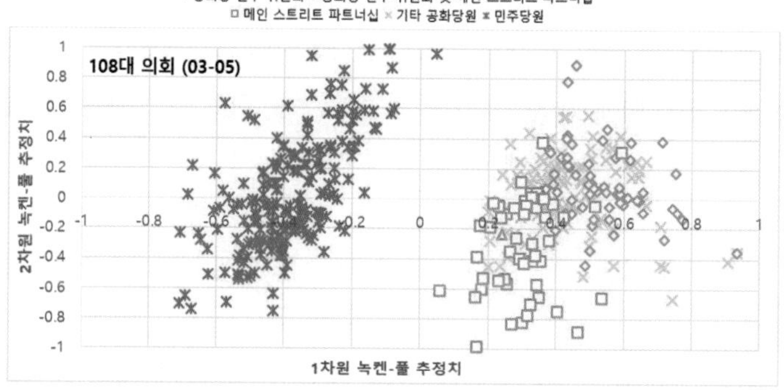

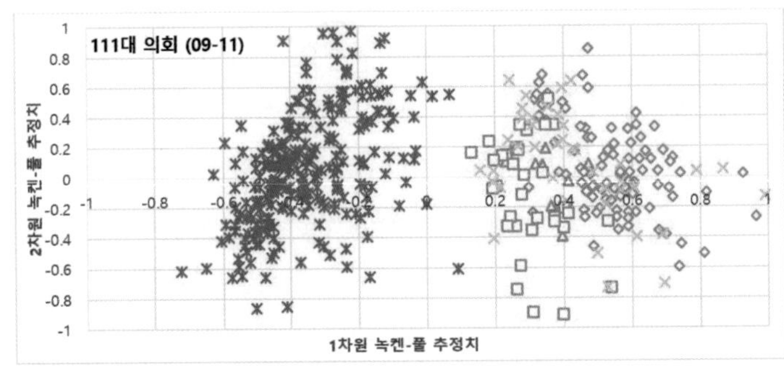

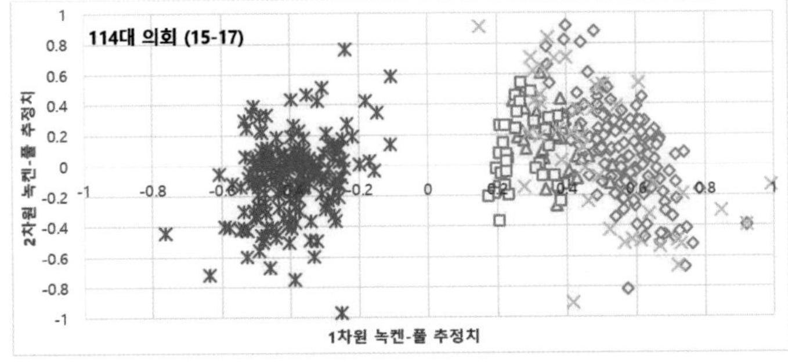

반면 메인 스트리트 파트너십은 1990년대 중반까지 공화당 연구 위원회를 비롯한 보수적 인사들이 공화당 주류로 성장하며 보수 개혁이 진행되자, 이에 대한 반작용으로 형성된 중도 계파이다. 1994년 프레드 업턴(Fred Upton; R-MI), 낸시 존슨(Nancy Johnson; R-CT), 스티브 건더슨(Steve Gunderson; R-WI)과 같은 중도적 인사들을 중심으로 형성되었으며, 2010년대에는 공화당 내에서 가장 큰 중도 계파로 성장하였다(Clarke and Jenkins 2017). 그리고 <그림 2>에서 나타나듯 108대 의회에서 메인 스트리트 파트너십 의원들은 대부분 1차원 녹켄-풀 추정치에서는 온건한 이념을, 2차원 추정치에서는 음(陰)의 값을 보이고 있다. 즉, 2000년대 초반까지 공화당 연구 위원회와 메인 스트리트 파트너십 의원들은 상황에 따라 상당한 정책 갈등을 겪었음을 알 수 있다.

하지만 이러한 현상은 2000년대 초반 이후 조금씩 변화하였다. 1980년대부터 세력을 꾸준히 확장해 온 공화당 연구 위원회는 1990년대 중반 하원의

장이던 뉴트 깅그리치(Newt Gingrich; R-GA) 시기 해산되며 잠시 주춤하지만, 곧 조직을 다시 재건하며 공화당의 강력한 주류 세력으로 자리잡았다 (Bloch Rubin 2017). 그리고 공화당 연구 위원회가 당내 주류 계파로 확고하게 자리잡는 과정에서 강한 보수 이념을 갖고 있는 의원 뿐 아니라, 온건한 의원들까지 공화당 연구 위원회에 참여하기 시작한다. 공화당 연구 위원회가 원하는 정책을 입안하기 위해서는 공화당이 의회 다수당을 유지하고 다수의 공화당 의원들이 해당 계파의 안건에 동의해주는 것이 필요했다. 그리고 이를 위해서는 경합주 공화당 의원들의 선거 승리와 정치적 협력이 필수적이었기 때문에, 주류로 올라선 공화당 연구 위원회는 경합주의 중도 이념 의원들까지 포섭하기 시작했다. 대표적으로 오랜 기간 이념적으로 대립하던 메인 스트리트 파트너십 소속의 의원들 상당수가 이 과정에서 공화당 연구 위원회에 참가하였다. 예를 들어 108대 의회에서 공화당 연구 위원회와 메인 스트리트 파트너십에 동시에 가입된 의원들은 단 2명으로 커트 웰던(Curt Weldon; R-PA)과 데이빗 캠프(David Camp; R-MI) 뿐이었으나, 115대 의회(2017~2019)에서는 그 수가 35명으로 늘어났다(Clarke 2020).

그리고 그러한 과정에서 주목할만한 변화가 나타났다. 공화당 연구 위원회에 의한 보수화가 진행되는 동안 메인 스트리트 파트너십은 공화당 연구 위원회가 주도하는 법안에 반대하는 경향이 강했다. 하지만 메인 스트리트 파트너십 의원들과 같이 온건한 이념을 갖는 의원들 상당수가 공화당 연구 위원회에 합류하면서 공화당 내 계파 관계가 변화하기 시작했다. <그림 2>를 통해 108대, 111대(2009~2011) 및 114대 의회(2015~2017)의 메인 스트리트 파트너십 의원들의 이념 구성을 비교할 때, 108대 의회에서는 공화당 연구 위원회와 메인 스트리트 파트너십 의원들이 이념 집단이 명확하게 분리된 반면, 114대 의회에서는 메인 스트리트 파트너십 의원들 중 상당수가 공화당 연구 위원회에 동시에 가입했을 뿐 아니라 2차원 녹켄-풀 추정치에서도 평균적으로 양의 값을 보였다. 이에 더하여 주목해야 할 사실은 메인 스트리트 파트너십 의원들이 주류에 편승하는 과정에서 높은 결집력을 보여주었다는 점이다. <그림 2>에서 알 수 있듯 108대, 111대 의회와는 달리 114대에 이르러서는 메인 스트리트 파트너십 의원들의 이념 편차가 상당히 줄어들었으며, 이러한 현상은 해당 의원들이 상당히 유사한 투표 경향을 보이며 결집하고 있음을 의미한다. 이렇게 중도 의원들이 주류에 편입함과 동시에 결집력을 보이면서 공화당 연구 위원회를 비롯한 기존 주류 계파는 강한 보수 개혁을 시행하기 힘들어졌다. 또한 중도 의원들의 주류 계파 편입은 당내 지도부 선발 과정에도 영향을 미쳤다. 예를 들어 2008년 공화당 대통령 경선에서는 메인 스트리트 파트너십을 대표하는 인물 중 한 명인 존 매케인(John McCain; R-AZ) 상원의원이 당선되었으며, 2012년에도 메인 스트리트 파트너십의 지지를 받은 중도 성향의 미트 롬니(Mitt Romney; R-MA/UT) 전(前) 매사추세츠(Massachusetts) 주지사가 공화당 대선 후보로 결정되었다.[8]

▶ **표 1 공화당 의원들의 1, 2차원의 녹켄-풀 추정치 상관계수**

	의회	110	111	112	113	114	115	116
하원	상관계수	.0644	−.2338	−.3768	−.4177	−.4357	−.3865	−.3990
	유의확률	.3579	.0014	.0000	.0000	.0000	.0000	.0000
상원	상관계수	.4184	.3443	.0282	.0124	−.1730	−.2248	−.2425
	유의확률	.0022	.0221	.8492	.9347	.2109	.0989	.0773

이러한 공화당 당내 변화는 정당 양극화 측면에서 긍정적인 신호였다. 미국에서 1980년대 이후 진행된 정당 양극화는 입법 정체(legislative gridlock), 정부 폐쇄(government shutdown)와 같은 문제들의 주요 원인이었으며, 2000년대 이후 이러한 경향은 더욱 강하게 나타났다(Jones 2001; Thurber and Antoine 2015). 그러므로 중도적인 이념을 갖는 의원들이 높은 결집력을 유지하며 당내 주류 계파와 정책적으로 협력한다는 것은 양당(兩黨) 간의 협상 가능성이 높아질 수 있음을 의미하며, 장기적으로는 정당 양극화를 완화시킬 가능성을 시사하기도 했다.

이는 <그림 1>과 <그림 2>에서 두 정당의 이념 분포 형태를 비교하여 재확

8) 존 매케인과 미트 롬니의 DW-NOMINATE 값은 각각 .381, .388 정도로 현재 공화당원 중위값인 0.4후반에서 .5 정도보다 온건한 수치이다.

인할 수 있다. 과거 공화당 연구 위원회가 공화당의 보수화를 이끌던 2000년대 초반까지 공화당 의원들의 이념 분포는 민주당과 평행한(우상향 · 좌하향) 모습을 보였다. 이는 강한 정당 투표 성향을 나타내며 상대 정당의 일부 의원을 설득하여 법안을 통과시키는 것이 상당히 힘들다는 것을 의미한다. 하지만 <그림 2>의 114대 의회(2015~2017)에 이르러서는 공화당의 이념 분포가 좌상향에 가까운 모습을 보이고 있다. 이러한 이념 분포 변화는 <표 1>을 통해 통계적으로도 확인할 수 있다. 110대 의회까지 1, 2차원의 녹켄-풀 추정치의 상관계수는 상 · 하원 모두에서 양의 값을 보이고 있으며, 특히 상원에서는 1% 유의수준에서 통계적으로 유의미하게 나타나고 있다. 하지만 이러한 경향은 111대 의회부터 조금씩 달라졌다. 111대 의회부터 116대 의회까지 하원에서의 1, 2차원 녹켄-풀 추정치 상관계수는 음의 값으로 변하였으며, 1% 유의수준에서도 유의미하게 나타나고 있다. 상원에서도 111대 의회 이후 상관계수의 통계적 유의미성이 크게 낮아졌으며, 114대 의회부터는 상관계수가 음으로 바뀌었다. 이러한 변화 양상은 정당 투표 성향이 완화될 수 있으며, 정당 양극화의 문제점 역시 줄어들 가능성이 있음을 시사했다.

2. 티파티 코커스와 프리덤 코커스의 대두

하지만 이러한 공화당 내부 이념 변화 과정에서 공화당 연구 위원회는 불가피하게 내부 갈등을 겪게 되었다. 메인 스트리트 파트너십과 같이 온건한 이념을 지닌 의원들의 유입은 공화당 연구 위원회의 의제 혹은 정치적 행태에 영향을 미쳤으며, 이러한 추세에 반발하여 강력한 보수 세력화를 주장하는 새로운 집단이 공화당 연구 위원회 내부에서 생겨나는 계기가 되었다. 대표적으로 2010년 하원 티파티 코커스의 출현을 들 수 있다. <그림 2>를 살펴보면 111대 그리고 114대 의회 공화당 하원의원들의 분포에서, 우하향하는 꼬리 부분에 2차원 녹켄-풀 추정치가 음의 값을 갖는 ― 즉, 당내 주류 정치에 불만을 갖는 ― 공화당 연구 위원회 의원들의 수가 증가하고 있음을 알 수 있다. 그리고 그들 중 상당수는 공화당 연구 위원회에 소속된 채로 티파티 코커스라는 이름의 새로운 계파를 구성하여 당내 주류 정치에 불만을 표명하였다.[9] 이러한 공화당 내부 갈등 관계는 티파티 코커스와 프리덤 코커스(House Freedom Caucus) 의원들의 분포를 보여주는 <그림 3>을 통해 재확인할 수 있다. <그림 3>을 포함한 이후의 의원들의 이념 산포도는 모두 녹켄-풀 추정치에 근거하였다. 티파티 코커스는 2010년대 중반 해체되었으나, 의원들의 이념 변화 경향을 파악하기 위해 <그림 3>의 113대~116대 의회 관련 산포도에도 해당 코커스에 속했던 의원들을 표시하였다. 마찬가지로 프리덤 코커스는 114대 의회 때 설립되었지만 111대~113대 의회 산포도에도 이후 프리덤 코커스에 가입하는 의원들을 표시하였다. 해당 그림을 통해 쉽게 알 수 있듯 111대~112대 의회, 즉 티파티 코커스가 활발히 활동하던 시기에 상당수의 티파티 코커스 소속 의원들은 강한 보수성을 띠고 있다. 또한 2차원 녹켄-풀 추정치에서도 보수당 하원의원의 일반적인 성향과는 달리 음의 값을 취하는 경우가 상당수 존재했다. 이를 통해 공화당 주류 세력과 티파티 코커스 간의 이념 갈등이 있었음을 짐작할 수 있다. 실제로 티파티 코커스는 설립 이후 공화당의 후보 경선, 지도부 선출, 정책 방향 등에 있어 주류 공화당원의 경쟁자로 등극하기 시작하였다.

한 예로 티파티 코커스의 설립자인 미셸 바크만(Michele Bachmann; R-MN)은 티파티 코커스를 형성함과 동시에 112대 의회(2011~2013) 하원 공화당 컨퍼런스(House Republican Conference) 의장 출마 의사를 밝혔다. 이러한 경향에 맞서 당시 주류 공화당원들은 티파티의 극우(極右)적 이념이 당내에 스며드는 것을 크게 경계하였다.[10] 당시 109대 의회(2005~2007)에서 공화당 연구 위원회 의장을 맡은 뒤, 공화당 컨퍼런스 의장을 맡고 있던 마이크 펜스(Mike Pence; R-IN), 공화당 하원 원내대표(House Majority Leader) 에릭 캔터(Eric

9) 해당 계파가 설립된 111대 의회 당시 28명의 티파티 코커스 의원들 중 26명이 공화당 연구 위원회 소속이었다.

10) 극우적인 티파티의 대두는 선거에서 공화당 전체의 이미지에도 좋지 않은 영향을 미치기도 하였으며, 본선경쟁력이 낮은 후보들이 경선에서 선출되는 경우 또한 자주 나타났다. 2010년 2012년의 경선에서 티파티 운동의 지지를 받고 승리한 네바다(Nevada), 델라웨어(Delaware), 콜로라도(Colorado), 인디애나(Indiana), 미주리(Missouri) 지역의 후보들 다수가 본선에서 패배하였다.

Cantor; R-VA) 등의 공화당 지도부는 110대 의회에서 공화당 연구 위원회 의장직을 수행했던 젭 헨사링(Jeb Hensarling; R-TX)을 당선시키기 위해 당내 세력을 결집하였고, 그 결과 바크만은 해당 선거에서 크게 패배하였다.

그리고 주류 공화당원과 티파티를 지지하는 공화당원 간 갈등이 심해지면서, 티파티에 대한 미국 대중 및 공화당원의 인식도 점차 부정적으로 바뀌어 갔다. 퓨 리서치 센터(Pew Research Center)의 여론조사에 의하면 2010년 2월 행해진 조사에서 티파티에 대한 긍정(favorable) 의견은 33%, 부정(unfavorable) 의견은 25%였으나, 2013년 10월에는 긍정 의견은 30%, 부정 의견은 49%까지 치솟았다. 이러한 경향은 민주당원 뿐 아니라 공화당원에게서도 공통적으로 나타났다. 그 결과 2010년대 중반 무렵 미셸 바크만은 112대 의회(2011~2013)를 끝으로 정계 은퇴하였고, 티파티 의장직을 이어받은 팀 휴엘스캠프(Tim Huelskamp)도 2016년 공화당 경선에서 낙선하였다. 그리고 티파티 코커스는 2010년대 중반 실질적으로 해체하였다. 이러한 사실은 2010년대 초반 공화당 주류 세력들은 극단적인 보수화를 경계하기 시작하였으며, 티파티 운동에 기반한 당내 보수화 노력 역시 당시 한계가 있었다는 것을 보여준다.

▶ 그림 3 티파티 코커스와 프리덤 코커스 공화당 하원의원 분포

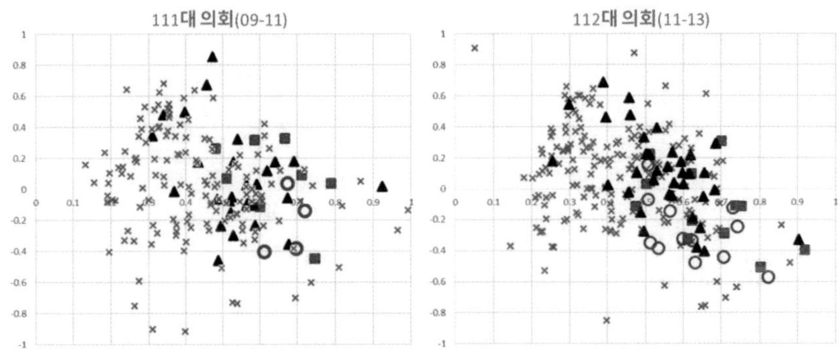

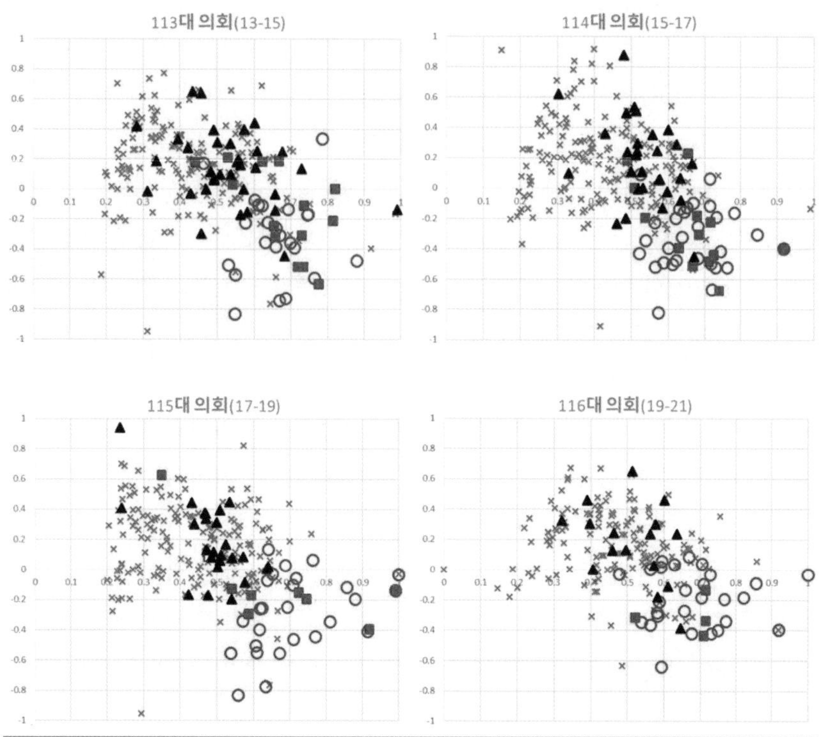

티파티 코커스와 주류 공화당원 간의 갈등 관계는 113대 의회 무렵 주류 공화당원들의 승리로 일단락되는 듯 했으나, 티파티 운동과 티파티 코커스의 출현은 이로부터 직·간접적으로 영향 받은 신입 공화당원들이 대거 원내에 진출하는 계기를 마련하였다. 그리고 그들은 티파티 코커스가 실질적으로 해체 수순을 밟고 있던 113대 의회 동안 공화당 내에 보수 개혁을 추진할 새로운 조직을 형성하기 위해 단합하였다. 그리고 114대 의회가 시작될 무렵 보수적이며 주류 공화당원에 반대 목소리를 내는 프리덤 코커스(House Freedom Caucus)를 설립하였다. 당시 프리덤 코커스의 의장을 맡은 짐 조던(Jim Jordan; R-OH)은 프리덤 코커스 설립 당시 "작지만, 응집력이 높으며, 민첩하고, 활동적인" (smaller, more cohesive, more agile and more active) 조직을 표방하였으며, 그의 말처럼 해당 조직은 114대 의회에부터 공화당 내부 동학에 큰 변화를 가져오기 시작했다(Green 2019).

프리덤 코커스의 응집력과 정치적 영향력을 가장 잘 보여주는 사례로 114대 의회에서 공화당 소속 하원의장 존 베이너(John Boehner; R-OH)가 프리덤 코커스와의 갈등 속에 정계 은퇴한 사건을 꼽을 수 있다. 프리덤 코커스는 베이너 의장과 임신중절 지원, 난민, 정부 폐쇄 등을 포함한 상당수의 이슈에 있어 갈등을 빚었으며, 2015년 7월 28일에는 마크 메도우스(Mark Meadows; R-NC) 의원이 베이너 의장을 의장직에서 물러나게 하는 결의안(H. Res. 385)을 발의하기도 하였다. 하원 의장 사퇴 결의안을 입안하는 것과 같이 주류 공화당원과 정면으로 대결하는 방식은 당시 프리덤 코커스를 이끌던 짐 조던과 믹 멀베이니(Mick Mulvaney; R-SC)와 같은 의원들조차도 크게 지지하는 내용이 아니었다(French and Sherman 2015). 하지만 이 같은 마찰이 잦아지며 프리덤 코커스와 주류 공화당원 간의 갈등은 점차 심화되었으며, 베이너 하원의장은 같은 해 10월 정계 은퇴를 선언하며 114대 의회가 끝나기도 전에 하원 의장직을 내려놓았다. 그리고 베이너 의장에 대한 사퇴 결의안을 주도하여 입안했던 메도우스 의원은 115대 의회 때 프리덤 코커스의 의장으로 선출되었다. 이러한 갈등 과정을 거치는 113대, 114대 의회 기간 동안 프리덤 코커스는 주류 공화당원과 완전히 다른 투표 행태를 보였다. <그림 3>에서 111대, 112대 의회에서 티파티 코커스는 주류 공화당원과 약간의 차이는 있지만, 기본적으로 유사한 이념 성향을 보임에 반해, 113대, 114대 의회에서의 프리덤 코커스 의원들은 주류 공화당원과 완전히 차별화된 모습을 보이고 있음을 알 수 있다.

그리고 공화당 연구 위원회와 티파티 코커스 및 프리덤 코커스가 갈등을 빚는 과정에서 중도적인 의원들이 주류 공화당에 편입되는 경향은 더욱 강해졌다. <그림 4>에 나타난 것과 같이 111대 의회까지 이념적으로 주류 공화당원과 차이를 보이던 메인 스트리트 파트너십 의원들 상당수는 112대부터 114대에 이르러서는 주류 공화당원에 동화되었으며, 2차원 녹켄-풀 추정치가 양값으로 상승하는 모습 역시 뚜렷하게 나타나고 있다. 즉, 1980년대 이후 공화당의 보수주의적 개혁을 추구하던 공화당 연구 위원회가 2000~2010

년대 이후 당내 주류로서 세력을 굳히며 중도 이념의 공화당 의원들을 포섭하고, 그 과정에서 공화당의 극우화 경향은 줄어들기 시작하였다. 그리고 그 반향으로 등장한 티파티 코커스 및 프리덤 코커스가 공화당 연구 위원회와 대립각을 세우면서 공화당 주류 세력은 메인 스트리트 파트너십과 같은 중도 공화당원과 더욱 긴밀한 관계를 맺게 되었다. 물론 프리덤 코커스의 의원들 역시 티파티 코커스와 마찬가지로 대다수가 공화당 연구 위원회 소속이었으며, 심지어 짐 조던 의원은 112대 의회에서 공화당 연구 위원회 의장을 맡았던 인물이기도 하였다. 하지만 앞서 설명한 것과 같이 그들은 투표 행태 및 당내 정치에 있어 공화당 지도부와 심한 마찰을 빚으며 비주류화(非主流化)하고 있었다. 그리고 이는 앞서 설명한 것과 같이 2010년대 이후 공화당의 보수화 경향이 완화될 가능성을 시사하는 것이기도 하였다.

▶ 그림 4 메인 스트리트 파트너십과 여타 공화당 하원의원 분포 비교

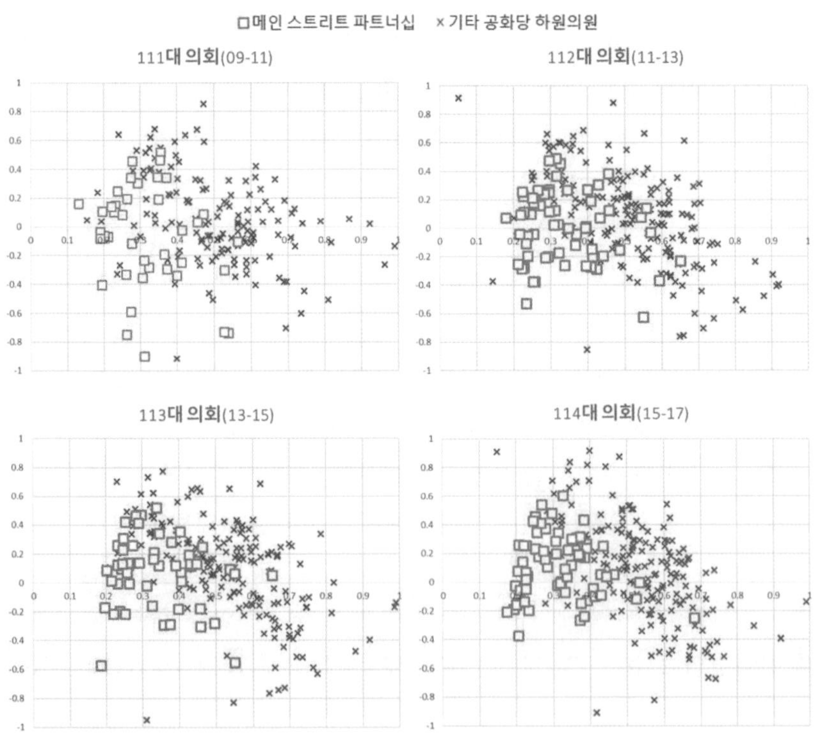

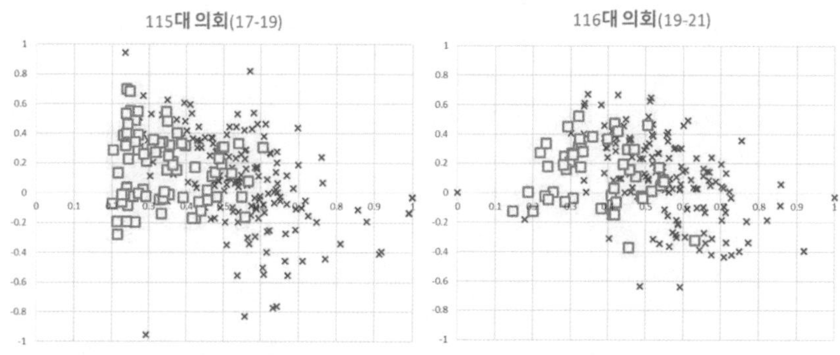

Ⅲ. 트럼프 대통령의 당선과 공화당 내부 변화

이와 같은 공화당 내부 정치 동학은 트럼프 대통령의 당선과 더불어 크게 뒤바뀌기 시작한다. 트럼프 대통령은 아웃사이더 공화당원이었으며 의원 혹은 주지사 등의 선출직 공무원 경험이 전혀 없었기 때문에, 당내에 정치적 세력이 크지 않았다. 하지만 정국(政局)을 이끌어야 하는 공화당 주류 입장에서 공화당 대통령과의 협력은 필수불가결한 것이었으며, 공화당 연구 위원회는 트럼프 대통령과 정치적 협력 관계를 취임 초기부터 유지하게 된다. 문제는 과거 비주류로 불리었던 프리덤 코커스 그리고 메인 스트리트 파트너십과 트럼프 대통령과의 관계 정립이었으며, 트럼프 대통령이 프리덤 코커스를 적극적으로 공화당 주류 세력으로 끌어올리며 공화당 내부 정치 지형은 115대, 116대 의회에서 크게 뒤바뀌게 되었다.

▶ **표 2 건강보건법 법안 (H.R. 1628) 반대 공화당 하원 의원**

H.R. 1628 반대표 공화당 하원 의원	지역구 소속 주(州)	프리덤 코커스	메인 스트리트 파트너십	공화당 연구 위원회
ROS-LEHTINEN, Ileana	FL	X	O	X
TURNER, Michael R.	OH	X	O	O
DENT, Charles W.	PA	X	O	X
REICHERT, David G.	WA	X	O	X

COFFMAN, Mike	CO	X	O	X
LANCE, Leonard	NJ	X	O	X
MEEHAN, Patrick	PA	X	O	X
HERRERA BEUTLER, Jaime	WA	X	O	X
JOYCE, David	OH	X	O	O
COSTELLO, Ryan	PA	X	O	X
HURD, William Ballard	TX	X	O	X
COMSTOCK, Barbara J.	VA	X	O	X
DONOVAN, Daniel M., Jr.	NY	X	O	X
FITZPATRICK, Brian K.	PA	X	O	X
LoBIONDO, Frank A.	NJ	X	O	X
SMITH, Christopher Henry	NJ	X	X	X
BIGGS, Andrew S.	AZ	O	X	O
JONES, Walter Beaman, Jr.	NC	X	X	X
MASSIE, Thomas	KY	X	X	X

Note: 해당 호명 투표는 H.R. 1628에 대한 하원 최종 표결이며, 하원 호명 투표 번호는 Roll no. 256이다.

취임 초기 트럼프 대통령은 메인 스트리트 파트너십, 프리덤 코커스 두 계파 모두와 갈등을 빚었다. 이는 115대 의회에서의 건강보건법(American Health Care Act; H.R. 1628) 입안 과정에서 잘 드러난다. 선거 기간 내내 트럼프 후보는 오바마케어(Obamacare) 폐지를 주요 의제로 삼았으며, 취임 직후 첫 행정명령(E.O. 13,765)으로 오바마케어를 약화시키는 내용을 담을 정도로 해당 문제에 관심을 보였다. 그리고 2017년 3월, 트럼프 대통령은 공화당 연구 위원회 소속의 다이앤 블랙(Diane Black; R-TN) 의원을 통해 건강보건법을 입안하였다. 해당 법안에 대해 공화당 연구 위원회 소속 의원들의 상당수가 해당 법안에 동의한 반면, 프리덤 코커스 의원들은 보다 강한 법안을 입안할 것을 주장하였고, 메인 스트리트 파트너십 의원들은 반대로 해당 법안이 너무 강한 내용을 담고 있다고 비판하였다. 그리고 트럼프 대통령은 두 계파와 대립각을 세우기 시작했다. 트럼프 대통령은 트위터 메시지를 통해 프리덤 코커스를 공개적으로 비난하며 해당 법안에 대한 찬성을 촉구하는 동시에, 메인 스트리트 파트너십의 수장(首長)격인 존 매케인 상원의원과 같은 중도 의원들과는 건강보건법을 두고 강한 설전(舌戰)을 주고 받았다.[11] 이러한 대립 과정 후 앤디 빅스(Andy Biggs; R-AZ) 의원을 제외한 대부분의 프리덤 코커스 의원들은 해당 법안에 찬성표를 던졌다. 하지만, <표 2>에서 나타난 것과 같이 상당수의 메인 스트리트 파트너십 의원들은 해당 법안에 끝까지 반대표를 던졌으며, 이는 115대, 116대 의회에 걸친 트럼프 행정부 시기의 공화당 내부 변화를 암시하는 것이기도 하였다.

트럼프 대통령은 임기 초반 프리덤 코커스와 대립하였으나, 2018년 중간선거 공화당 경선을 기점으로 강한 협력 관계를 유지하였다. 트럼프 대통령은 아웃사이더 공화당원인 자신에게 정치적으로 충실할 당내 지원군이 필요했으며, 당내 입지가 불안정했던 프리덤 코커스는 당내 세력 확대를 위해 트럼프 대통령의 선거 지원 등이 필요했다. 이러한 양자(兩者) 간의 이해관계가 맞아떨어지며, 2018년 트럼프 대통령은 프리덤 코커스 주요 인물들의 선거유세에 적극적으로 나서게 되었다. 트럼프 대통령은 공화당 지원이 상당히 미약한 상태에서도 대통령으로 선출될 만큼 강한 대중동원력을 갖고 있었으며, 특히 공화당 경선에서의 정치적 영향력은 상당히 높았다.[12] 그리고 그는 이를 바탕으로 상당수의 프리덤 코커스 후보들에 대한 지지를 표명하며 당선에 크게 기여하였다. 예를 들어 론 드산티스(Ron Desantis; R-FL) 프리덤 코커스 소속 하원의원이 플로리다(Florida) 주지사 선거에 출마하자, 공화당 경선 때부터 유세 등에 직접 참가하여 선거 지원하였다. 그 결과 드산티스 의원은 출마 선언 당시 당선가능성이 높지 않았음에도 불구하고, 공화당 경선에서 5선 하원의원 출신의 아담 퍼트남(Adam Putnam; R-FL)을, 본선에서 민주당 후보인 앤드류 길럼(Andrew Gillum; D-FL)을 꺾고 주지사로 당선되었다. 이러

11) 프리덤 코커스에 대한 비난 트윗의 영어 원문은 다음과 같다: "The Freedom Caucus will hurt the entire Republican agenda if they don't get on the team, & fast. We must fight them, & Dems, in 2018!"

12) 예를 들어 2018년 마크 샌포드(Mark Sanford; R-SC), 2020년 제프 세션스(Jeff Sessions; R-AL)와 같은 유력 의원들의 공화당 후보 선출을 저지하고 상대적으로 무명 후보가 경선에서 승리하게 할 정도로 큰 선거영향력을 보이고 있었다.

한 선거 지원에 대한 반대 급부로써 프리덤 코커스 소속 의원들은 트럼프 대통령의 친위대 역할을 자처하기 시작했다. 예를 들어 2018년 4월 트럼프 대통령의 러시아 스캔들이 발생했을 때, 론 드산티스 뿐 아니라 짐 조던, 마크 메도우스, 매트 가에츠(Matt Gaetz; R-FL)와 같은 프리덤 코커스 소속 의원들이 트럼프 대통령을 수호하기 위해 강력하게 항거하는 모습을 보였으며, 당시 트럼프 대통령은 트위터 메시지를 통해 이들을 '절대적 전사들'(absolute warriors)이라며 치켜세웠다. 이들은 2019년 10월 트럼프 대통령 탄핵 조사를 진행하는 비공개 청문회장 난입을 주도하였으며, 탄핵안이 상정되자, 마크 메도우스와 같은 의원들을 중심으로 하원 법률팀을 구성하기도 하였다.[13] 그리고 트럼프 대통령과 프리덤 코커스 간의 관계가 긴밀해지면서 프리덤 코커스 의원들은 점차 주류 공화당원으로 편입되기 시작하였다. 예를 들어 2019년 1월부터는 믹 멀베이니, 2020년 3월부터는 마크 메도우스가 백악관 비서실장(White House Chief of Staff) 직을 수행하기 시작하였다.[14]

공화당의 정치적 리더 역할을 수행하는 트럼프 대통령이 프리덤 코서스가 긴밀한 관계를 유지하면서, 이념적으로 대립하는 메인 스트리트 파트너십은 반대로 공화당 내에서 소외되기 시작했다. <그림 2>, <그림 4>에서 본 것과 같이 트럼프 대통령 이전 시기까지는 메인 스트리트 파트너십의 상당수 의원들이 공화당 연구 위원회에 동시에 소속되거나 혹은 해당 계파와 나쁘지 않은 관계를 유지하며 당내 주류에 편입되는 모습을 보였다. 하지만 트럼프 대통령이 프리덤 코커스와 긴밀한 관계를 유지하기 시작하자, 트럼프 대통령과 메인 스트리트 파트너십 간에 갈등의 골은 깊어지기 시작했다. 특히 메인 스트리트 파트너십의 좌장(座長) 역할을 하던 존 매케인 상원의원은 2018년 뇌

13) 당시 8명의 하원의원으로 팀이 꾸려졌으며, 이들 중 4명이 프리덤 코커스 소속이었다. 프리덤 코커스 소속 4명은 짐 조던, 마크 메도우스, 데비 레스코(Debbie Lesko; R-AZ), 마이크 존슨(Mike Johnson; R-LA)이며, 여타 4명은 더그 콜린스(Doug Collins; R-GA), 존 랫크리프(John Ratcliffe; R-TX), 엘리제 스테파닉(Elise Stefanik; R-NY), 리 젤딘(Lee Zeldin; R-NY)이었다.

14) 멀베이니는 2017년부터 예산관리실(Office of Management and Budget) 실장직을 수행하고 있었으며, 2019년부터 임시로(acting) 비서실장 업무까지 수행하였다.

종양으로 사망하는 순간까지 트럼프 대통령과 대립하였으며, 이러한 모습은 해당 계파 의원들과 트럼프 대통령을 더욱 멀어지게 하였다. 트럼프 대통령과 메인 스트리트 파트너십 간의 정치적 갈등은 2018년 11월 중간선거 결과에 대한 트럼프 대통령의 뉴스 컨퍼런스를 통해 잘 드러난다. 당시 트럼프 대통령은 마이크 코프먼(Mike Coffman; R-CO), 카를로스 컬베로(Carlos Curbelo; R-FL), 미아 러브(Mia Love; R-UT), 바바라 콤스톡(Barbara Comstock; R-VA) 등의 재선의 실패한 메인 스트리트 파트너십 공화당 의원들에게 조롱에 가까운 혹평을 하였다.[15] 이러한 갈등 관계는 <표 3>을 통해 재확인할 수 있다. <표 3>은 의회 법안에 대해 각 의원들이 어느 정도 비율로 트럼프 대통령의 의견과 일치하는 투표를 했는지를 알려주는 '트럼프 점수'(Trump Score)의 평균값을 계파별로 나타낸 것이다. 해당 표에서 트럼프 대통령이 본격적으로 프리덤 코커스와 밀월 관계를 형성하기 이전인 115대 의회에서는 프리덤 코커스의 트럼프 점수가 상대적으로 낮은 반면, 메인 스트리트 파트너십은 공화당 연구 위원회 평균만큼이나 높은 트럼프 점수를 유지했음을 확인할 수 있다.[16] 이는 2000년대 후반 이후 공화당 연구 위원회와 협력 관계를 구축해 온 메인 스트리트 파트너십이 115대 의회에서도 이를 유지하기 위해 노력한 결과라고 생각된다. 하지만 프리덤 코커스가 트럼프 대통령의 측근 역할을 하기 시작한 116대 의회에서는 115대 의회와 정반대의 결과가 나타나고 있다.

---

15) 당시 이름을 우스꽝스럽게 부르거나, 낙선 의원들이 충분히 자신을 정치적으로 지원하지 않았기 때문에 낙선했다는 식으로 의원들을 비판하였다.

16) 트럼프 점수는 '파이브써티에잇'에서 계량화하였으며, 해당 <표 1>의 데이터는 이종곤(2020)의 연구에서 계산한 것을 활용하였다. 해당 지표에서 공화당 연구 위원회 의원들의 트럼프 점수 평균을 구할 때, 메인 스트리트 파트너십과 프리덤 코커스에 공히 소속된 의원들은 제외하였다.

▶ **표 3 계파별 트럼프 점수 평균**

의회	지역	트럼프 점수 평균	표준 편차
115대 의회	프리덤 코커스	85.96%	.076
	메인 스트리트 파트너십	94.83%	.051
	공화당 연구 위원회	95.60%	.028
116대 의회 첫 회기	프리덤 코커스	94.55%	.027
	메인 스트리트 파트너십	87.57%	.131
	공화당 연구 위원회	95.67%	.029

자료 출처: 파이브써티에잇 (FiveThirtyEight; https://projects.fivethirtyeight.com/congress-trump-score)

이러한 트럼프 대통령과 메인 스트리트 파트너십 간의 갈등 관계는 공화당 내부에 주요한 변화를 가져왔다. 메인 스트리트 파트너십은 본래 의회회원조직이 아니라 의원들의 비공식적 모임이었으며, 후에 501(c)(4) 비영리 단체(nonprofit organization)의 형태로 운영되었다.[17] 2000년대 말 이후 메인 스트리트 파트너십과 공화당 연구 위원회 간의 관계가 개선되며 상당수 의원들이 주류 공화당원으로 편입되자, 2017년 9월 메인 스트리트 파트너십 의원들은 메인 스트리트 코커스(Republican Main Street Caucus)라는 이름의 의회회원조직을 새로 설립하며 세력 확장을 꾀하였다. 하지만 트럼프 대통령의 갈등 관계가 유지된 상태에서 치룬 2018년 중간선거에서 메인 스트리트 파트너십은 소속 하원의원 18명이 재선에 실패하는 참패를 겪는다. 그에 더하여 낙선 의원들이 트럼프 대통령에 의해 희화화(戱畵化)되며 해당 계파의 조직력은 크게 허물어지기 시작했다. 게다가 선거 패배 요인 분석을 위해 메인 스트리트 파트너십 의원들이 지도부에 자금 운용 감사를 요구하였으나, 사라 채임벌린(Sarah Chamberlain) 의장이 해당 요구를 거부하면서 해당 계파의 조직력은 더욱 쇠퇴하였다(Davis 2019). 이의 여파로 의회회원조직으로 형성된 메인 스트리트 코커스는 2년도 버티지 못하고 2019년 초반 해산하였다. 그리고 세(勢)

---

17) 501(c)(4) 비영리 조직은 소득세 관련 연방세법(Internal Revenue Code)의 501(c)(4) 절(節)에 규정된 조직들로 시민사회와 사회복지를 추구하는 비영리 조직을 의미한다.

가 크게 약화한 메인 스트리트 파트너십은 예전과 같은 결집력과 정치적 영향력을 보여주지 못 하고 사분오열(四分五裂)하는 모습을 보였다. 116대 의회에서 상당수의 메인 스트리트 파트너십 의원들은 앞서 설명한 것과 같이 트럼프 대통령 그리고 주류 공화당원들과 거리를 두기 시작하였다. 하지만 재선 등에 있어 안정적이지 못한 메인 스트리트 파트너십 의원들은 오히려 트럼프 대통령을 적극적으로 지지하며 주류 공화당에 편입하려 노력하였다. 예를 들어 애리조나 상원의원이던 마사 맥샐리(Martha McSally; R-AZ) 같은 경우는 자신에게 불리한 상원의원 선거 형국(形局)을 극복하기 위해 트럼프 대통령과 공동 유세를 펼치는 등의 긴밀한 정치적 관계를 유지하였다. 이처럼 메인 스트리트 파트너십의 결집력이 약화하는 모습은 <그림 4>를 통해 확인할 수 있는데, 116대 의회 들어 메인 스트리트 파트너십 의원들의 이념 편차가 이전 시기에 비해 크게 증가하고 있음을 알 수 있다.

이러한 트럼프 행정부에서의 당내 변화는 두 계파 의원들의 이념 지형에 주목할만한 변화를 가져왔다. 앞서 언급한 것과 같이 트럼프 행정부가 들어서기 전까지 메인 스트리트 파트너십의 2차원 녹켄-풀 추정치는 급격하게 상승하였으며, 이는 115대 의회까지도 일정 부분 유지되었다. 하지만 2018년 중간선거를 기점으로 메인 스트리트 파트너십 의원들의 2차원 녹켄-풀 추정치는 감소하며, 해당 계파와 주류 공화당원과의 갈등이 시작되고 있음을 <그림 5>를 통해 알 수 있다. 반면, 주류 공화당원과 크게 대립하던 프리덤 코커스의 2차원 녹켄-풀 추정치는 트럼프 행정부 이후 상승하며 프리덤 코커스 의원들이 주류로 점차 편입하는 모습을 보이고 있음을 암시한다.

▶ 그림 5 프리덤 코커스와 메인 스트리트 파트너십 하원 의원들의 의회별 평균 이념

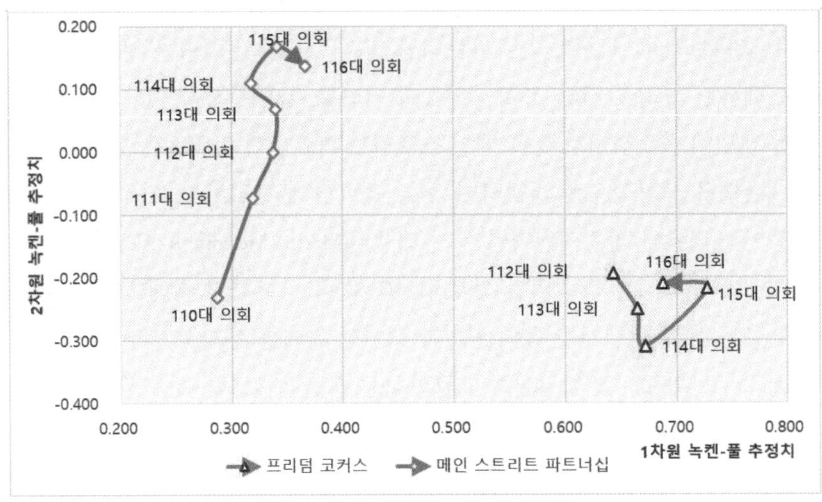

Note: 프리덤 코커스는 114대 의회에서 설립되었으나 소속 의원들의 112대, 113대 의회에서의 평균값 역시 그래프에 표시하였다.

그리고 이러한 공화당 의원들의 이념 변화 양상은 상원에서도 부분적으로 나타나고 있다. 상원의 경우 하원과는 달리 공식적인 의회회원조직을 만드는 데 한계가 있으며, 개별 의원들의 독립성이 하원에 비해 강하기 때문에 하원과 같은 계파의 움직임을 관찰하기 힘들다. 또한 임기가 길어 선거에 있어 하원의원에 비해 자유롭기 때문에 하원에 비해 정치적 변화에 즉각적으로 반응하지 않는 경향이 있다. 그럼에도 불구하고, 공화당 상원의원들도 하원의원들과 유사한 이념 변화 양상을 보이고 있다. <그림 6>에서 알 수 있듯 공화당 내에서 중도적인 이념을 표방하던 상원의원들은 111대 의회에서 114대에 이르기까지 점차 결집하는 모습을 보이며, 2차원 녹켄-풀 추정치 값도 양의 방향으로 상승하고 있다. 그리고 116대 의회에서는 하원만큼 명확하지는 않지만 직전 의회에 비해서는 결집력이 조금은 낮아진 듯한 모습을 보이고 있다. 반면 보수적인 상원의원들은 111대에서 114대까지 음값의 2차원 녹켄-풀 추정치를 평균적으로 띠고 있다. 상원에서는 하원과 달리 의회의원조직을 개설하기 힘들지만, 이 시기 비공식적 티파티 코커스가 상원에도 존재했으며, 이들 그룹과 주류 공화당원과의 갈등 관계가 있었음을 짐작할 수 있다. 하지만 하원과 마찬가지로 115대, 116대 의회에는 이들의 2차원 녹켄-풀 추정치는 양의 방향으로 이동하고 있다. 즉, 하원에 비해 그 정도가 크지는 않아도 상원에서도 하원과 유사한 당내 변화가 이루어지고 있음을 확인할 수 있다.

▶ 그림 6 공화당 상원 의원들의 이념 지형 변화

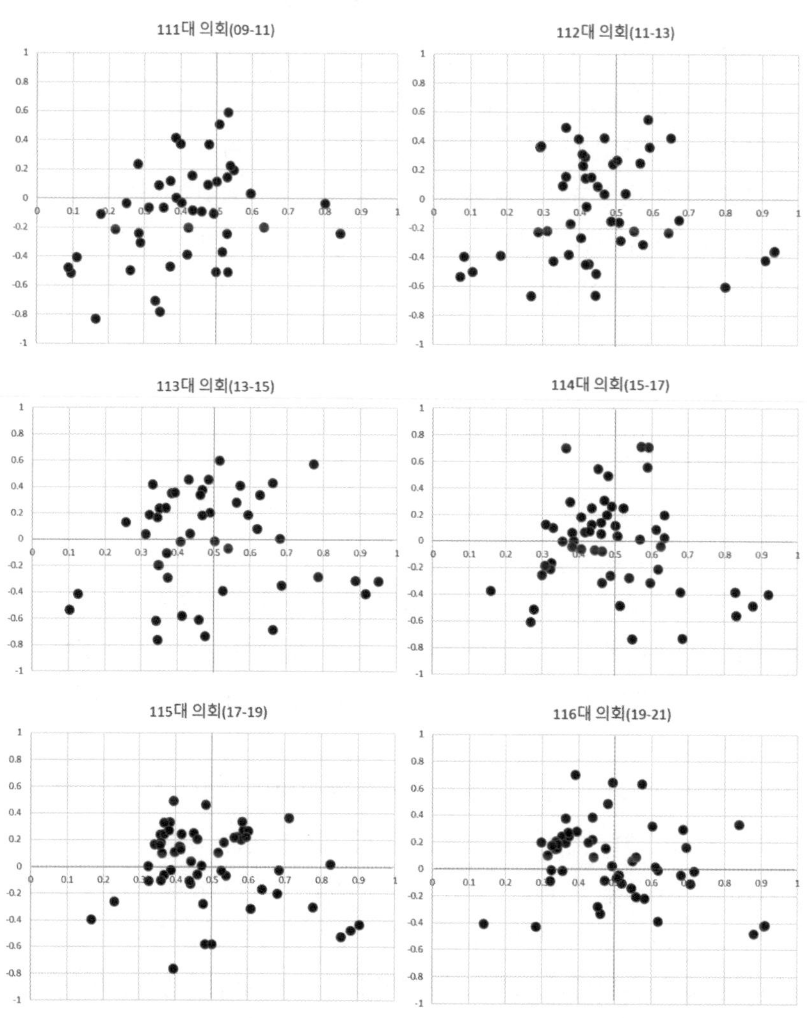

이러한 공화당 의원들의 이념 변화는 미국 정당 정치에 있어 큰 의미를 가진다. 오랫동안 축적된 정당 양극화로 인해 최근 미국에서는 입법 정체 현상이 상당히 심각하게 나타나고 있으며, 정부 폐쇄 역시 상당히 자주 발생하고 있다. 이러한 상황에서 2010년대 초반 이후 메인 스트리트 파트너십과 같이 온건한 성향의 의원들이 결집력을 유지한 가운데 공화당 주류로 편입되며, 공화당이 미약하나마 중도적인 방향으로 회귀할 수 있는 가능성을 내비쳤다. 하지만 트럼프 행정부 기간 동안의 공화당 내부 변화는 이러한 추세에 제동(制動)을 걸었다. 물론 2020년 대선에서 트럼프 대통령이 재선에 실패하며, 115대, 116대에서 나타난 공화당 내부 관계 역시 117대 의회 이후 반전(反轉)할 가능성이 있다고 여겨진다. 하지만 의회 선거에서 짐 조던, 매트 가에츠, 앤드류 빅스와 같은 프리덤 코커스의 리더 의원들이 모두 재선에 성공했으며, 프리덤 코커스 조직 역시 건재한 현재 시점에서 트럼프 행정부 당시 형성된 공화당 당내 이념 지형이 지속되어 정당 양극화가 가속화될 가능성 역시 상당히 높다고 생각된다.

Ⅳ. 결론

1981년 로널드 레이건 대통령 취임 이후, 미국 정치와 관련하여 가장 많이 언급된 정치 현상 중 하나는 정당 양극화이다. 레이건 대통령이 집권한 1980년대 강한 보수성을 지닌 공화당 연구 위원회는 공화당의 주류로 자리잡았으며, 공화당이 보다 강한 보수 색채를 띠게 하는데 큰 역할을 하였다. 하지만 공화당이 의회에서 다수당의 지위에 오르기 위해서는 중도적인 경합주에서의 승리가 필요했으며, 이를 위해서는 중도적인 공화당 의원들에 대한 배려 역시 필요했다. 또한 정당 양극화로 인해 입법 정체, 정부 폐쇄와 같은 문제점들 역시 심각하게 대두하였다. 이러한 복합적인 상황으로 인해 공화당은 최소한 2010년대 이후 중도적인 공화당 의원들이 공화당 연구 위원회로 진입하고, 주류에 편승하기 시작하였다. 그리고 그 반작용으로 정당 내에서 티파티 코커스와 같은 극우적 색채를 띠는 계파들이 등장하기 시작하였다.

2010년대 초반 티파티 코커스와 공화당 주류의 대립은 생각보다 쉽게 공화당 주류의 승리로 끝났다. 티파티 운동의 대중 선호도는 급격하게 낮아졌으며, 그 결과 원내에서 티파티 코커스를 주도하던 팀 휴엘스캠프, 미셸 바크만과 같은 의원들은 당내 경선에서 패배하거나 정계 은퇴를 선언하였다. 그리고 뒤이어 114대 의회에서 등장한 프리덤 코커스 역시 공화당 주류와 맞설 정도의 정치력을 갖고 있다고 보기는 힘들었다. 물론 프리덤 코커스는 티파티 코커스에 비해 짐 조던과 같이 당내 인적 관계망이 강한 인물이 의장을 맡고 있었고, 보다 높은 조직력을 보여준 것이 사실이었다. 하지만 대부분의 소속 의원들의 정치 경력이 상당히 짧았고, 코커스 구성원의 수(數) 역시 티파티 코커스에도 미치지 못 하였다. 물론 114대 의회에서 프리덤 코커스 의원들은 하원 의장이던 존 베이너를 사퇴시킬 정도로 활발히 활동하였다. 하지만 이들은 당내 주류가 아니었으며, 단지 공화당 내 분란을 일으키는 비주류 계파 정도로 여겨지고 있었다. 즉, 114대 의회까지 프리덤 코커스는 후하게 평가할 경우에도 당내 비토권(veto power)을 갖고 있는 소규모 계파 이상의 존재는 아니었다.

하지만 트럼프 대통령의 당선은 이러한 공화당 당내 지형에 변화를 가져왔다. 공화당 리더로서 공화당 정권을 이끌어야 하는 트럼프 대통령은 공화당 연구 위원회와 협력 관계를 맺었지만, 당내 권력 기반이 강한 편이 아니었다. 특히 취임 이후 다양한 정치 스캔들에 시달리던 트럼프 대통령은 당내에서 자신을 지켜줄 공고한 지지 기반이 필요했다. 그러한 이유로 2018년 중간선거, 특히 공화당 경선이 이루어지던 시점부터 프리덤 코커스 소속 의원들에 대한 선거 지원을 통해 이들과의 협력 관계를 확대하였다. 그 결과 프리덤 코커스는 공화당 내 주류에 조금씩 가까워지기 시작하였으며, 그 반작용으로 중도적인 메인 스트리트 파트너십 의원들은 주류로부터 멀어지기 시작하였다. 그리고 공화당 주류와 멀어짐은 그들로부터 선거 지원을 받는 것 역시 쉽지 않음을 의미하게도 했다. 그 결과 2018년 중간선거에서 메인 스트리트 파트너십 의원들 중 상당수가 재선에 실패했으며, 트럼프 대통령은 이들의 낙선을 희화화하는 연설을 하기도 하였다. 그리고 그 과정에서 2010년대에 보수적인 색채에 중도적인 분위기를 덧입히던 공화당은 다시 보수화를 추진하는 듯한 모습으로 변화하였다.

통계적으로도 이러한 사실은 잘 드러난다. 트럼프 대통령의 집권 이전까지 우상향하던 공화당의 이념 분포는 공화당 연구 위원회가 극우 세력을 경계하고, 온건한 이념의 의원들이 공화당 연구 위원회에 가입하기 시작하며 점차 좌상향하는 분포를 보이고 있었다. 이는 공화당이 특정 극우 집단에 의해 극단적인 이념을 갖는 경향이 최소한 2010년대부터 둔화된 것이라 생각할 수 있다. 그리고 그러한 정치적 상황에 불만을 갖는 극우 의원들은 당내 주류로 편입되지 못한 상황이었다. 하지만 트럼프 대통령이 집권하며 이러한 상황이 달라지기 시작했다. 물론 2010년대 나타난 좌상향적인 공화당 의원들의 이념 분포 형태가 트럼프 대통령의 집권만으로 완전히 반전될 것이라 말하기는 힘들다. 하지만 2010년대 초반 이후 나타난 공화당 내에서 이념 변화가 트럼프 대통령 등장 이후 눈에 띄게 더뎌지거나 역전된 것은 사실이다.

2020년 트럼프 대통령의 패배로 앞으로의 공화당 내 계파 간 관계와 당내 이념 지형이 어떻게 바뀔지 현재로서는 예상하기 힘들다. 프리덤 코커스가 트럼프 대통령 집권 당시 크게 성장했으나, 아직도 온전히 공화당 주류로 자리 잡지 못한 것 역시 사실이므로, 트럼프 대통령의 재선 실패로 인해 주류 계파인 공화당 연구 위원회가 중도적인 의원들과 협력하는 모습으로 회귀할 가능성이 충분히 있다. 하지만 트럼프 대통령 집권 동안 메인 스트리트 파트너십의 조직력은 약해진 반면, 프리덤 코커스의 세는 강해진 만큼 공화당 내 계파 관계와 이념 지형이 어떻게 변화할지 장기적으로 관찰해야 할 필요성이 크다.

참고문헌

이종곤 2020. "2020 대선 대비 트럼프 대통령의 당내 계파별 포섭 전략." 『미국학논집』, 52권 2호: 93-119.

Bloch Rubin, R., 2017. *Building the Bloc: Intraparty Organization in the U.S. Congress*. New York: Cambridge University Press.

Clarke, A. J. 2020. "Party Sub-Brands and American Party Factions." *American Journal of Political Science*, 64(3): 452-470.

Clarke, A. J. and Jenkins, A. J. 2017. "Who are President Trump's Allies in the House of Representatives?" *The Forum*, 15(3): 415-429.

Davis, S., 2019. Meltdown On Main Street: Inside The Breakdown Of The GOP's Moderate Wing. *NPR*, August 23.

DiSalvo, D., 2012. Engines of Change. New York: Oxford University Press.

French, L. and Sherman, J., 2015. House Conservative Seeks Boehner's Ouster. *Politico*, July 28.

Green, M. N., 2019. *Legislative Hardball: The House Freedom Caucus and the Power of Threat-Making in Congress*. New York: Cambridge University Press.

Homan, P. and Lantis, J. S., 2020. *The Battle for U.S. Foreign Policy: Congress, Parties, and Factions in the 21st Century*. Cham, Switzerland: Palgrave Macmillan.

Jones, D. R. 2001. "Party Polarization and Legislative Gridlock." *Political Research Quarterly*, 54(1): 125-141.

Kriner, D. L. and Reeves, A., 2015. *The Particularistic President: Executive*

Branch Politics and Political Inequality. New York: Cambridge University Press.

McCarty, N., 2019. *Polarization: What Everyone Needs to Know*. New York: Oxford University Press.

Noel, H. 2016. "Ideological Factions in the Republican and Democratic Parties." *The ANNALS of the American Academy of Political and Social Science*, 667(1): 166-188.

Nokken, T. P. and Poole, K. T. 2004. "Congressional Party Defection in American History." *Legislative Studies Quarterly*, 29(4): 545-568.

Poole, K. T. and Rosenthal, H., 1997. *Congress: A Political-Economic History of Roll Call Voting*. New York: Oxford University Press.

Skinner, R. M., 2007. The Partisan Presidency. In: Green, J. C. and Coffey, D. J. eds. *The State of the Parties: The Changing Role of Contemporary American Politics*. New York: Rowman & Littlefield Publishers, Inc., 331-342.

Thurber, J. A. and Antoine, Y., eds., 2015. *American Gridlock*. New York: Cambridge University Press.

4. 2020년 미국 대통령 선거와 라티노 투표의 다양화*

이병재(연세대학교 디지털사회과학센터)

Ⅰ. 서 론

2016년 대통령 선거에서 공화당 후보인 트럼프는 2012년 선거에서 롬니가 얻은 것(27%)보다 더 높은 라티노 득표율(29%)을 얻었다. 주요 매체에서 트럼프의 멕시코 이민자에 대한 발언 및 반이민정책을 고려할 때 놀라운 득표율이라는 반응을 보였으며, 출구조사 결과에 대한 의문이 제기되기도 하였다(Segura and Barreto 2016; Bitcofer 2018). 2020년 대선이 다가오자 2016년보다 라티노의 민주당 후보 지지는 더욱 압도적일 것라는 예측이 지배적이었다. 이와 더불어 경합주에서 라티노 투표가 선거 결과에 어떠한 영향을 미칠 것인가에 대해 많은 관심이 쏟아졌다(Medina and Fernandez 2020; Villa 2020; Vargas 2020; Davis 2020).

라티노 인구의 급격한 증가에 따른 라티노 유권자의 증가로 인해 라티노

* 이 논문은 2020년 대한민국 교육부와 한국연구재단의 지원을 받아 수행된 연구임(NRF-2020S1A5C2A03093177).

는 항상 "깨어나고 있는 잠자는 거인(awakening sleeping giant)"으로 지칭되어 왔다(Jackson 2011; Sanchez et al. 2020; Medina and Fernandez 2020). 트럼프의 재임 기간 중 지속된 반이민정책과 코로나 팬데믹의 영향으로 인해 라티노의 트럼프에 대한 지지율은 백인에 비해 낮게 나타났으며, 많은 라티노 활동가들은 라티노 유권자들의 투표참여율의 증가와 이 증가된 투표율이 민주당에 대한 압도적인 지지로 이어질 것으로 기대하였다. 민주당은 이러한 지지가 특히 경합지역에서 결정적으로 민주당에 유리하게 작용할 것으로 기대한 것이다.

2020년 대선에서 라티노는 약 1,660만명이 투표하여 2016년에 비해 투표율 30.9% 증가를 기록하였는데, 이는 다른 인종집단보다 16.9% 높은 수치이다. 선거 당일 실시된 출구 조사 결과 트럼프는 대략 32%, 즉 2016년보다 더 높은 라티노의 지지율를 얻었다. 라티노의 투표율은 증가하였으나, 트럼프에 대한 지지율 역시 증가한 것이며, 많은 미디어와 활동가들의 기대와 달리 라티노의 투표율 증가가 민주당 후보에 대한 지지로 연결되지 않았던 것이다(Corral and Leal 2020). 또한 라티노의 투표결과는 지역별로 다른 양상을 보였다(Chotiner 2020).

▶ 그림 1 라티노 유권자의 정당후보별 대선득표율, 1980~2020

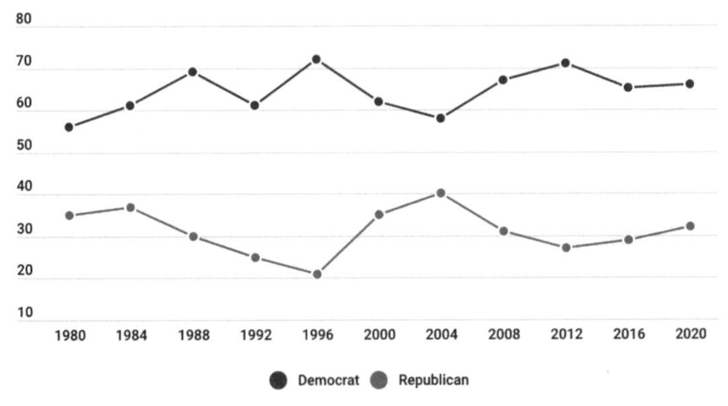

2020년 선거 직후 출구조사 결과를 보면 미국 전체의 라티노의 바이든에 대한 지지율은 대략 66%, 트럼프에 대한 지지율은 32%로, 1980년대 이후의 라티노의 투표 경향에서 크게 벗어나는 결과는 아니라고 할 수 있다 (<그림 1> 참조). 대부분의 선거에서 공화당은 대략 20%~30%의 라티노의 지지를 받았으며, 2020년 대선 역시 민주당 대 공화당이 대략 2:1의 비율로 득표를 하는 역사적 패턴에서 벗어나지 않은 것이다(Cavalo and Leal 2020).

하지만, 세부 결과를 보면 지역별로 눈에 띄는 변화가 관찰된다. 대표적인 지역이 텍사스 남부 국경지역과 플로리다 남부, 그리고 애리조나였다. 선거 결과가 속속 집계되면서 가장 먼저 예상을 뒤집은 곳은 플로리다였다. 바이든 민주당 후보가 플로리다의 마이애미-데이드 카운티(Miami-Dade County)에서 얻은 득표율이 2016년 클린턴 후보가 받은 득표율보다 상당한 폭으로 하락하였으며, 몇 시간 후 텍사스 주의 멕시코 국경 근처 지역의 투표 결과에서도 비슷한 결과가 나타났다. 결과적으로 바이든은 이 두 카운티에서 승리하기는 했지만, 힐러리 클린턴이 4년 전에 얻었던 득표율보다 낮은 득표율로 승리했다. 플로리다 거주 라티노의 상당수를 차지하는 쿠바계 라티노의 공화당 지지는 널리 알려져 있다. 2020년의 선거에서도 플로리다 주에서 트럼프의 승리에는 실제로 쿠바계 라티노의 영향력이 크게 작용한 것으로 추정된다. 플로리다에서 쿠바계 라티노는 56% 대 41%로 트럼프를 지지했고, 여타 라티노는 49% 대 49%로 두 후보에 대해 비슷한 비율로 지지하였다. 쿠바계 라티노의 트럼프 지지가 높기는 하지만, 다른 주에 비해 플로리다의 트럼프 지지율이 높은 현상을 쿠바계 라티노의 영향으로만 볼 수는 없다. 또한, 텍사스 국경지역의 라티노(Tajano)는 주로 멕시코계의 라티노인데 이 지역에서 나타난 트럼프 지지의 급격한 증가는 어떻게 설명할 수 있을 것인가? 또, 지난 1996년 이래 민주당이 승리한 적이 없는 애리조나에서 거둔 바이든의 승리는 어떻게 설명할 수 있을까?

본 장은 2020년 미국 대선에 나타난 라티노의 투표행태에 대한 분석을 목적으로 하며, 다음의 순서로 전개된다. II절은 2020년 대통령 선거 직전의 다양한 이슈에 대한 라티노의 전반적인 여론에 대한 개관이다. III절은 선거(결과)에 드러난 라티노의 전반적인 투표성향이다. Ⅲ절은 2020년 선거에 나타난 라티노 투표의 양상과 유형별로 대표적인 13개 주의 라티노 투표의 양상에 대한 논의이다. Ⅳ절은 플로리다의 마이애미-데이드 카운티와 텍사스 국경지역의 라티노 투표의 변화를 살펴본다. Ⅴ절은 결론이다.

Ⅱ. 라티노 인구구성과 여론

아브라하노(Marisa Abrajano)와 알바레즈(Michael Alvarez)는 라티노 정치행태에 대한 몇 가지의 고정관념이 1960년대 이래 현재까지도 만연해 있다고 주장한다(Abrajano and Alvarez 2010). 그 중에는 "#2. 라티노는 단일한 투표 집단(monolithic voting bloc)이며, 압도적으로 민주당을 지지한다"와 "#3. 라티노는 다른 인종집단보다 정치참여율이 낮다. 따라서, 라티노는 미국정치에서 계속해서 "잠자는 거인"으로 남아있을 것이다"라는 고정관념이 포함되어 있다. 사실 위의 #3에서 언급된 것처럼 라티노의 전반적인 투표율이 백인이나 흑인보다 역사적으로 낮았던 점, 라티노의 대략 60%-70%가 민주당을 지지해왔던 것은 사실이다. 하지만, "라티노는 단일한 투표집단이다"와 "잠자는 거인으로 남아있을 것이다"라는 언급에 대해서는 보다 면밀한 논의가 필요하다.

라티노가 단일 투표집단이라는 주장에는 라티노에 압도적인 중요성을 가지는 이슈가 이민정책이라는 가정이 깔려 있다(Fraga et al. 2020). 또한, 라티노의 트럼프 지지율이 2016년보다 낮을 것이라는 민주당의 기대의 바탕에는 라티노가 이민이슈에 부여하는 가중치 때문에 트럼프의 반이민정책이 라티노 유권자들에게 부정적 영향을 미칠 것이라는 가정이 깔려있다. 하지만, 이러한 가정이 어느 정도 타당할까? 라티노는 멕시코, 푸에르토리코, 쿠바, 엘살바도르 등 다양한 중남미의 국가 출신 또는 자손들을 지칭하지만, 2000년 이후에는 귀화에 의한 시민권 취득보다는 출생에 의해 시민권을 획득한 라티노의 숫자가 더 많다. 이러한 상황을 고려할 때 이민관련 이슈만으로 라티노의 투표성향을 예측하는 것이 타당한 접근일까?

라티노를 단일 투표집단으로 파악하는 경향은 1960년대의 소위 "남부 전략(Southern strategy)" 이후 정부, 정당 및 주요 미디어에 의해서 강화되어 왔으며, 주요 선거결과에 대한 분석에서 라티노는 백인, 흑인, 아시아인 등과 더불어 인종집단으로서 다루어져 왔다(Francis-Fallon 2019; Jones-Correa 2020). 이들이 스페인어를 사용하는 국가들 출신 또는 그 자손들이라는 공통점이 있기는 하지만, 라티노 내에 명백한 차이점이 존재하는 것도 사실이다. 존스-코레아(Michael Jones-Correa)에 따르면 일반적으로 백인/흑인을 분류했던 방식으로 다른 인종들 역시 정의하는 경향이 있다. 이러한 경향의 바탕에는 "한 방울 규칙(one drop rule)"이 자리잡고 있는데, 아프리카계 미국인의 요소를 일부라도 가지고 있다면, 즉 가계혈통에 한 사람이라도 아프리카 출신이 포함되어 있었다면 그 후손은 아프리카계로 분류된다. 다른 인종의 경우도 마찬가지다. 가계혈통에 한 사람의 라티노 혹은 히스패닉이 포함되어 있다면 그 사람은 라티노 혹은 히스패닉으로 분류되며, 이러한 시각은 아시아계를 비롯한 다른 인종의 경우에도 나타나는 경향이다. 하지만. 라티노 인구의 구성과 분포를 구체적으로 살펴보면 이러한 분류는 신화에 가깝다.

1. 라티노 인구의 구성 및 분포

1) 라티노의 인구학적 및 지리적 분포

많은 매체에서 "라티노/라티나/라틴엑스(Latino/a/x)" 혹은 "히스패닉(Hispanic)"을 병행해서 사용하지만 이 둘이 정확히 일치하는 것은 아니다. 라티노는 일반적으로 라틴 아메리카와 문화적 유대를 가지고 있거나 혹은 지리적으로 라틴 아메리카에 속한 국가의 사람들을 지칭하며, 히스패닉은 스페인 사람 혹은 스페인어 사용자를 지칭한다. 미국 인구조사에서는 히스패닉 혹은 라티노를 "인종과 상관없이 도미니카, 쿠바, 멕시토, 푸에르토리코, 중남미, 또는 다른 스페인 문화권 출신(origin)인 사람"을 지칭한다. 여기서 출신이란 "혈통이나 국적(heritage, nationality group, lineage), 미국 이민 이전의 본인 혹은 조상의 출생지"를 의미한다. 따라서 라티노 또는 히스패닉은 인종 개념이 아니며, 인구센서스의 분류상 백인, 흑인, 아시아인 등의 어떤 인종에도 포함될 수 있다.[1] 센서스 설문항목에서 "당신은 히스패닉입니까?(Is this person of Hispanic, Latino, or Spanish origin?)"가 별도의 항목으로 존재하지만 "당신의 인종은 무엇입니까?(What is this person's race?)"에 대한 대답 항목에 히스패닉, 혹은 라티노에 해당하는 항목은 없다. 또한, 2000년부터 인구센서스에 도입된 혼합인종(mixed race)의 항목에도 라티노 혹은 히스패닉은 구성 인종으로 포함되지 않는다(Jones and Bullock 2012).

세부적으로 살펴보면 라티노의 인구구성은 간단하지 않다. 라티노는 많은 세부 민족을 지칭한다. 2019년 인구 서베이에 따르면 전체 60,481,746의 라티노 중 멕시코계 라티노가 37,186,361명(61.48%)로 가장 높은 비율을 차지하며, 푸에르토리코계 5,828,706명(9.63%), 쿠바계 2,381,565(3.93%), 엘살바도르계 2,311,574(3.82%), 도미니카공화국계 2,094,222(3.46%), 과테말라계 1,683,093(2.78%), 콜롬비아계 1,237,606(2.05%)등의 순서로 높은 비율을 차지하고 있다.[2]

2020년 대통령 선거 당시 미국 유권자의 구성은 여러 가지 면에서 특이점을 보이고 있었다. 역사상 최초로 비백인의 비율이 1/3을 넘어서게 되었으며, 이러한 증가에는 라티노 인구의 급격한 증가가 기여한 바 크다. <그림 2>에서 보는 바와 같이 2020년 선거에서 역사상 최초로 라티노 인구는 흑인 인구를 넘어섬으로써 백인을 제외한 최대 규모의 인종집단이 되었다. 대략 2020년 11월 현재 라티노 유권자는 대략 3200만으로 추정되며, 이는 유권자의 13.3%에 해당한다. 이는 대략 3000만에 달하는 흑인 유권자보다 약간 높은 수치이다.

하지만, 미국 거주 라티노가 대략 6000만에 달한다는 점을 고려하면, 라티노의 인구 대비 유권자의 수가 많은 것은 아니다. <그림 2>에서 보여주는 바와 같이, 라티노 유권자의 비율은 급격히 증가하고 있는데, 2000년의 7%,

1) 브라질과 중남미 또는 네덜란드 또는 영국의 식민지도 포함하는 경향이 있지만 이들 국가는 엄밀히 말하면 히스패닉은 아니다.

2) American Community Survey(1% IPUMS) (https://data.census.gov/cedsci/table?q=Hispanic%20or%20Latino&tid=ACSDT1Y2019.B03001).

2008년의 8%와 비교할 때 2020년 라티노 유권자는 전체 유권자의 13.3%를 차지한다. 흑인 유권자의 숫자도 역시 증가했으나 그 비율은 2000년의 11.5%와 비교할 때 커다란 증가를 보이지는 않는다. 아시아인 유권자는 대략 1100만에 달하는데 이는 2000년(5백만)의 2배 이상이며, 전체 유권자의 대략 5%를 차지한다(Ciluffo and Fry 2019).

▶ 그림 2 인종별 유권자비율의 변화, 2000–2020.

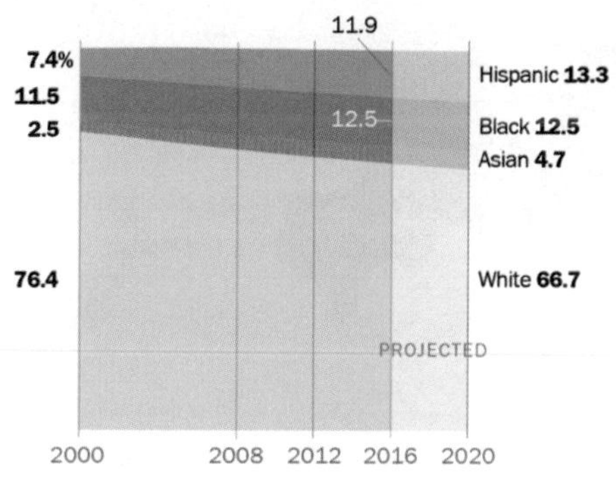

출처: Pew Research Center

2020년 대선 무렵 라티노 유권자의 주별 인구학적 특성은 다음과 같다. 첫째, 2020년 현재 라티노 유권자의 1/3이 5개 주에 거주하고 있었다. 캘리포니아 거주 라티노가 약 790만으로, 대략 1/4을 차지하며, 텍사스가 560만, 플로리다가 310만, 뉴욕이 200만, 애리조나가 120만으로 뒤를 따르고 있다. 주의 인구 중에서 라티노가 차지하는 비율은 뉴멕시코(43%), 캘리포니아(30%), 텍사스(30%), 애리조나(24%), 그리고 플로리다(20%)로 높게 나타난다. 선거구별로 보면 텍사스의 20번 의회선거구가 359,000명으로서 가장 많은 라티노 유권자가 있으며, 이 밖에 텍사스의 16번(35만 5천), 34번(33만 7천), 23번(32만 3

천) 선거구, 플로리다의 26번(32만 1천) 선거구가 각각 32만 1천명 이상의 라티노가 거주하는 선거구이다. 인구 중 라티노 비율이 높은 선거구는 캘리포니아 40번 선거구(80%), 텍사스 34번 선거구(79%), 텍사스 16번 선거구(77%), 텍사스 15번 선거구(73%), 텍사스 28번 선거구(71%)였다. 라티노 인구가 절반 이상을 차지하는 선거구는 26개였는데, 캘리포니아(11개), 텍사스(8개), 플로리다(3개), 애리조나(2개), 뉴욕(1개), 일리노이(1개)였다(Bustamante et al. 2020).

▶ 그림 3 주별 라티노 인구비율

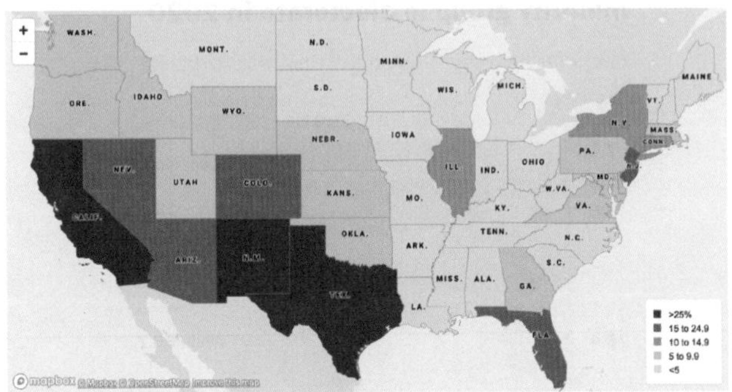

출처: Pew Research Center

▶ 그림 4 의회 선거구별 라티노 인구비율

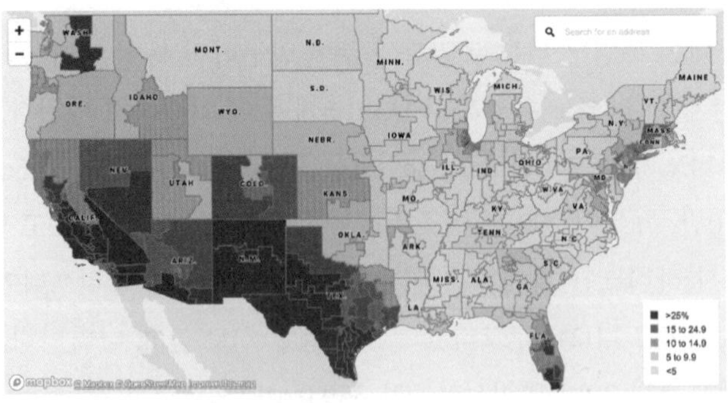

출처: Pew Research Center

<그림 3>과 <그림 4>는 주별, 선거구별 라티노 인구비율을 나타낸 것이다. 대체적으로 미국의 중서부 지역에 라티노 인구비율이 높은 곳이 주로 분포되어 있는 것을 볼 수 있다.

최근 들어 라티노 인구가 급격히 증가하기는 했지만, 상당수의 라티노는 투표권을 가지고 있지 않다. 이는 젊은 층과 비시민권자가 많은 라티노의 인구구성에 기인한다. 라티노 인구 중 1860만 가량이 18세 미만이며, 1130만 명이 미국시민이 아니다(이 중 대략 절반 정도는 허가받지 않은 이민자이다). 라티노 인구 중 유권자의 비율은 주별로 커다란 차이를 보인다. 메인 주의 경우 71%, 몬태나의 경우 68%의 라티노가 투표권을 가지고 있다. 라티노 인구가 많은 주인 플로리다(56%), 캘리포니아(51%), 텍사스(50%)의 절반 이상의 라티노 인구가 투표권을 가지고 있는 반면, 노스캐롤라이나(34%), 테네시(33%)의 경우 유권자인 라티노의 비율은 낮은 편이다. 급격한 라티노의 인구유입이 발생하는 지역이 전통적인 라티노 인구 밀집지역이 아니며, 라티노 유권자의 비율이 낮은 편이라는 점을 고려한다면 라티노 유권자가 선거에 미치는 영향은 각 주의 상황에 따라 매우 다르게 나타날 수밖에 없다.

2. 대선 직전 라티노 유권자 여론

1) 트럼프 대 바이든: 라티노 전체

대선 앞두고 2020년 9월 30일~10월 5일에 퓨리서치센터에서 라티노 유권자들을 대상으로 실시한 여론조사에 따르면 바이든은 트럼프에 비해 대략 34% 포인트 높은 지지를 받고 있었다(Krogstad and Lopez 2020). 대통령 선거가 치러지기 1개월 전에 실시된 여론조사에서 63%의 라티노 유권자들이 바이든을 지지한다고 답한 반면, 트럼프에 투표하겠다고 응답한 유권자는 29%에 불과했다. 이러한 수치는 2020년 10월 초에 실시된 미국 유권자 전체를 대상으로 실시된 여론조사 결과에서 나타난 바이든의 지지도인 52%보다 훨씬 높은 수치였다. 두 후보간의 지지율 격차는 사실 2016년의 대선결과에서 나타난 라티노의 각 정당별 후보 지지율과 커다란 차이가 없다. 라티노 여론을 살펴보면 교육수준과 성별에 따라 후보별 지지도는 커다란 차이를 보인다.

교육수준에 따라 트럼프와 바이든에 대한 지지도는 다르게 나타난다. 라티노 유권자 중 대학 졸업자의 69%가 바이든을 지지한 반면, 대학 중퇴 이하의 교육수준을 가진 유권자의 61%가 바이든을 지지했다. 반면, 남성 유권자의 트럼프 지지율이 여성 유권자의 지지율보다 높게 나타났으며, 라티노 여성 유권자의 67%, 남성 유권자의 59%가 바이든을 선호한다고 대답했다. 하지만, 바이든에 대한 지지도는 바이든에 대한 지지보다는 트럼프에 대한 반대의 모습을 띄고 있었다. 라티노 유권자 중 바이든 지지자의 59%가 바이든을 선택한 이유가 트럼프를 반대하기 때문이라고 응답한 반면, 바이든을 지지해서 선택했다는 응답은 40%에 불과했다.

바이든 지지자의 86%가 확실히 바이든에 투표할 것이라고 응답했는데, 이 수치는 동일한 질문에 대한 미국인 전체 응답자의 응답과 수치상 비슷하다. 하지만, 라티노의 투표에 대한 의지는 여타 인구집단에 비해 낮게 나타났다. 바이든에 투표할 것이라고 응답한 라티노 유권자의 57%만이 투표할 의사가 매우 강하다고 대답하였는데, 이는 미국 전체인구의 72%보다 상당히 낮은 수치이다.

2) 트럼프 대 바이든: 경합주

선거 직전 실시된 여론조사에 따르면 바이든은 대략 9개의 경합주(애리조나, 플로리다, 조지아, 아이오와, 미시건, 노스캐롤라이나, 오하이오, 펜실베이니아, 위스콘신)에서 다른 주에 비해 근소한 차이로(54% 대 37%) 앞서 있었다. 플로리다의 경우, 트럼프에 대한 라티노 지지가 여타 지역에 비해 높게 나타났다. 이 아홉 개 경합주에 거주하는 라티노는 대략 630만에 달하는데, 이 중 플로리다 인구가 310만으로서 전체의 1/2에 가까운 수를 차지한다. 두 번째로 많은 주는 애리조나인데, 약 120만의 라티노 유권자가 거주한다. 이 두 주에서 모두 전체 주의 유권자의 1/5 이상을 라티노가 차지하고 있다. 플로리다의 경우 20%, 애리조나의 경우 24%를 라티노 인구가 차지하고 있다.

▶ 그림 5 9개 경합주의 라티노 유권자 인구

Hispanic eligible voters in 2020 presidential battleground states

	Total eligible voter (EV) pop.	Hispanic EV population	% who are Hispanic
Florida	15,342,000	3,143,000	20%
Arizona	5,042,000	1,188,000	24%
Pennsylvania	9,786,000	521,000	5%
Georgia	7,487,000	377,000	5%
North Carolina	7,632,000	338,000	4%
Michigan	7,549,000	261,000	3%
Ohio	8,871,000	241,000	3%
Wisconsin	4,396,000	183,000	4%
Iowa	2,326,000	80,000	3%

Note: Eligible voters are U.S. citizens ages 18 and older.
Source: Pew Research Center analysis of 2018 American Community Survey data (IPUMS).

PEW RESEARCH CENTER

출처: Pew Research Center

3) 라티노 유권자의 이슈별 여론

▽ 코로나 바이러스의 영향

코로나 팬데믹이 미치는 영향은 소수인종과 저소득층에게 더 크게 나타난다(CDC 2021). 인종별, 성별 통계를 볼 때 코로나 바이러스로 인해 경제적으로 가장 큰 타격을 입은 집단은 라티노 여성이었다. 라티노의 53%가 본인 혹은 가족 중 누군가가 코로나 바이러스 때문에 실업 혹은 수입감소를 경험했다고 응답했는데, 이는 비라티노 집단의 42%보다 상당히 높은 비율이다. 미국에서 코로나가 시작된 2020년 2월 이래 상당수의 라티노가 저축 혹은 퇴직 자금을 각종 요금을 내기 위해 사용했거나(43%), 내는 데 어려움을 겪거나(30%), 혹은 푸드뱅크에서 음식을 구하거나(30%), 자신들의 집세 혹은 주택관련대출금을 갚는 데 어려움을 겪고 있다(26%)고 응답했다.

라티노는 다른 인종 집단에 비해 코로나로 인한 건강상의 영향을 더 크게 받은 것으로 나타났다. 2020년 8월 말 현재, 라티노 성인의 1/5(22%)이 코로나 검사 결과 양성(7%) 또는 검사는 받지 않았지만 감염되었다고 확신(15%)하고 있었다. 미국 전체 인구의 14%가 코로나 양성(3%) 또는 감염되었다고 확신한다고(11%) 응답한 것과 비교할 때 이는 비교적 높은 비율이다.

코로나 팬데믹에 대한 대처 능력에 대한 평가에 있어서는 트럼프보다는 바이든이 더 높은 점수를 얻었다. 라티노 여성의 80%, 대학졸업자의 79%가, 라티노 남성의 61%, 대학중퇴 이하의 학력자의 68%가 바이든이 트럼프보다 코로나 팬데믹에 더 잘 대처할 것이라고 응답했다. 라티노 유권자들은 트럼프의 코로나 팬데믹 대응에 상대적으로 낮은 신뢰를 가지고 있었는데, 라티노 대학 졸업자 중 22%만이, 대학 중퇴 이하의 학력자 중에서는 31%만이 트럼프가 잘 대처할 것이라고 응답했다. 반면, 라티노 여성의 26%, 33%의 남성 유권자들만이 트럼프의 코로나 대응에 대해서 신뢰를 가지고 있었다.

▽ 경제상황에 대한 평가

라티노 유권자의 29%가 현재 미국의 경제상황이 좋다고 응답하였는데 이는 2020년 6월의 20%에 비해 증가한 수치이기는 하지만, 미국 전체 유권자의 35%가 미국 경제 상황에 대해 긍정적으로 답한 것에 비하면 낮은 수치이다. 2020년 1월에 실시된 미국 전체인구를 대상으로 한 설문조사에서 미국의 경제상황에 대해 긍정적으로 답한 응답자가 49%였는데, 같은 질문에 긍정적으로 답한 라티노의 비율은 더 낮았다. 성별로 보면, 라티노 남성이 여성보다 34% 대 23%로 경제상황을 더 긍정적으로 보고 있었다. 학력에 따른 차이도 나타나는데, 대학졸업자의 22%만이 경제상황을 긍정적으로 본 반면, 대학 중퇴 이하의 학력인 인구층에서는 31%가 긍정적으로 보고 있었다. 바이든을 지지하는 라티노 유권자의 14%만이 미국 경제를 "매우 좋다" 혹은 "좋다"라고 응답했다.

라티노는 전반적으로 미래의 경제상황에 대해 낙관적인 전망을 하고 있었다. 라티노 응답자의 약 절반(53%) 정도가 1년 후 경제상황이 나아질 것이라고 응답한 반면, 30%는 비슷할 것으로, 16%는 나빠질 것이라고 응답하였다. 연령대별로 볼 때 고연령대의 라티노가 저연령대의 라티노보다 낙관적이었다. 50세 이상의 라티노의 60%가량이 1년 후의 미국 경제는 지금보다 나아질 것이라고 답한 반면, 18세~49세의 라티노의 48%만이 낙관적이었다. 라티노 남성의 57%, 여성의 49%가 경제상황이 1년 내로 호전될 것으로 응답하였으며, 교육수준에 따라서는 커다란 차이를 보이지 않았다. 대략 절반가량의 응답자가 경제상황이 1년 이내에 다시 좋아질 것이라고 응답하였다.

▶ 그림 6 경제상황에 대한 라티노 여론

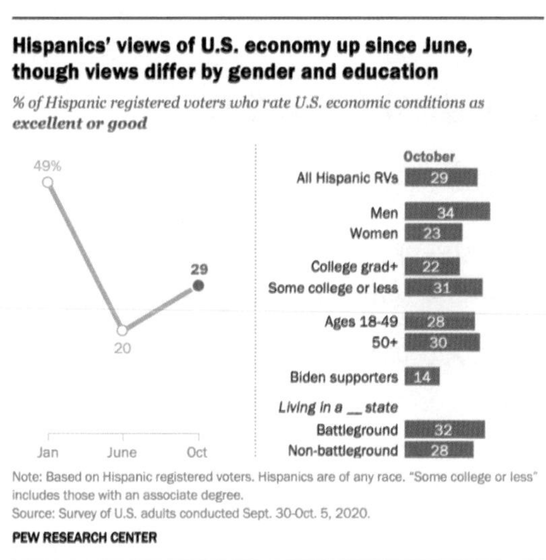

출처: Pew Research Center

▽ 미국의 현재 상황에 대한 평가

라티노의 대략 1/3 정도(68%)가 미국의 현재 상태에 대해 우려하고 있다고 응답한 반면, 45%가 희망적이라고 대답했다. 이러한 수치는 미국 전체 인구를 대상으로 한 조사결과와 비슷하다. 교육수준, 성별 등과 상관없이 미국의 미래에 대해 우려하는 수치는 비슷하게 나타났다. 다만, 미래에 대해 희망적이라고 응답한 사람의 비율은 성별과 교육수준에 따라 다르게 나타났다. 약 절반 정도의 라티노 남성이 현재의 미국에 대해 희망적이라고 응답한 반면, 여성의 36%만이 희망적이라고 답하였다. 반면, 대학졸업 이상의 학력을 가진 사람의 37%가 희망적이라고 답한 반면, 대학 중퇴 이하의 학력을 가진 사람의 47%가 희망적이라고 응답하였다. 바이든 지지자 중에서는 라티노의 79%가 미국의 현재에 대해 우려를 표하며, 36%만이 희망적이라고 응답했다. 또한, 미국이 나아가는 방향에 대해서도 라티노 유권자들은 대체로 부정적이었다. 라티노 유권자의 21%만이 현재 미국이 나아가는 방향에 대해 만족하고 있다고 대답하였다. 이러한 수치는 2019년 12월의 32%에 비해서 상당히 하락한 수치이다.

Ⅲ. 2020년 선거 결과와 라티노 투표

1. 라티노 투표결과 개관

2020년의 11월 실시된 대선에 라티노의 투표율은 2016년에 비해 엄청난 증가세를 보였다. 이번 대선결과에서 보이는 라티노 투표 행태의 주요 특징은 다음과 같다. 첫째, 2020년의 대선에서 라티노 유권자의 수는 1,660만에 달한다. 이는 2016년에 비교하여 볼 때 30.9% 증가한 수치인데, 이는 미국 전체 유권자가 2016년에 비해 15.9% 증가한 것과 비교할 때 커다란 폭의 증가이다.

둘째, 라티노는 민주당 후보인 바이든을 트럼프보다 압도적으로 지지하였는데, 이는 대략 2008년과 2012년의 오바마가 받았던 지지와 비슷한 수준이다. 애리조나, 캘리포니아, 콜로라도, 뉴멕시코, 네바다, 뉴욕, 펜실베이니아, 위스콘신 등에서는 대략 3:1의 비율로, 텍사스, 조지아, 워싱턴 및 마이애미-데이드 카운티를 제외한 플로리다에서는 대략 2:1의 비율로 바이든의 득표율이 트럼프의 득표율보다 높았다.

▶ **표 1 인종별, 성별 후보 지지율** (에디슨 리서치 출구조사 결과(CNN))

	바이든 (%)	트럼프 (%)
백인 남성	38	61
백인 여성	44	55
흑인 남성	79	19
흑인 여성	90	9
라티노 남성	59	36
라티노 여성	69	30
기타	58	38

<표 1>은 선거 당일 실시된 에디슨 리서치(Edison Research)의 출구조사에 나타난 트럼프와 바이든의 성별·인종별 득표율이다. 주목할 만한 점은 백인과 라티노의 각 후보별 지지율이다. 백인 남성의 38%가 바이든, 61%가 트럼프를 지지한 것으로 나타났다. 라티노 남성의 59%가 바이든, 36%가 트럼프를 지지하였으며, 라티노 여성의 경우 69%가 바이든, 30%가 트럼프를 지지한 것으로 나타났다. 백인 유권자들은 바이든보다 트럼프 지지율이 높지만, 여성보다 남성 유권자의 트럼프 지지율이 높게 나타났다. 흑인 유권자는 모든 성에서 바이든에 대한 지지율이 높지만, 여성 유권자보다는 남성 유권자의 트럼프 지지율이 높게 나타났다. 라티노 유권자의 트럼프 지지율은 백인과 흑인의 사이에 위치하지만, 남성의 지지율이 여성보다 높은 경향은 라티노의 경우에도 관찰된다.

▶ 그림 7 주별 라티노 인구비율, 라티노 인구, 라티노 유권자 비율, 라티노 인구증가율과 각 후보별 득표율(파란색: 바이든 지지율, 빨간색: 트럼프 지지율)

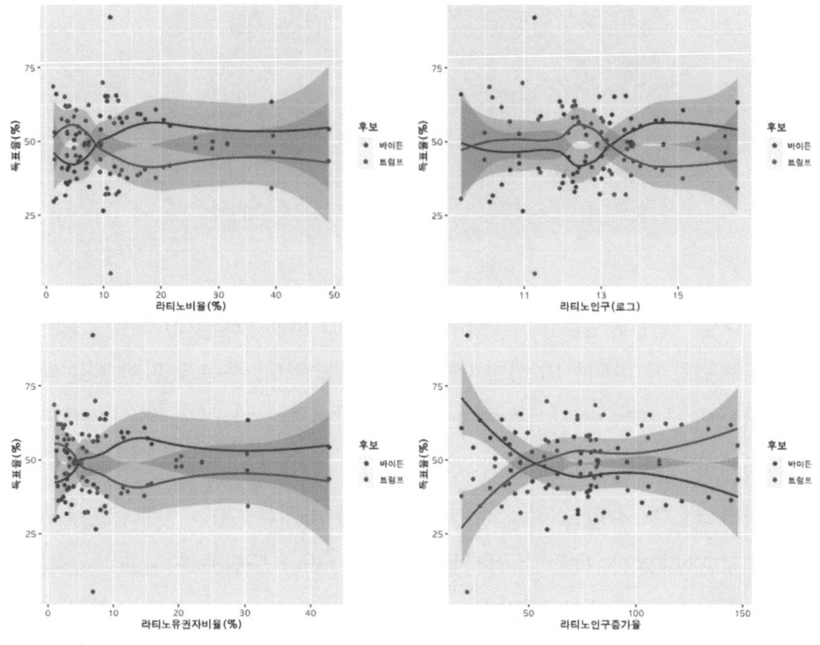

<그림 7>은 주별 라티노 인구 비율, 라티노 인구, 라티노 유권자 비율 및 라티노 인구증가율과 바이든과 트럼프의 득표율의 관계를 로우즈 평활그래프(loess graph)를 사용하여 나타낸 것이다.[3] 라티노 인구 증가율이 대략 10%에 이르는 지점까지는 트럼프의 지지율이 더 높게 나타난다. 이후 라티노 인구 비율 증가에 따라 20%인 지점까지 증가한 후 비슷한 수준으로 유지되는 것을 볼 수 있다(<그림 7> 좌상). 라티노 인구수와 후보별 지지율의 양상은 복잡한 양상을 보인다. 라티노 인구가 45만 가량인 지점에서 교차가 발생한 후 바이든의 지지율이 더 높게 나타난다(<그림 7> 우상). 라티노 유권자비율과 후

3) 그래프 작성에 사용된 라티노 인구비율 데이터의 출처: 2018 American Community Survey data(IPUMS)와 Census Data 2018 ACS 1-year estimates(tables B05003 and B05003I).

보별 득표율은 라티노 비율과 유사한 양상을 보여준다(<그림 7> 좌하). 라티노 인구증가율은 반대의 양상을 보여주는데, 라티노 인구증가율이 큰 주에서 트럼프의 지지율이 높게 나타난다(<그림 7> 우하). 이는 라티노 인구증가율의 변화가 급격한 주가 라티노 인구비율이 적은 지역이라서 나타난 현상으로 추정된다. 이 세 개의 주별 라티노 인구와 각 후보별 지지율을 보면 대체적으로 라티노 인구와 각 후보별 지지율간의 대략적인 상관관계가 보인다. 하지만, 라티노 인구비율이 높은 주에서는 여타 소수인종의 비율이 높으며, 백인의 비율이 낮은 경향이 있기 때문에 라티노 인구의 증가와 각 후보별 득표율의 관계는 인과적인 관계로 볼 수는 없다.

2. 주별 라티노 밀도와 후보별 지지율

▶ 그림 8 주별 라티노 득표율

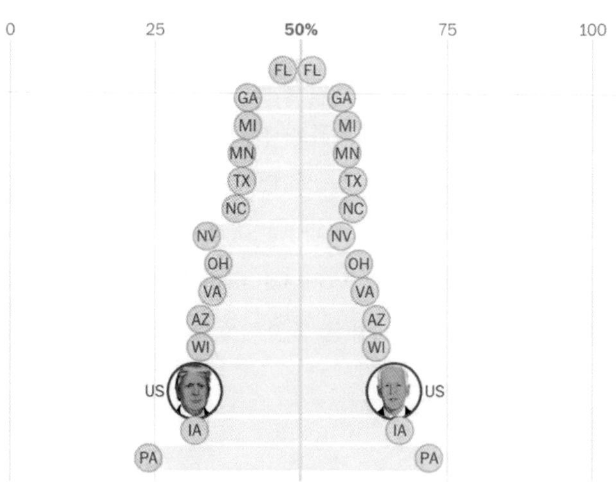

출처: The Washington Post

<그림 8>은 출구조사 결과에 나타난 라티노의 트럼프와 바이든의 주별 지지율을 보여준다. 플로리다의 경우 양 후보의 지지율은 거의 차이를 보이지

않는다. 반면 다른 경합주의 경우 차이는 있지만, 바이든의 지지율이 트럼프 지지율보다 높게 나타나며 주별로 지지율의 상당한 편차를 보인다. 펜실베이니아의 라티노의 트펌프 지지율은 플로리다의 절반 정도에 불과하다. 각 후보에 대한 라티노의 지지율은 미 전역에서 비슷한 양상을 보이는 것이 아니며 주에 따라 많은 차이를 보인다. 이 절에서는 13개 주의 세부 선거결과를 몇 가지 유형별로 살펴본다. 첫 번째 유형은 라티노 투표의 민주당 강세지역으로 캘리포니아, 콜로라도, 일리노이, 뉴욕, 펜실베이니아 등이다. 두 번째 유형은 경합지역이며 라티노 인구의 비율에 따라 후보별 지지도의 편차가 크게 나타나는 주로서 애리조나, 플로리다, 네바다, 텍사스, 워싱턴 등이 포함된다. 이 밖에 흑인 인구의 비율이 미치는 영향 때문에 비전형적인 형태를 보여주는 주들로 조지아, 뉴멕시코, 위스콘신 등이다.

라티노의 실제 투표행태 분석을 위해 가장 이상적인 방법은 투표자 전수의 개인수준 데이터를 분석하는 것이지만, 이는 불가능한 일이다. 현재 구할 수 있는 실제 데이터는 선거구별 각 후보별 득표수일 뿐, 각 투표에 해당하는 유권자의 인종을 포함한 사회경제적 요인들에 대한 개인수준의 데이터를 구할 수는 없기 때문이다. 따라서, 각 선거구별 실제 투표데이터와 선거구별 라티노 유권자 비율을 활용하여 간접적인 추론을 할 수밖에 없다. 라티노에 대한 주별 투표결과는 공식 선거결과를 활용하였으며, 13개 주의 선거구에 대한 세부 선거구별 분석결과 및 그래프는 UCLA의 Latino Policy & Politics Initiative에서 발행한 Vote Choice of Latino Voters in the 2020 Presidential Election에 실린 내용을 활용하였다.

1) 라티노 인구비 증가에 따라 비례하는 유형: 민주당 강세지역

▶ 표 2 13개 주의 라티노 인구 밀집지역과 비밀집지역의 후보별 득표율

	미국 전체					라티노 밀집지역		라티노 비밀집지역	
	트럼프	바이든	라티노 인구 비율(%)	라티노인구	증가율 (%)	트럼프 (%)	바이든 (%)	트럼프 (%)	바이든 (%)
앨라배마	62.03	36.57	4.10	201,000	144.80				
알래스카	52.83	42.77	7.00	51,000	51.80				
애리조나	**49.06**	**49.36**	**31.40**	**2,202,000**	**46.30**	**24.4**	**73.3**	**53.6**	**45.8**
아칸소	62.40	34.78	7.40	223,000	114.20				
캘리포니아	**34.32**	**63.48**	**39.10**	**15,477,000**	**27.80**	**17.2**	**79.0**	**38.1**	**58.4**
콜로라도	**41.90**	**55.40**	**21.50**	**1,206,000**	**41.20**	**18.4**	**79.4**	**40.4**	**57.1**
코네티컷	39.19	59.26	16.10	578,000	49.60				
델라웨어	39.77	58.74	9.30	89,000	96.40				
워싱턴 디시	5.40	92.15	11.00	74,776	21.80				
플로리다 1	**51.22**	**47.86**	**25.60**	**5,370,000**	**57.40**	**61.1**	**38.3**	**10.9**	**88.3**
플로리다 2	**51.2**	**47.86**		**5,370,000**	**57.40**	**36.6**	**62.6**	**41.0**	**58.0**
조지아	**49.24**	**49.47**	**9.60**	**1,001,000**	**96.10**	**39.1**	**59.2**	**19.9**	**79.3**
하와이	34.27	63.73	10.50	150,000	37.80				
아이다호	63.84	33.07	12.40	213,000	73.00				
일리노이	**40.55**	**57.54**	**17.20**	**2,206,000**	**32.50**	**17.7**	**80.5**	**29.9**	**68.7**
인디애나	57.02	40.96	6.90	461,000	81.70				
아이오와	53.09	44.89	5.90	185,000	83.70				
캔사스	56.21	41.56	11.90	345,000	59.40				
캔터키	62.09	36.15	3.50	155,000	121.60				
루이지애나	58.46	39.85	5.20	243,000	78.70				
메인	44.02	53.09	1.60	21,000	80.90				
메릴랜드	32.15	65.36	10.10	612,000	106.50				
매사추세츠	32.14	65.60	11.80	811,000	46.40				
미시건	47.84	50.62	5.10	504,000	34.70				
미네소타	45.28	52.40	5.30	296,000	74.50				
미시시피	57.60	41.06	2.90	86,000	105.90				
몬태나	56.80	41.41	4.20	255,000	79.20				
미주리	56.92	40.55	3.70	38,000	58.00				
네브래스카	58.22	39.17	10.90	209,000	77.30				
네바다	**47.67**	**50.06**	**28.80**	**864,000**	**81.90**	**22.8**	**75.0**	**57.6**	**40.5**
뉴햄프셔	45.36	52.71	3.80	50,000	79.10				

뉴저지	41.40	57.33	20.40	1,840,000	39.20				
뉴멕시코	**43.50**	**54.29**	**48.80**	**1,018,000**	**24.60**	**29.0**	**70.5**	**39.6**	**59.2**
뉴욕	**37.75**	**60.86**	**19.20**	**3,811,000**	**19.20**	**15.9**	**76.7**	**26.8**	**62.8**
노스캐롤라이나	49.93	48.59	9.40	962,000	111.10				
노스다코타	65.11	31.76	3.50	26,000	73.00				
오하이오	53.27	45.24	3.70	436,000	63.40				
오클라호마	65.37	32.29	10.60	417,000	85.20				
오리건	40.37	56.45	13.10	540,000	63.50				
펜실베이니아	**48.84**	**50.01**	**7.30**	**938,000**	**82.60**	**16.7**	**82.6**	**37.7**	**61.1**
로드아일랜드	38.61	59.39	15.40	163,000	43.90				
사우스캐롤라이나	55.11	43.43	5.70	285,000	147.90				
사우스다코타	61.77	35.61	3.60	31,000	102.90				
테네시	60.66	37.45	5.40	361,000	134.20				
텍사스	**52.06**	**46.48**	**39.40**	**11,158,000**	**41.80**	**34.5**	**64.1**	**50.5**	**47.9**
유타	58.13	37.65	14.00	434,000	77.80				
버몬트	30.67	66.09	1.90	11,000	67.30				
버지니아	44.00	54.11	9.30	790,000	91.70				
워싱턴	**38.77**	**57.97**	**12.70**	**940,000**	**71.20**	**35.9**	**61.3**	**63.4**	**33.3**
웨스트버지니아	68.62	29.69	1.30	22,000	81.40				
위스콘신	**48.82**	**49.45**	**6.90**	**397,000**	**74.20**	**21.7**	**77.3**	**18.4**	**80.3**
와이오밍	69.94	26.55	10.00	58,000	58.60				

출처: 13개 주의 라티노 밀집/비밀집지역의 득표율은 UCLA의 Latino Policy & Politics Initiative, *Vote Choice of Latino Voters in the 2020 Presidential Election*.

▽ 캘리포니아

캘리포니아의 라티노는 1554만 1천명으로 미국에서 가장 많은 라티노가 거주하는 주이다. 라티노 인구 증가율은 27.80%이며, 라티노 인구비율은 주 전체 인구의 39.3%로서 인구비율로 볼 때 라티노 투표가 선거결과에 커다란 영향을 미치는 주이다. 캘리포니아 라티노의 84%가 멕시코계 라티노이다. 선거 결과 바이든은 63.48%(트럼프 34.32%)를 얻어 압도적인 승리를 거두었다. 2020년에 대략 라티노 유권자는 788만 5천, 등록 유권자는 440만에 달하는데, 이는 캘리포니아의 전체 등록 유권자의 26.7%를 차지하며, 미국 전체 라티노 등록유권자의 24.6%를 차지한다.

▶ 그림 9 캘리포니아

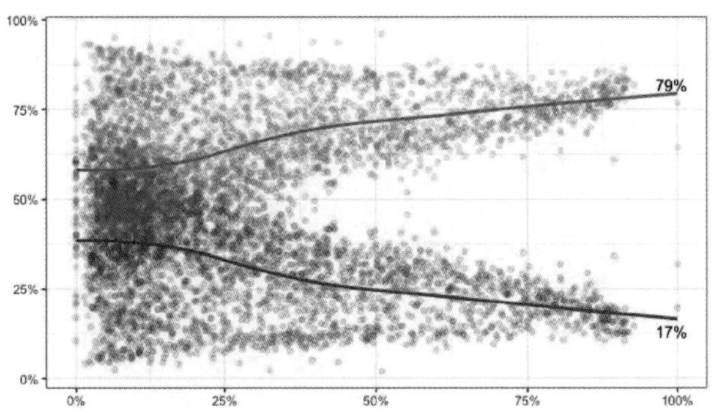

<그림 9>는 캘리포니아의 라티노 인구비율과 각 후보별 득표율을 평활그래프로 나타낸 것이다. 모든 선거구에서 바이든 지지율이 트럼프 지지율보다 높게 나타나지만, 라티노 인구비율이 높은 지역에서 바이든의 지지율이 더 높게 나타나며(79%), 낮은 지역에서 더 낮게 나타난다. 선거구별 데이터를 통해 라티노 밀집지역(85% 이상)과 비밀집지역(85% 미만)으로 나누어 비교하면 라티노 밀집지역에서 바이든의 지지율은 79.0%, 트럼프는 17.2%를 각각 얻었으며, 비밀집지역에서 바이든은 58.4%, 트럼프는 38.1%를 득표하였다(LPPI 2021).

▽ 콜로라도

콜로라도의 라티노 인구는 123만 4천 가량이며, 라티노 인구증가율은 27.80%이다. 라티노 인구 중 멕시코계 라티노의 비율은 73%이다. 2020년 현재 라티노 유권자는 65만 9천명, 선거에서 32만 3000명의 라티노가 등록했고, 이는 콜로라도 주 등록유권자의 10.4%이며, 라티노 전체 유권자의 1.8%를 차지한다. 2020년 대선에서 트럼프는 41.90%, 바이든은 21.50%를 얻었다.

▶ 그림 10 콜로라도

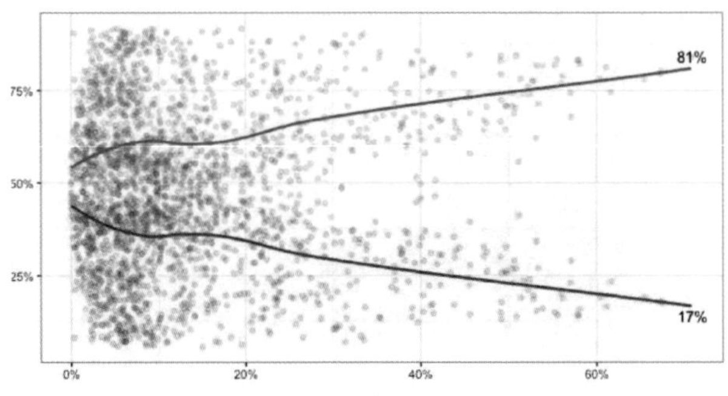

<그림 10>은 콜로라도의 라티노 비율과 각 후보별 선거구별 득표율을 나타낸 평활그래프인데, 콜로라도는 캘리포니아와 비슷한 양상을 보인다. 라티노 인구와 바이든의 지지율이 대략 20% 이상부터는 대체적으로 비례하는 관계가 있다는 것을 보여준다. 라티노 인구가 60% 이상인 지역에서는 바이든의 득표율이 80% 이상임을 보여주고 있다. 콜로라도의 경우 라티노 밀집지역(라티노 인구가 60% 이상)과 비밀집지역(5% 이하)으로 분리하여 보았을 때, 라티노 밀집지역의 바이든 지지율은 79.4%(트럼프 18.4%), 라티노 비밀집지역의 경우 57.1% (트럼프 40.4%)였다(LPPI 2021).

▽ 일리노이

일리노이의 라티노 인구는 약 220만 9천명이며, 라티노 인구비율은 17.30%, 라티노 인구 증가율은 32.50%이다. 일리노이주 라티노의 멕시코계 비율은 80%이다. 2020년 대선에서 바이든은 57.54%, 트럼프는 40.55%를 얻었다. 선거에 등록한 라티노 유권자는 76만 3천명이었는데, 이는 일리노이주 전체 유권자의 약 11%이며, 미국 전체 라티노 등록 유권자의 4.2%에 해당한다. <그림 11>은 일리노이의 유권자들이 압도적으로 바이든을 지지했다는 것을 보여준다. 다른 주와 마찬가지로 라티노 인구비율의 증가는 바이든에 대한 지지의 증가와 비례하는 관계를 보여준다. 라티노 인구가 가장 높은 지역에서 바이든의 득표율은 83%(트럼프 15%)에 달한다. 라티노 인구비 75% 이상인 선거구에서 바이든은 80.5%(트럼프 17.7%)를 득표하였고, 라티노 인구비가 매우 적은 지역(5% 이하)에서 바이든은 68.7%(트럼프 29.9%)를 득표하였다.

▶ 그림 11 일리노이

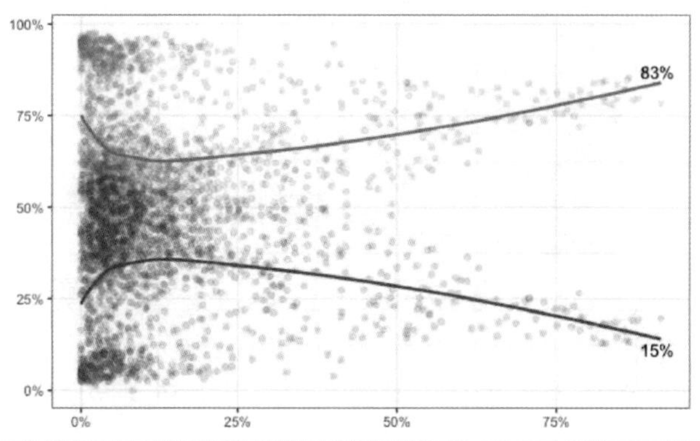

▽ 뉴욕

뉴욕주의 라티노 인구는 약 375만 1천명 가량이며, 라티노 인구비율은 19.20%이다. 뉴욕 주 라티노 중 멕시코계의 비율은 14%로서 44위에 해당하며 매우 낮은 편이다. 라티노 인구 증가율도 비교적 낮은 편으로 19.20%이다. 2020년 대선에서 유권자는 203만 3천, 대략 120만의 라티노 유권자가 등록했는데, 이는 뉴욕주 전체 유권자의 6.24%이며, 미국 전체 라티노 등록 유권자의 6.8%에 달한다. 뉴욕주는 바이든에게 압도적인 지지(60.86%)를 보냈다. <그림 12>에서 보는 바와 같이 거의 모든 지역에서 바이든의 득표율이 트럼프의 지지율보다 높게 나타나지만, 라티노 인구비율의 증가와 더불어 바이든의 지지율이 증가하는 경향을 보인다. 라티노 인구비가 가장 높은 선거구에서 바이든의 득표율은 78%에 달한다.

▶ 그림 12 뉴욕

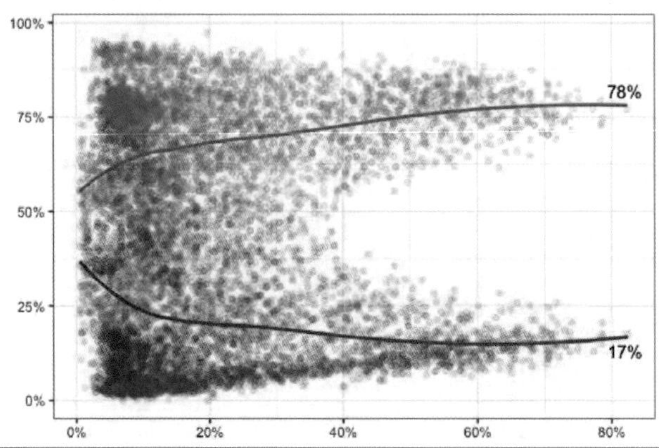

라티노 밀집 지역과 비밀집 지역을 분리하여 보면, 등록 유권자의 70% 이상이 라티노인 라티노 밀집지역 선거구의 경우, 바이든의 지지율이 평균 76.7%(트럼프 15.9%), 라티노 비율 10% 이하인 라티노 희소 지역의 경우 바이든이 62,8%, 트럼프가 26.8%를 얻었다.

▽ 펜실베이니아

펜실베이니아의 라티노 인구는 97만 2천명이었으며, 라티노 인구의 증가율은 82.6%로 높은 편이다. 라티노 인구의 비율은 7.6%로 낮은 편이며, 이 중 멕시코계 라티노의 비율은 16%(40위)로 낮은 편이다. 펜실베이니아의 라티노 유권자는 52만 1천, 등록 라티노 유권자는 약 33만 7천명인데, 이는 주 전체 등록 유권자의 4.7%에 불과하며, 미국 전체 라티노 유권자의 1.7%이다. 바이든은 50.01%를, 트럼프은 48.84%를 얻었다. <그림 18>에서 보는 바와 같이 펜실베이니아의 경우도 라티노 인구비의 증가에 따라 바이든에 대한 지지율이 증가하는 모습을 보인다. 하지만, 대략 라티노 인구 30% 이상인 지역에서의 증가폭은 비교적 완만하게 나타났다.

▶ 그림 13 펜실베이니아

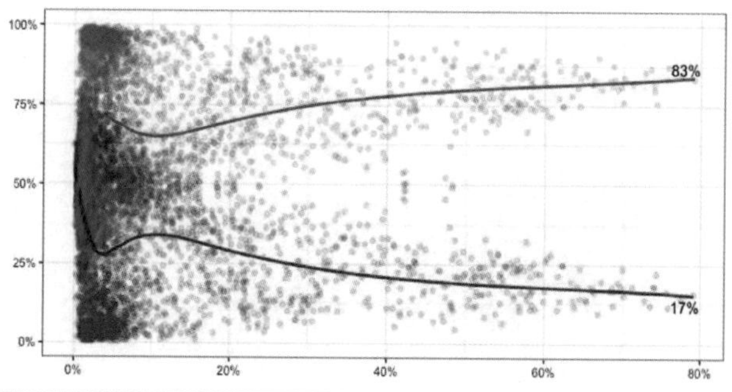

라티노 밀집 지역과 비밀집 지역을 분리하여 보면, 라티노 밀집지역 선거구의 경우(70% 이상), 바이든의 득표율 82.6%(트럼프 16.7%)로, 라티노 희소지역의 경우(2.5% 이하) 바이든에 대한 지지율이 높은 것으로 나타났다(61.1% 대 37.7%).

2) 라티노 증가에 따라 지지율이 교차하는 유형: 경합지역

▽ 애리조나

애리조나의 라티노 인구는 226만 7천명 가량이며, 전체 인구 중 라티노가 차지하는 비율은 31.6%가량이다. 멕시코계 라티노의 비율은 90%(2위)이다. 2000-2010년의 라티노 인구 증가율은 46.3%이며, 전체적으로 트럼프는 49.06%를, 바이든은 49.36%를 득표하였다. 바이든은 1996년 이래 처음으로 승리한 민주당 후보였는데 11,000 가량의 표차이로 이겼다. 2020년 라티노 유권자의 수는 118만 8천, 등록 유권자의 수는 대략 80만 9천명 정도인데, 이는 미국 전체 라티노 등록 유권자의 4.5%에 해당한다. 라티노 유권자는 주 전체 등록 유권자의 1/4 가량(25.2%)을 차지하는데, 이는 비라티노 백인을 제외하고 가장 큰 유권자 집단이다.

▶ 그림 14 애리조나

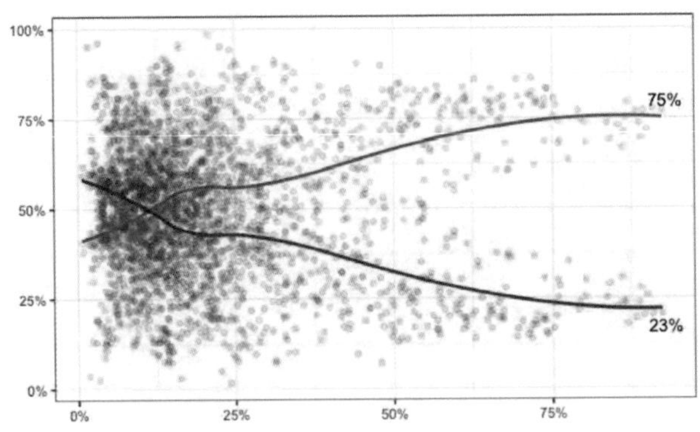

<그림 14>는 선거구별 라티노 인구비율과 각 후보별 득표율을 나타낸 평활그래프이다. 대체적으로 라티노 인구가 압도적으로 많은 선거구에서 바이든에 대한 압도적인 지지가 나타난 반면, 라티노 인구가 적은 선거구에서 트럼프의 지지율이 높게 나타난다. <표 2>에서 보여주는 바와 같이 라티노 인구가 75% 이상인 카운티(라티노 밀집 거주 선거구)에서 바이든의 지지율은 73.3%(트럼프 24.4%), 75% 이하인 카운티에서 45.8%(트럼프 53.6%)로 나타났다.

▽ 플로리다

플로리다의 라티노 인구는 556만 2천 가량이며, 라티노 인구증가율은 41.20%, 라티노 인구의 비율은 26.10%이다. 2020년 대선에서 예상과 달리 바이든이 47.86%, 트럼프가 51.22%를 얻어 트럼프가 승리를 거두었다. 플로리다의 라티노 인구구성은 다양한데, 출신국별로 보면 쿠바계 26%, 콜롬비아계 18%, 코스타리카계 16%, 멕시코계 11%, 도미니카공화국계 5%, 과테말라계 2%, 기타 22%로 구성된다. 플로리다의 등록 유권자는 2백만 이상이다. 이는 주 전체의 등록유권자의 1/5 이상이며 미국 전체 라티노의 11.6%를 차지한다. 다른 주에 비해 쿠바계와 콜롬비아계의 비율이 매우 높은 편이다.

쿠바계 라티노의 경우 여타의 라티노와 다른 보수적인 투표 성향을 보여주는데, 이는 쿠바계 라티노의 밀집거주 지역인 마이애미-데이드 카운티(Miami-Dade County)의 투표 결과에서 명확히 나타난다. 마이애미-데이드 카운티의 라티노 인구비율은 대략 70%에 달하며, 쿠바계 라티노가 34.5%를 차지한다. <그림 15>는 마이애미-데이드 카운티의 선거구별 라티노 인구비율과 각 후보별 득표율을 보여준다. 라티노 인구비율이 가장 낮은 선거구에서 바이든 지지율이 가장 높고, 라티노 인구비율이 증가할수록 바이든 지지율은 감소하며, 트럼프 지지율은 증가한다. 또한, 라티노 인구가 약 74%를 넘는 지역에서는 트럼프의 지지율이 더 높은 경향을 보인다. 마이애미-데이드 카운티의 선거구 중 라티노 인구가 80% 이상인 지역에서 트럼프는 61.1%의 득표를, 15% 이하인 선거구에서는 10.9%를 득표하였다.

▶ 그림 15 플로리다 마이애미-데이드 카운티

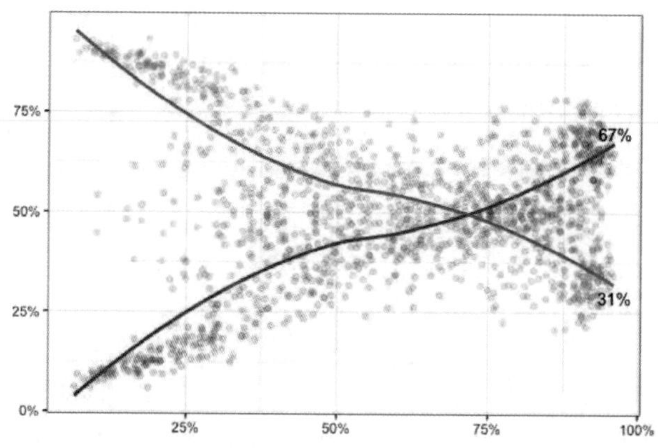

▶ 그림 16 플로리다 기타 지역

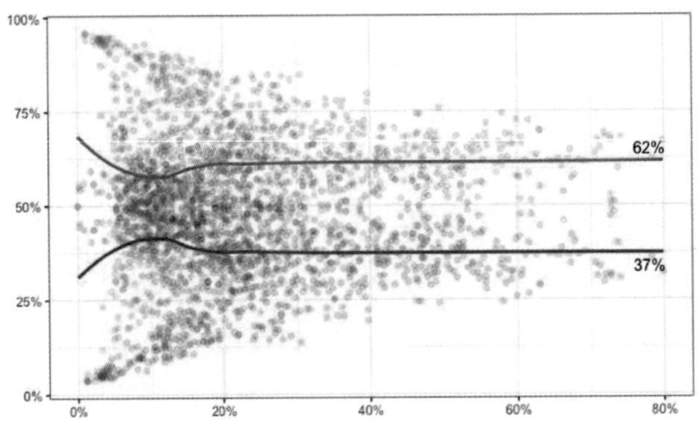

마이애미-데이드 카운티를 제외한 브로워드(Broward), 힐스보로(Hillsborough), 오렌지(Orange), 오시올라(Osceola) 카운티 등의 다른 지역에서는 상이한 양상이 관찰된다. 이 지역에서 대다수를 차지하는 라티노는 푸에르토리코계이다. <그림 16>에서 나타나는 바와 같이 이 지역 선거구의 결과에서는 전반적으로 바이든의 득표율이 높게 나타난다. 라티노 인구가 70% 이상인 라티노 밀집 선거구에서 바이든은 62.6%(트럼프 36.6%)를 얻었고, 15% 이하인 라티노 희소 선거구에서는 58%(트럼프 41.0%)를 얻었다.

▽ 네바다

네바다의 라티노 인구는 약 88만 1천명이며, 라티노 인구비율은 29.0%, 라티노 중 멕시코계의 비율은 79%이다. 주 전체 선거결과는 바이든이 50.06%, 트럼프가 47.67%를 득표하였다. 2020년 대통령 선거에서 라티노 유권자는 40만 7천, 등록된 네바다의 라티노 유권자는 29만 9천명이었다. 이는 주 전체 유권자의 20.6%이며 전체 라티노 유권자의 1.7%를 차지한다. <그림 17>은 라티노 인구밀도와 바이든에 대한 지지가 비례한다는 점을 보여준다. 라티노 인구밀도가 매우 낮은 지역(12.5% 이하)에서는 트럼프에 대한 지지가 더 높지만, 12.5% 이상인 지역에서는 라티노 인구가 증가할수록 바이든의 득표율이 지속적으로 높아지고 있음을 보여준다.

▶ 그림 17 네바다

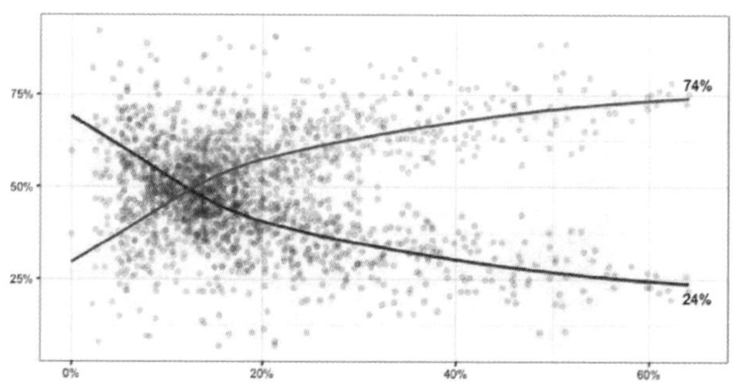

라티노 밀집지역과 희소지역을 분할하여 보면, 라티노 밀집지역(라티노 인구 60% 이상)에서는 바이든은 75%, 트럼프는 22.8%를 득표하였으며, 라티노 인구 10% 이하인 선거구에서는 트럼프 57.6%, 바이든 40.5%로 트럼프에 대한 지지율이 약 17% 높게 나타났다.

▽ 텍사스

텍사스는 캘리포니아에 이어 두 번째로 많은 1,136만 가량의 라티노 인구가 거주한다. 또한 전체 인구의 39.60%가 라티노이며, 멕시코계 라티노의 비율은 87%이다. 라티노 유권자는 560만, 등록 유권자는 거의 3백만에 육박하는데, 이는 주 전체 등록 유권자의 23.5%에 달하여, 전체 라티노 유권자의 16.3%에 달한다. 선거 결과 바이든은 46.48%, 트럼프는 52.06%를 득표하였다. 하지만, 라티노 유권자 비율과 후보별 득표율을 보면 <그림 18>에서 보는 바와 같이 라티노 인구가 매우 낮은 지역에서는 트럼프에 대한 지지율이 더 높은 경향이 있으며, 라티노 인구 10% 이상인 선거구에서는 바이든에게 투표할 확률이 50% 이상이었다. 라티노 인구 25% 이상인 지역에서는 비슷한 수준의 지지도가 유지되는 경향을 보였다. 바이든 득표율 63%, 트럼프 득표율 36%였다. 라티노 인구비율이 85% 이상인 선거구에서 바이든의 득표율은 64.1%(트럼프 34.5%), 라티노 인구비 10% 이하인 선거구에서는 바이든 47.9%(트럼프 50.5%)의 득표율을 나타냈다.

▶ 그림 18 텍사스

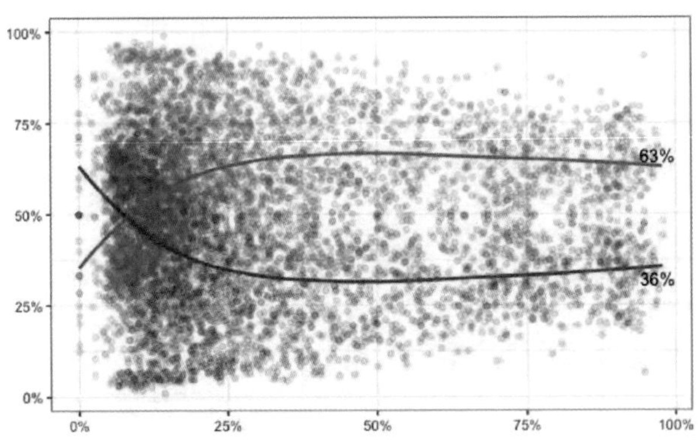

▽ 워싱턴

워싱턴주는 라티노 인구는 급격히 증가하고 있는 주이다. 라티노 인구의 비율은 12.90%로 높지 않은 편이다. 멕시코계 라티노의 비율은 80%이다. 라티노 인구는 97만 명이지만, 증가율은 약 71.20%이며, 2020년 현재 약 41만 1천 명의 라티노 유권자, 357,000명의 등록 유권자가 있으며, 이는 워싱턴 주 등록 유권자의 8.5%이며 미국 전체 라티노의 1.98%를 차지한다. 대선 결과 바이든은 57.97%, 트럼프는 38.77%를 얻었다. <그림 19>에서 보는 바와 같이 바이든 지지율과 트럼프 지지율은 대략 라티노 인구비가 40%인 지점에서 교차가

▶ 그림 19 워싱턴

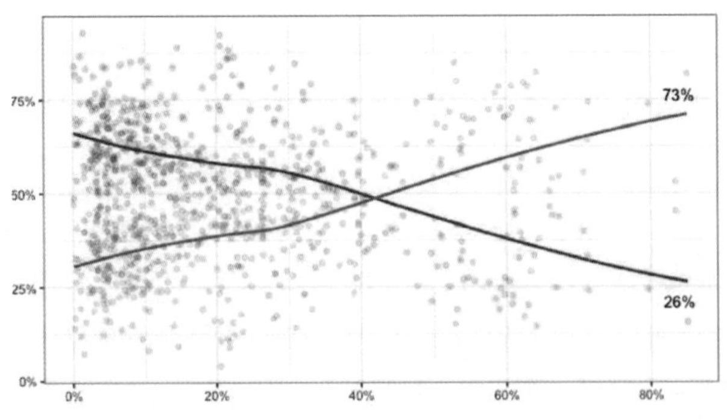

발생하는 것을 보여준다. 등록 유권자의 60% 이상이 라티노인 라티노 밀집 선거구에서는 바이든 득표율이 평균 61.3% (트럼프 35.9%), 라티노 희소 지역(라티노 비율 10% 이하)에서는 바이든 33.3%, 트럼프 63.4%의 득표율을 나타냈다.

3) 기타 유형

▽ 조지아

조지아의 라티노 인구는 100만이 약간 넘으며(102만), 전체 주의 인구에서 9.7%를 차지한다. 멕시코계 라티노의 비율은 62%이다. 하지만, 라티노 인구의 증가율은 매우 높은 주이다. 조지아는 2020년 선거에서 마지막 순간까지 경합이 치열했던 주였으며, 약 12,000표의 차이로 바이든이 승리(49.47% 득표율)하여, 1992년 이래 처음 승리를 거둔 민주당 후보가 되었다. 2020년 등록한 라티노 유권자는 17만 9천명이었으며, 이는 주 전체 유권자의 3.6%이며 미국 전체 라티노 유권자의 대략 1%에 해당한다. 조지아 주의 라티노 인구에 비해 등록 유권자의 수는 매우 적은 편이다.

▶ 그림 20 조지아

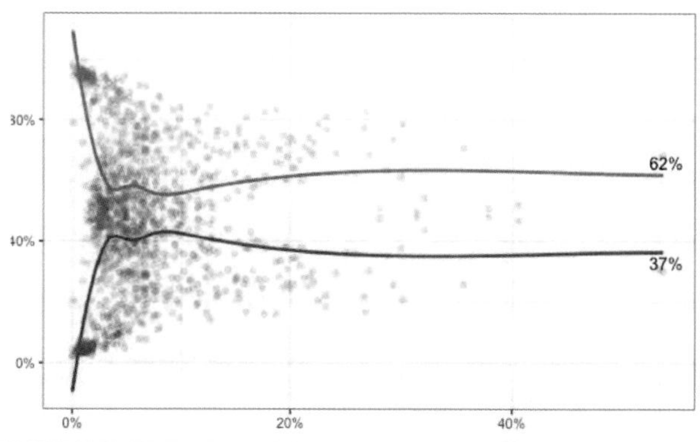

<그림 20>는 라티노 인구밀도가 매우 낮은 선거구에서 바이든이 압도적인 지지를 받았다는 점을 보여준다. 이러한 선거구는 대부분 아프리카계 미국인의 비율이 매우 높은 지역이며, 이 지역에서 바이든의 지지도가 매우 높게 나

타났다. 라티노 밀도가 높은 선거구에서는 약 2:1의 비율로 바이든이 트럼프보다 더 많은 득표율을 얻었다. 조지아에서 비교적 라티노 인구비율이 높은 선거구(30% 이상)에서 바이든은 평균적으로 59.2%, 트럼프는 39.1%를 얻었다. 라티노 인구가 2.5% 이하인 선거구에서 역시 바이든의 득표율은 매우 높게 나타났는데, 이러한 지역은 아프리카계 미국인의 비율이 높기 때문인 것으로 분석된다. 라티노 희소지역에서 바이든이 79.3%, 트럼프가 19.9%를 득표율을 얻었다.

▽ 뉴멕시코

뉴멕시코는 라티노 비율이 48.8%로 가장 높은 주이며, 라티노 수도 102만 9000명에 달한다. 멕시코계 라티노의 비율은 67%이다. 64만 4천명의 라티노 유권자가 있으며, 등록 유권자는 356,000명으로서 네바다 주 전체 등록유권자의 38.9%이다. 미국 전체 투표 등록 라티노의 1.97%이다. <그림 17>은 모든 선거구에서 바이든에 대한 지지율이 더 높다는 것을 보여준다. 주목할 만한 점은 라티노 인구가 50% 이상인 선거구에서 라티노 인구의 증가와 바이든의 득표율이 비례하는 모습을 보여준다는 점이다. 라티노 인구가 75% 이상인 라티노 밀집 선거구에서 바이든이 70.5%를 얻었으며, 라티노 비밀집 선거구(15% 이하)에서 바이든은 59.2%를 득표하였다.

▶ 그림 21 뉴멕시코

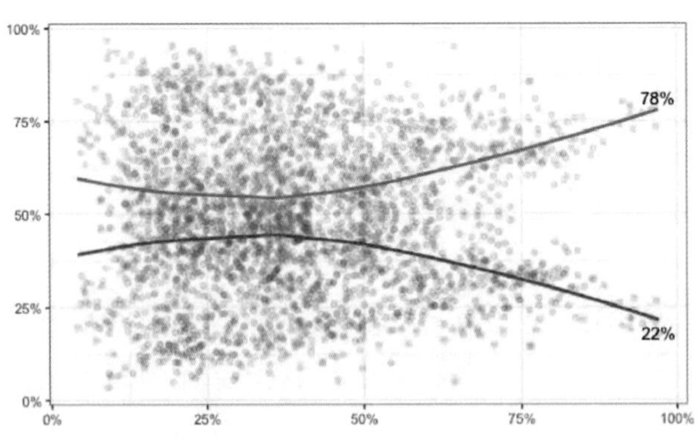

▽ 위스콘신

▶ 그림 22 위스콘신

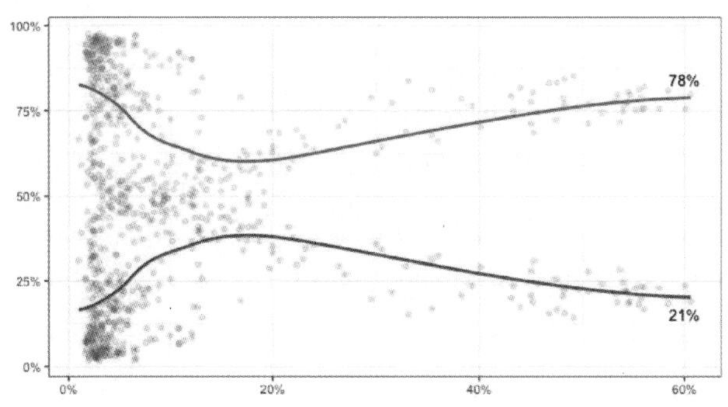

위스콘신은 가장 치열한 경합이 발생했던 주 중 하나이며, 약 21,000표의 차이로 바이든이 승리하였다. 바이든은 49.45%, 트럼프는 48.82%를 득표하였다. 위스콘신은 40만 3천명의 라티노가 거주하며, 이는 주 전체 인구의 약 6.90%이다. 멕시코계 라티노의 비율은 72%이다. 위스콘신에 대략 163,000명의 라티노 등록 유권자가 거주하는데, 이는 주 전체 등록 유권자의 4.7%에 불과하며 미국 전체 라티노의 0.9%에 불과하다. <그림 22>에서 보는 바와 같이 위스콘신 주 전체의 후보별 지지율은 바이든이 높게 나타난다. 라티노 인구가 20% 이상인 선거구에서는 라티노 인구비와 바이든 득표율이 비례관계를 보여준다. 하지만, 라티노 인구비율이 매우 낮은 지역에서 바이든의 지지율이 매우 높게 나타나는 특성을 보여준다.

라티노 인구가 50% 이상인 라티노 밀집지역 선거구에서는 바이든 지지율이 77.3%(트럼프 21.7%), 라티노 인구 5% 이하인 지역에서 바이든 득표율이 80.3%, 트럼프 득표율은 18.4%로 차이가 더 크게 나타났다. <그림 22>의 평활그래프에서 바이든에 대한 지지율은 대략 라티노 인구비 5%인 지점에서 하락하기 시작하여, 15%인 지점에서 평형을 이루며, 20%인 지점에서 다시 상승하기 시작한다.

이상에서 살펴본 13개 주의 결과는 개인수준의 데이터를 분석한 것이 아니라서 제한적이지만, 선거구별 라티노 인구비율과 바이든 득표율 간의 어느 정도의 상관관계를 보여준다. 하지만, 전통적인 라티노 민주당 강세 지역(캘리포니아, 콜로라도, 일리노이, 뉴욕, 펜실베이니아), 라티노 득표 경합지역(애리조나, 플로리다, 네바다, 텍사스, 워싱턴)과 최근 라티노 인구가 급증하는 지역(조지아, 뉴멕시코, 위스콘신)에서 라티노 인구비율과 각 후보율 지지율의 변화는 복잡한 양상을 보여준다. 이러한 주별로 다르게 나타나는 상관관계는 선거구별 라티노 인구비율만으로 후보별 지지율을 설명하기 어렵다는 점과 라티노 정체성보다는 지역별 특성이 고려되어야 한다는 점을 보여준다.

Ⅳ. 두 지역의 이야기: 마이애미-데이드와 리오그란데밸리

2020년 선거 이후 많은 미디어가 주목한 지역은 플로리다의 마이애미-데이드 카운티와 텍사스 리오그란데밸리 지역에서 나타난 트럼프 지지율의 상승이었다. 이 절에서는 이 지역에서 트럼프 지지율이 상승한 이유에 대한 논의를 통하여 라티노 투표의 다양성을 조명하고자 한다.

1. 플로리다 마이애미-데이드 카운티

<그림 23>은 플로리다 남부의 주요 관심지역이었던 마이애미-데이드 카운티 지역의 선거구별 투표결과를 보여주며, <그림 24>는 2016년 선거와 비교하여 볼 때 투표 이동(vote switch)을 보여준다. 바이든은 플로리다 주전체 득표율에서는 트럼프보다 낮았지만, 마이애미-데이드 카운티에서 53.4%(트럼프 46.1%), 브로워드 카운티에서 64.6%(트럼프 34.8%), 팜비치 카운티에서 56.1%(트럼프 43.3%)를 얻어서 승리를 거두었다. 하지만, 이 세 카운티의 2016년 선거결과와 비교하면 주목할 만한 점이 눈에 띈다. 2016년 민주당 후보인 클린턴은 마이애미-데이드 카운티에서 63.8%(트럼프 34.07%), 브로워드 카운티에서 66.51%(트럼프 31.37%), 팜비치 카운티에서 56.57%(트럼프 41.13%)를 얻었다. 브로워드와 팜비치에서는 2016년과 2020년에 커다란 차이가 발견

되지 않지만, 마이애미-데이드 카운티에서 트럼프는 2016년보다 11.3% 포인트 높은 득표율을 보였다. 투표 이동을 보여주는 <그림 24>에서 빨간색은 공화당 방향으로의 이동을, 파란색은 민주당 방향으로의 이동을 보여준다. 플로리다의 이 지역에서 거의 대부분의 선거구에서 공화당 방향으로의 이동이 발생하였음을 보여준다. 물론 이러한 공화당 방향으로의 투표 이동이 공화당 후보가 민주당 후보보다 더 많은 표를 받았다는 것을 의미하는 것은 아니다. 하지만, 2016년의 선거결과와 비교할 때 민주당 후보의 득표율이 낮아졌다는 점은 주목할 만한 점이다. 이러한 경향은 같은 날 실시된 하원의원 선거에서도 나타났다. 마이애미 데이드와 플로리다 키스(Florida Keys)를 포함하는 플로리다의 26번 선거구에서 현직인 민주당의 엘살바도르계 라티노인 무카셀-파웰(Debbie Mucarsel-Powell)이 마이애미-데이드 카운티의 시장 출신인 쿠바계인 히메네스(Carlos Gimenez)에 패하였다. 또한, 인근 선거구에서 쿠바계인 공화당의 살라자르(Maria Elvira Salazar)는 현직인 민주당의 샬랄라(Donna Shalala)에게 승리를 거두었다.

<그림 24>에서 노란색으로 표시된 지역은 이민자의 비율이 전체 인구의 30%를 넘는 지역이다. 짙은 노란색, 즉 이민자의 비율이 더 높은 지역에서 트럼프로 투표이동이 더 많이 발생했다는 것을 보여준다.

▶ 그림 23 마이애미-데이드 후보별 득표율 차이

출처: The Washington Post

▶ 그림 24 마이애미-데이드 지역 투표 이동

출처: The Washington Post

이러한 투표 이동이 발생한 곳은 대부분 중남미 출신 라티노 이민자들의 인구가 많은 지역과 라티노 인구가 많은 지역이다. 플로리다는 2016년 대선에서도 트럼프가 승리를 거두었으며, 종종 공화당이 강세를 보이는 주이다. 플로리다의 전통적인 공화당 강세에는 어느 정도 라티노 투표의 영향이 있다. 라티노 투표의 영향은 두 가지 요인이 결합되어 있다고 볼 수 있다.

첫째, 쿠바계 라티노들의 투표이다. 쿠바계 라티노는 사회경제적인 이슈에서 보수적인 태도와 더불어 사회주의에 대한 강한 반감을 보인다. 하지만, 쿠바계 라티노의 정치성향만으로 플로리다의 트럼프 지지도 강세를 설명할 수는 없다. 마이애미-데이드를 제외한 다른 지역의 투표결과를 보면 트럼프와 바이든의 라티노 득표율의 거의 비슷한데, 이는 2016년에 트럼프가 클린턴보다 27% 적은 라티노 득표율을 기록한 것과 비교하면 매우 큰 변화이다. 쿠바계 라티노를 포함한 다른 라티노의 트럼프 지지율도 증가했다는 추정이 가능하다.

두 번째 요인은 트럼프 캠페인의 효과이다. 트럼프의 선거운동은 주로 라티노 남성들을 타깃으로 했는데, 예를 들어 재소자였던 사람들의 학사학위 취득 졸업식에 참석한다는가(Boyer 2020), 1994년 클린턴 행정부 시기에 도입된 범죄법(Crime Bill) 통과에 바이든이 했던 역할에 대한 비판(Tau and Collins 2020) 등을 통해 라티노 남성 유권자들의 표를 끌어오려는 노력을 기울였다. 또한, 민주, 공화 양당 모두 관심을 두지 않던 지역에 선거지원조직을 설치하는 등의 많은 노력을 기울였다.

하지만, 플로리다의 많은 라티노들이 여전히 이민문제에 많은 영향을 받고 있으며, 트럼프의 이민정책 및 이민자에 대한 태도 때문에 비판적인 것 또한 사실이다. 이러한 복잡한 양상을 이해하기 위해서는 플로리다의 라티노 인구 구성에 대한 보다 면밀한 검토가 필요하다. 플로리다에는 쿠바계 라티노뿐 아니라, 미국에서 가장 큰 베네수엘라, 콜롬비아, 그리고 니카라과 이민 공동체가 있는 주이다. 이들 국가 출신들은 사회주의에 대한 두려움과 우려를 공통적으로 가지고 있는데, 대부분은 자신들이 본국을 떠나게 만든 경제적인 어려움이 사회주의에 기인한다고 믿고 있기 때문이다. 트럼프는 바이든과 민주당을 사회주의와 연관시키려는 노력을 기속적으로 기울였는데, 이러한 노력은 주로 스페인어 매체와 소셜미디어를 통해 이루어졌다. 이러한 시도가 상당한 성공을 거둔 것으로 보인다.

2. 텍사스 리오그란데밸리

<그림 25>에서 보는 바와 같이 라티노 인구가 압도적인 다수를 구성하는 텍사스 남부의 리오그란데밸리 지역에서 공화당 지지율이 급격히 증가하였다. <그림 26>에서 노란색으로 표시된 지역은 라티노 인구가 50% 이상인 카운티이다. 플로리다의 마이애미-데이드 카운티와 달리 이 지역의 라티노는 주로 멕시코계 라티노이다. 트럼프 지지율의 상승은 휴스턴, 샌안토니오, 댈러스 등의 대도시에서도 나타났는데, 이 도시들의 라티노 인구비율이 높은 선거구에서 공화당의 지지율이 상승하였다. 라티노 인구가 최소한 80% 이상인 선거구에서 민주당 후보인 바이든의 득표율은 2016년의 클린턴의 득표율에 비해 평균 17% 하락한 것으로 나타났다.

▶ 그림 25 텍사스 투표 결과

출처: The Washington Post

▶ 그림 26 텍사스 투표이동

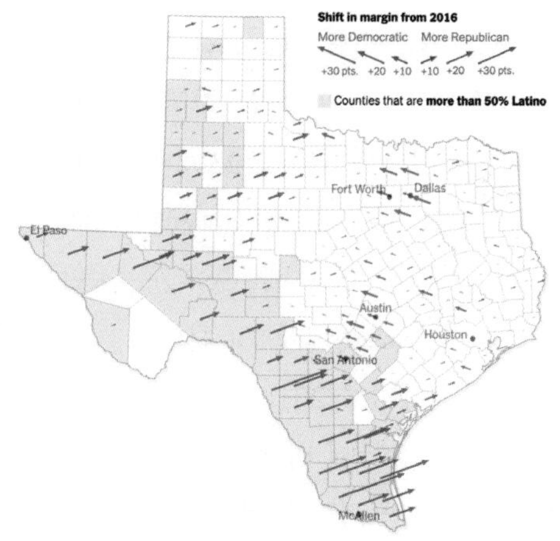

출처: The Washington Post

하지만, 2020년의 텍사스 지역의 다른 선거결과들을 살펴보면 상황이 그리 단순하지 않다. 텍사스 전역의 선거에서 대체로 공화당 후보들은 8%~11%의 차이로 민주당 후보에 승리를 거두었다. 이에 비추어 본다면 트럼프의 5.8% 차이의 승리는 다른 공화당 후보들에 비해 낮은 득표율이라고 볼 수 있다.

이번 선거에서 두드러진 현상은 남부 국경 지역에서 트럼프의 선전이다. 텍사스-멕시코 국경지역의 28개 카운티에서 바이든은 트럼프보다 17% 포인트 높은 득표율을 얻었다. 이는 클린턴이 4년 전 같은 지역에서 트럼프보다 33% 높은 득표율을 얻는 것과 비교하면 커다란 후퇴이다. 이러한 현상이 두드러지게 나타난 지역이 리오그란데밸리 지역이다. 이 지역의 4개 카운티에서 바이든은 트럼프보다 15% 포인트 높은 득표율을 얻었는데, 2016년 클린턴은 트럼프보다 39% 높은 득표율을 얻었다. 또한 놀라운 결과는 리오그란데밸리 인접 지역인 자파타 카운티(Zapata County)에서는 트럼프가 바이든보다 5% 더 많은 득표를 했다는 점이다(Dobbins and Fernandez 2020; Findel 2020). 이 카운티는 2016년 클린턴이 33% 차이로, 2012년 오바마는 43% 차이로 승리를 거두었던 카운티이다. 인근의 매버릭 카운티(Maverick County)에서 바이든은 9% 포인트 차이로 승리하였는데, 이 지역은 클린턴이 2016년 56% 차이로 승리했던 지역이다. 또한 스타 카운티(Starr County)에서 클린턴은 60% 차이로 승리를 거둔 반면 바이든은 5% 차이의 승리를 거두었다(Findel 2020). 이러한 현상은 하원의원 선거에서도 관찰되었는데, 23번 선거구에서 민주당의 오티즈(Gina Ortiz)는 공화당의 곤잘레스(Tony Gonzales)에 패배하였으며, 15번 선거구에서 민주당의 현역인 곤잘레스(Vincente Gonzalez)는 공화당의 크루즈-에르난데스(Monica De la Cruz-Hernandez)에게 3% 차이로 신승을 거두었다.

마이애미-데이드와 마찬가지로 2016년 이후 텍사스 국경지역에 지지기반 확대를 위해 공화당이 민주당에 비해 많은 노력을 기울여 왔다. 하지만, 2020년의 선거에서 투표 이동에 커다란 영향을 미친 요인들은 경제상황이라고 볼 수 있다(Findel 2020). 이 지역은 전통적으로 민주당 강세인 지역이지만 사회적 이슈에 대한 태도에서 진보적인 지역은 아니다. 즉, 민주당 지지이지만, 사회적으로 보수적인 가치관을 가진 유권자들이 많이 거주한다. 또한, 경제적으로 빈곤한 지역이다. 예컨대, 스타 카운티의 경우 주민들의 1년 평균 소득은 14,000달러로 매우 낮다. 인종적으로 라티노 인구가 압도적이라는 점을 제외하면, 사회경제적으로 트럼프의 지지기반인 비도시(rural) 지역과 매우 유사하다고 볼 수 있다. 이 지역의 비교적 고소득자들의 직업은 석유 관련 업종이나 법집행(주로 국경순찰) 관련 업무이다. 따라서, 바이든의 경찰예산삭감(Defund Police)이나 프래킹(fracking) 관련 공약들은 이 지역의 경제에 직접적인 영향을 미치는 요인들이다.

하지만, 리오그란데밸리 지역의 공화당으로의 투표이동이 일시적인 것인지, 혹은 향후 상당기간 지속될 것인지는 불분명하다. 트럼프를 지지한 라티노 유권자의 상당수가 주단위의 다른 선거에서는 민주당 후보를 선택하였다는 점을 주목해야 할 것이다(Ramsey 2020).

3. 두 지역의 다른 이야기

일반적으로 공화당을 지지한 라티노는 플로리다의 쿠바계 또는 베네수엘라계 라티노에 국한된 현상으로 여겨지지만, 2020년의 선거결과는 트럼프 지지율의 증가가 이 지역에 국한되는 현상이 아니라는 것을 보여준다. 텍사스 국경지역의 테하노, 필라델피아에 거주하는 푸에르토리코계 라티노 혹은 위스콘신 주 밀워키의 멕시코계 라티노도 트럼프 지지로 변화했다는 것을 보여준다. 2020년 선거결과를 살펴보면 미전역의 100개의 라티노 밀집 지역 중 78개 지역에서 2016년에 비해 트럼프의 득표율이 향상되었다.

라티노들의 트럼프 지지 증가는 어떻게 설명할 수 있을까? 많은 연구들은 이민정책에 관한 언급의 톤을 낮추었다는 점과 영어-스페인어 이중언어를 사용한 소셜 미디어 및 TV를 활용한 출신국가, 성별, 종교를 활용한 캠페인이 라티노 유권자들에게 효과적이었다는 점을 지적한다. 하지만, 또 다른 연구자들은 트럼프가 가지는 블루컬러 노동자들에 대한 매력이 가장 두드러진 요인이었다고 주장한다(Caputo 2020). 대부분의 라티노들은 스스로를 미국인 블루컬러 노동자와 동일시하는 경향이 있는데, 트럼프가 이들에게 가지는 인기요인이 라티노에게도 적용된다고 볼 수 있다.

경찰예산 삭감(defund the police), 고야 식품(Goya Foods)에 대한 불매운동, 그리고 사회주의의 위협 등을 활용한 트럼프 진영의 선거운동은 일부 라티노 유권자들의 등을 돌리게 만드는 데 효과적이었다. 또한 민주당이 빈번히 사용하는 Latinx라는 표현 또한 일부 라티노 유권자들에게 비호감으로 작용하였다. 퓨리서치센터의 조사에 따르면 라티노의 1/4만이 Latinx라는 단어를 들어본 적이 있고, 3%만이 실제로 사용한다(Bustamante et al. 2020). 영어 방송보다 스페인어 방송에서 방화 등의 장면이 더 많이 등장하였으며, 트럼프 캠프는 이중언어 광고, 소셜 미디어 게시물, 이메일 등을 통해서 민주당을 급진주의자이며 폭력을 옹호하는 모습으로 묘사했다. 또한, 버니 샌더스가 민주당 대통령 후보가 아님에도 불구하고, 그의 사회주의원칙 및 브라질의 룰라 혹은 볼리비아의 모랄레스 등의 사회주의 성향의 정치인에 대한 호의적인 언급 등이 선거운동 과정에서 경합선거구의 선거운동에서 활용되었다

(Thompson and Otterbein 2020). 결과적으로 플로리다의 일부 지역에서 이러한 전략은 성공적이었다고 볼 수 있다.

경찰 예산 삭감은 마이애미나 텍사스 국경 지역처럼 상당수의 라티노가 경찰로 근무하는 지역에서는 매우 민감한 문제를 건드리는 슬로건이었다. "흑인 목숨도 소중하다(Black Lives Matter)"운동과 코로나로 인한 경기 침체의 와중에 백인 유권자에게 호소력 있는 메시지는 경찰에 대한 옹호와 일자리 창출의 메시지였던 것이 사실이다. 이러한 트럼프의 메시지가 블루컬러 노동자와 유사한 사회경제적 조건에 있는 상당수의 라티노에게도 호소력을 발휘한 것으로 추정된다.

V. 결론

본 장에서는 2020년 미국의 대통령 선거에 나타난 라티노의 투표성향에 대해 논의하였다. 선거 이전부터 많은 학자들과 미디어에서는 이번 선거에서 라티노 투표가 미칠 영향에 대한 많은 기대와 논의가 있어 왔다. 라티노 유권자의 급격한 증가 및 수자를 본다면 향후의 선거에 라티노가 미칠 영향은 점증할 것으로 예측된다. 이러한 논의 및 예측의 바탕에는 라티노의 정치성향이 동질적이며 민주당을 지지한다는 가정이 깔려 있는 것이 사실이다(de la Garza and Cotrina 2007).

한편 다른 일군의 연구자들은 2016년의 선거와 비슷한, 혹은 더 높은 트럼프 지지가 나올 것으로 예측하였다(Cavalo and Leal 2020). 이러한 서로 다른 예측의 바탕에는 보다 근본적인 문제가 자리잡고 있다. 라티노의 정치성향은 과연 동질적인가? 이번 선거에 관찰된 플로리다의 쿠바계, 콜롬비아계, 니카라과계 등의 투표행태는 어떻게 설명할 것인가? 텍사스 국경지역 라티노의 투표 이동은 어떻게 설명할 것인가? 2020년의 선거가 보여준 라티노의 투표행태는 라티노 유권자의 투표행태는 단순하지 않으며, 심지어 "라티노 투표"라는 것도 사실 신화일 수 있다(Leal 2007; Chotiner 2020; Rakich and Thomson-DeVeaux 2020).

이런 복잡해진 투표행태의 바탕에는 무엇이 있으며, 어떠한 함의가 있는가? 이러한 현상들의 원인을 트럼프에 대한 반감 또는 지지로만 설명하기 어렵다. 보다 근본적인 문제는 라티노를 하나의 동질적인 집단으로 파악하려는, 인종분리시대의 역사에서 기인한 집단 분류에 기인한다고 볼 수 있다. 플로리다와 텍사스의 사례는 라티노의 정체성에 대한 문제를 제기한다. 거주지역의 특수성에 따라 다르게 나타나는 정체성은 물론 다양한 혼합결혼 가정 및 그 자녀들에게 나타나는 세대에 따라 변화하는 정체성의 문제와도 연관된다(Leal et al 2012). 앞서 존스-코레아의 주장과 마찬가지고 "한 방울 규칙"의 유산에 따라 라티노 혈통을 모두 동일한 집단으로 간주한다면 미국의 여러 주에서 다르게 전개되는 라티노의 상황을 이해하기 어려운 것이다. 물론, 이러한 시각에서 발생하는 문제점은 라티노에 국한된 것은 아니다. 아시아계 미국인이나 아프리카계 미국인을 이해하는 데 있어서도 제기될 수 있는 문제이다. 서론에서 언급한 바와 같이 이제 미국에서 출생한 라티노의 수가 이민 라티노의 수를 넘어섰다. 이러한 상황에서 이민은 상당수의 라티노에게 중요성이 떨어지는 이슈라고 할 수 있다. 텍사스 국경지대의 주민에게 국경봉쇄 및 순찰은 이민의 문제이면서 동시에 직업의 문제인 것이다. 이러한 상황에서 모든 지역에 공통적으로 적용되는 범주로 라티노를 분석하는 것은 많은 오류를 초래할 수밖에 없다. 여타 사회경제적, 이념적, 지리적 위치에 대한 분석 및 보다 더 맥락을 고려한 변수의 발굴이 필요하다.

2020년 대통령 선거에서 공화당의 트럼프는 패배했지만, 공화당 지지자들, 특히 노동계층의 공화당 지지자들에게 향후 나아갈 방향을 제시했다고 볼 수 있다. 플로리다주의 상원의원인 루비오(Marco Rubio)는 선거 직후 "플로리다와 리오그란데밸리가 다민족, 다인종적인 노동자 미국인의 바탕 위에 건설된 공화당의 미래를 보여준다(#Florida & the Rio Grande Valley showed the future of the GOP party built on a multi-ethnic multi-racial coalition of working AMERICANS.)"고 트위터에 말했다. 미국의 노동계층이 민족과 인종을 불문하고 공화당의 기층 지지기반이 될 것인지는 2020년 선거에서는 명확하지 않다. 또한, 라티노가 이러한 지지기반의 일부가 될는지도 명확하지 않다. 하지만, 2020년 선거는 당연한 민주당 지지세력으로 인식되었던 단일한 라티노 유권자 집단으로서의 정체성은 존재하지 않는다는 것을 보여주었다. 각 지역과 사회경제적 특성에 따라 라티노 유권자의 정치성향은 향후의 선거에서 전혀 다른 양상으로 나타날 것으로 예측된다.

참고문헌

Abrajano, Marisa A. and R. Michael Alvarez. 2010. *New Faces, New Voices: The Hispanic Electorate in America*. Princeton, NJ: Princeton University Press.

Aguilera, Jasime. 2020. "Why It's a Mistake to Simplify the 'Latino Vote'." *Time*, Nov. 10.

Bell, Aaron. 2016. "The Role of the Latino Vote in the 2016 Election." CLALS Working Paper Series, No. 13.

Barreto, Matt and Gary M. Segura. 2014. *Latino America: How America's Most Dynamic Population is Poised to Transform the Politics of the Nation*. New York: PublicAffairs.

Bedolla, Lisa García and Christian Hosam. 2021. *Latino Politics*. 3rd ed. Cambridge, UK: Polity.

Bitecofer, Rachel. 2018. *The Unprecedented 2016 Presidential Election*. London: Palgrave Macmillan.

Boyer, David. 2020. "Trump Tells Ex-inmates that God Made Them for 'A Great Purpose'." *The Washington Times*, Feb 20.

Bustamante, Luis, Lauren Mora and Mark Hugo Lopez. 2020. "About One-in-Four U. S. Hispanics Have Heard of Latinx, but Just 3% Use It." Pew Research Center (August 11).

Caputo, Marc. 2020. "Culture Wars Fuel Trump's Blue-Collar Latino Gains." *Politico,* Nov. 21.

Casava, Garaldo. 2020. *The Hispanic Republican: The Shaping of an American Political Identity, From Nixon to Trump*. New York: HarperCollins.

Center for Disease Control(CDC). 2021. "Health Equity Considerations and Racial and Ethnic Minority Groups." https://www.cdc.gov/coronavirus/2019-ncov/community/ health-equity/race-ethnicity.html

Chotiner, Isaac. 2020. " There is No One Way to Win the Latino Vote." *The New Yorker*, Nov. 15.

Ciluffo, Anthony and Richard Fry. 2019. "An Early Look at the 2020 Electorate." Pew Research Center (January 30).

Corral, Alvaro J. and David L. Leal. 2020. "One in Four Latinos Votes for Trump Last Time. They'll Likely Do So Again." *Monkey Cage*, Nov. 2.

David, Mark. 2020. "Trench Warfare." *New Left Review* 126 (Nov/December).

de la Garza, Rodolfo O. and Jeronimo Cortina. 2007. "Are Latinos Republicans But Just Don't Know it? The Latino Vote in the 2000 and 2004 Presidential Elections." *American Politics Research* 35(2): 202-223.

Dobbins, James and Manny Fernandez. 2020. "In Texas, an Emerging Problem for Democrats on the Border." *The New York Times*, Nov. 7.

Feldman, Linda. 2020. "Will Florida's Latino Voters Pick the Next President?" *Christian Science Monitor*, Oct. 21.

Findel, Elizabeth. 2020. "Why Democrats Lost So Many South Texas Latinos – Economy." *Wall Street Journal*, Nov. 8.

Francis-Fallon, Benjamin. 2019. *The Rise of the Latino Vote: A History*. Cambridge, MA: Harvard University Press.

Jackson, Melinda. 2011. "Priming the Sleeping Giant: The Dynamics of Latino Political Identity and Vote Choice." *Political Psychology* 32(4): 691-716.

Jones, Nicholas A. and Jungmihwa Bullock. 2012. "The Two or More Races Population: 2010." 2010 Census Briefs.

Jones-Correa, Michael. 2020. *Holding Fast: Resilience and Civic Engagement Among Latino Immigrants*. New York: Russell Sage Foundation.

Krogstad, Jens Manuel and Hugo Lopez. 2020. "Latino Voters Have Growing Confidence in Key Issues, while Confidence in Trump Remains Low." Pew Research Center (Oct. 16)

Leal, David L. 2007. "Latino Public Opinion: Does It Exist?" in Rodolfo Espino, David L. Leal and Kenneth J. Meire, eds. *Latino Politics: Identity, Mobilization and Representation*. Charlottesville, VA: University of Virginia Press.

Leal, David, Byung-Jae Lee and Shinya Wakao. 2012. "The Disappearing Latinos." unpublished manuscript.

Latino Policy & Politics Initiative. 2020. "Vote Choice of Latino Voters in the 2020 Presidential Election." UCLA.

Medina, Jennifer. 2020. "The Macho Appeal for Donald Trump." *The New York Times*, Oct. 14.

Medina, Jennifer and Manny Fernandez. 2020. "The Latino Vote: The 'Sleeping Giant' Awakens." *The New York Times*, Mar. 3.

Motel, Seth and Eileen Patten. 2012. "The 10 Largest Hispanic Origin Groups: Characteristics, Rankings, Top Counties." Pew Research Center (June 27).

Noe-Bustamante, Luis, Abby Buduman and Mark Hugo Lopez. 2020. "Where Latino Have the Most Eligible Voters in the 2020 Election." Pew Research Center (Jan. 31).

Pew Research Center. "Mapping the 2020 Latino Electorate." January 30.

Ramsey, Ross. 2020. "Analysis: Texans in Many Brder Counties Voted for Donald Trump — and then for Democrats." *Texas Tribune*, Nov. 13.

Sanchez, Gabriel S., Luis Ricardo Fraga and Ricardo Ramirez, eds. 2020. *Latinos and the 2016 Election: Latino Resistance and the Election of Donald Trump*. East Lansing, MI: Michigan State University Press.

Segura, Gary and Matt Barreto. 2016. "Lies, Damn Lies, and Exit Polls."

Latino Decisions, Nov. 10.

Stepler, Renee and Mark Hugo Lopez. 2016. "Ranking the Latino Population in the States." Pew Research Center (September 9).

Tau, Byron and Eliza Collins. 2020. "Trump Attacks Biden Over 1994 Crime Bill." *Wall Street Journal*, Oct. 22.

Thompson, Alex and Holly Otterbien. 2019. "Bernie Splits from Warren with Embrace of Far-left Foreign Leaders." *Politico*, Dec. 3.

Vargas, Theresa. 2020. "Latino Voters Have the Potential to Make Their Voices Heard More Than Ever This Election — And the Potential to Fail at Doing So." *The Washington Post*, Oct. 29.

Villa, Lissandra. 2020. "Democrats Worry Joe Biden Is Taking Latino Voters for Granted." *Time,* Sep. 2.

5. 우편투표와 2020 대선

백미정(LA 총영사관)

▽

Ⅰ. 서론

2020년 미 대선에서 코로나19는 트럼프 행정부의 방역정책과 관련해 가장 중요한 선거 이슈였을 뿐 아니라, 바이러스 확산을 우려하여 많은 주들이 우편투표 사용 자격을 완화하면서 투표 방법에도 큰 변화를 가져왔다. 어떤 선거 보다 결과를 예측하기 어렵고 혼전이 만연했던 2020년 대선에서 우편투표 사용의 확대는 선거과정 및 결과에 대한 불확실성을 더욱 높였다. 이 연구의 목적은 우편투표 사용 확대가 2020년 대선 투표율과 선거결과에 어떠한 영향을 주었는지 실증적으로 고찰하는 것이다.

현장투표가 바이러스의 확산을 가속화할 수 있다는 우려로 인해, 약 30%인 15개 주들이 부재자투표나 우편투표 사용 기준을[1] 완화하도록 제도를 바꿨다. 2020년 대선에서 등록된 유권자들(registered voters)의 약 2/3 (총 1억 4백

1) 원칙적으로 부재자투표와 우편투표는 다른 개념이지만 부재자투표가 대부분 우편투표로 이뤄지기 때문에, 이 연구는 두 용어를 같은 의미로 사용한다.

만명)가 특별한 사유가 없어도 우편투표 참여를 할 수 있었고(Kavanagh et al. 2020), 결과적으로 우편투표자수가 폭발적으로 증가하였다. Pew 리서치가 2020년 대선 직후 실시한 여론조사 결과에 따르면 투표참여자의 54%는 현장투표를 하였고, 46%는 우편으로 참여했다. 이 우편투표 참여율은 2016년의 21% 보다 2배 이상 증가한 것이며, 선거당일 현장투표율은 2016년 60%에서 반 이상 줄어든 수치이다(Stewart III 2020). [2)]

한편, 우편투표는 행정적이고 제도적인 문제를 넘어서, 우편투표가 선거부정을 조장할 것이라는 트럼프의 반복적인 주장으로 인해 고도로 정치화되었다.[3)] 실제로 트럼프와 바이든 지지자들간에 투표방법에 큰 차이를 보였는데, 2/3 트럼프 지지자들이 현장투표를 선택한 반면 훨씬 적은 42%의 바이든 지지자들이 현장투표를 했다(Pew Research 2020).

우편투표관련 제도 변경과 급증한 우편투표 사용이 2020년 대선에 어떤 영향을 미쳤을까? 이 연구는 2020년 주(州) 단위 데이터에 근거해, 우편투표 제도의 주 별 현황을 살펴본 후, 우편투표가 투표율 및 후보 득표율에 어떤 영향을 주었는지 통계분석을 통해 살펴 본다.

이 연구의 통계분석 결과에 따르면 우편투표는 투표율 증가와 밀접하게 관계가 있으며, 다른 주요 변수들을 통제한 상황에서 트럼프 대통령의 득표율을 높이는 효과가 있었다. 우편투표의 부정 가능성을 지속적으로 강조하면서 지지자들에게 우편투표 보다는 현장투표를 권유한 트럼프의 전술은 결국 그가 패배한 요인 중 하나일수 있다.

---

2) Stewart III(2020)에 따르면 지난 20년간 선거당일 현장투표율은 2008년 89%에서 2016년 60%까지 점차적으로 감소했고, 우편투표와 대면 조기투표율은 점차적으로 증가했다. 2020년 이전에는 우편투표 사용이 서부 주들에 집중되었으나 2020년에는 전국적으로 크게 증가했다. 예외적으로 텍사스, 미주리, 테네시 등의 중남부 주들에서는 우편사용이 상대적으로 크게 증가하지 않았다.

3) 또 다른 문제는 연방우정국의 우편배송 능력 및 트럼프 대통령이 임명한 우정국 국장의 정치적 동기에 대한 의구심이다. 급증한 우편물을 우정국이 선거일 이후 14일 내에 신속하게 처리할 수 있는지, 우정국 국장이 의도적으로 우편투표 배송을 방해할 수 있다는 등 우편투표 관련한 논란이 있었다.

Ⅱ. 기존 연구

1. 우편투표 제도

2020년 많은 주들이 한시적이거나 항구적으로 부재자-우편투표의 사용자격을 완화하면서 우편투표 제도에 대한 관심이 증가하였다. 관련 연구들은 주 별 제도적 차이점을 분석하여 우편투표 사용의 유연성(flexibility)과 편리성을 계량화하여 분류하였다.

Kavanagh et al. (2020)은 (1) 유권자 등록 (voter registration), (2) 원격 투표 (remote voting), (3) 조기 투표 (early voting) 의 세 가지 측면에서 미국의 50개주와 DC가 얼마나 안전한 선거를 위한 준비가 되어 있는지 조사하였다.[4] 원격 투표는 주로 우편으로 실시되는데, 50개 주들은 (1) 부재자-우편투표 참가 자격, (2) 우편투표 마감일, (3) 신분확인 절차에서 상당한 차이를 보였다.

▽ 부재자-우편투표 참가 자격

부재자-우편투표 사용 자격은 크게 세 가지 방식으로 결정되는데, (1) 사유제출의무 방식(Excuse-required absentee voting)은 질병, 장애, 거주지 등의 자격 요건에 맞는 사유로 부재자투표를 신청한 사람에게만 우편투표를 허용하는 방식이다. 2020년 대선에서는 16개 주가 사유제출을 의무화 하였다. (2) 이유불문 부재자투표(No-excuse absentee voting) 방식은 부재자투표를 신청한 모든 유권자에게 우편투표 자격을 주는 방식으로서, 30개 주에서 사용되었다. (3) 보편적 우편투표(Universal vote-by-mail)는 별도 유권자의 신청이 필요 없이 (예외적 상황을 제외하고) 모든 유권자가 우편투표로 투표하는 방식으로 5개 주가 채택했다.

---

4) Kavanagh, Jennifer, Quentin E. Hodgson, C. Ben Gibson, and Samantha Cherney. 2020. "An Assessment of State Voting Processes: Preparing for Elections During a Pandemic."

▽ 우편투표 마감일

우편투표 마감일은 늦을수록 유권자에게 더 많은 편리성과 유연성을 제공하는데, 팬데믹 상황에서 우체국 배송지연 문제가 심각했기 때문에, 선거일까지의 우체국 소인이 찍힌 투표용지를 인정하게 되면 높은 수준의 유연성을 제공한다고 볼 수 있다. 2020에는 12개의 주들이 선거 당일 소인이 찍혀 있으면 선거일 이후 도착해도 유효표로 인정하였고, 알래스카는 선거일 10일 이후까지 도착하는 투표용지를 인정했다. 대부분의 주에서는 (34개) 선거일을 투표용지 배송 마감일로 정했다.

▽ 신분확인 절차

신분확인 과정 또한 주마다 차이를 보였는데, 9개주에서는 서명 확인서만 제출하면 되었고, 4개의 주는 서명 확인서와 함께 증인의 서명을 요구하였다. 또한, 30개 주에서는 선거사무소가 투표지에 대한 서명 확인 과정을 거쳤으며, 4개주는 서명 확인 과정에 증인의 참석도 요구하였다. 마지막으로 4개주는 투표 용지의 공증(notary)을 요구하였다.

Kavanagh et al.은 △이유불문 우편투표 참가자격, △선거일 소인 투표지 인정, △증인이나 공증 불요의 3가지 기준에 따라 모든 주의 우편투표 유연성 지수를 'None', 'Low', 'Moderate', 'High'의 4가지 범주로 분류하였다. 알라바마, 루이지애나, 미시시피, 사우스캐롤라이나, 미주리 5개 주들은 우편투표 유연성이 전혀 없는 'None'으로 분류되었고, 13개 주는 1가지 조건만 충족해서 'Low', 26개 주는 2가지 조건을 충족하여 'Moderate', 워싱턴, 일리노이, 네바다, DC, 캘리포니아, 매릴랜드, 뉴저지의 7개 주들은 가장 높은 유연성을 가진 'High'로 분류되었다.

브루킹스연구소 홈페이지에 발표된 Kamarck et al.의 보고서[5]는 팬데믹 상황에서 50개 주와 DC의 우편투표 제도에 대한 점수를 매겼는데, Kavanagh et al.이 만든 지수와 비슷하지만 더 다양한 조건들을 포함시켜 우

5) Kamarch, Elaine, Yousef Ibreak, Amanda Powers, and Chris Stewart. 2020. "Voting by mail in a pandemic: A State-by-state scorecard."

편투표 제도의 편리성을A, B, C, D, F의 5가지 범주로 분류하였다.[6)]

2. 우편투표가 선거에 미치는 영향

우편투표가 투표율과 선거결과에 주는 영향을 분석한 기존 연구는 대체로 비슷한 결론을 내렸다. 우편투표가 다소 투표율을 높이는 데 기여하지만, 기본적으로 한 정당에 유리하게 작용하지 않는다는 것이다(Hall 2020).[7)]

Thompson et al. (2020)은 1996~2018년 보편적 우편투표 제도를 채택한 워싱턴, 유타, 캘리포니아 3개의 주에서 카운티별 선거결과를 분석한 결과, 보편적 우편투표가 1) 특정 정당지지자들의 투표율을 높이지 않았고, 2) 특정 정당의 득표율도 높이지 않았고, 3) 약간의 (약 2%) 투표율을 높였다는 결론을 냈다. Wu et al. (2020)도 트럼프가 우편투표로 인한 부정선거 가능성 제기하여 우편투표를 정치화 하였으나 우편투표가 민주당에게 유리하다는 가능성을 부정하고, 우편투표 결과가 현장투표 방법의 결과와 의미 있게 다르지 않다고 결론 내렸다.

Stewart III (2020)는 2008년과 2016년 선거에서 민주당 지지자들이 공화당 지지자들보다 우편투표를 더 많이 사용했다는 결과가 있지만, 그 차이는 주로 보편적 우편투표 사용한 주들의 진보적 정치 성향에서 기인한 것으로 설명하였다.

그러나 이들 연구는 팬데믹 상황에서 개최된 선거를 분석한 것이 아니었고,[8)] 2020년 대선은 어느 해 보다 선거에 대한 관심과 열정이 매우 높았다는 점을 주목할 필요가 있다.

---

6) Kamarck et al. (2020)은 유권자들이 자동적으로 우편투표용지를 받게 되는지, 투표 용지를 투표함에 직접 제출할 수 있는지, 신분증 사본도 제출해야 하는지 총 14개의 기준에 따라 0점부터 22점까지 점수를 매기고 최종 5개의 우편투표 편리성 지수로 분류하였다.

7) “Mail-in voting did not swell turnout or boost Democrats, study finds” March 6, 2021. The Guardian

8) “Universal vote-by-mail doesn’t favor any party, at least in normal times” 2020년 10월 19일 UCLA Newsroom

최근 Abramowitz는[9] 2020년 대선에서 우편(부재자)투표가 투표율과 민주당 후보 득표율에 미친 영향을 분석하였다. 우선 그는 부재자 투표제도와 부재자 투표율간의 상관관계를 분석하여 부재자투표 사용이 편리한 주[10]에서 더 우편투표 사용 비율이 더 높다는 것을 보여주고, 간단한 통계분석을 통해 2020년 우편투표 사용의 증가가 전체 투표율 증가로 이어졌다는 것을 발견했다. 그의 회귀분석 결과에 따르면, 우편투표 비율이 10% 증가할 때 투표율이 0.7% 가량 증가했다. 한편 바이든의 주 별 득표율은 2016년 힐러리 클린턴과 거의 같은 수준으로서, 우편투표율이 바이든 득표에 의미 있는 효과를 내지 못했다고 결론지었다. 이처럼 2020년 대선 자료를 분석한 연구에서도 기존 연구와 비슷한 발견을 하였음을 볼 수 있다. 그러나 Abramowitz의 연구는 2020년 가장 중요한 선거 이슈 중 하나인 코비드19상황을 통제하지 않았다. 2020년 선거에서 코비드19는 트럼프의 방역정책에 대한 평가로서 중요했을 뿐 아니라, 우편투표 사용과도 연관이 있을 수 있어 반드시 고려해야 할 변수이다.

Ⅲ. 우편투표와 2020년 대선

2020년 대선 투표율은 66.7%로서 1900년 이후 가장 높은 수치이며 총 1억 5천 9백만 (159,633,396) 명의 유권자가 투표에 참여하였다.[11] 이것은 2016년과 비교해 6.6% 증가한 것으로, 거의 대부분의 주에서 2016년 보다 투표율이 증가했다.

무엇보다 2020년의 역대 최고 투표율의 주요 원인은 선거에 대한 높은 관심으로 볼 수 있다. 트럼프와 바이든 두 후보 모두 이번 선거가 역사적으로 가장 중요한 선거라고 주장하였다. 이번 대선에서 두 후보가 사용한 총 선거

---

9) Abramowitz, Alan I. 2021. "Assessing the Impact of Absentee Voting on Turnout and Democratic Vote Margin in 2020"

10) Abramowitz는 우편투표의 유연성 지수에서 부재자투표 사용 자격만 고려하여 50개 주와 DC를 4개의 카테고리로 분류하였다.

11) 미국 역대 대선 투표율: 1900년 73.7%, 1876년 82.7%

자금은 66억 달러로 2016년 24억 달러 보다 거의 3배가 증가한 금액이다. 이에 더해 외부단체의 선거 비용 또한 12억 달러에 달해, 2020년 대선의 경쟁이 얼마나 치열했는지를 알 수 있다.

그렇다면 우편투표도 2020년 투표율을 높이는 데 일부 영향을 미쳤을까? 우리는 우편투표가 투표율을 높일 수 있다는 예상을 할 수 있다. 우편투표는 투표소에 가야 하는 번거로움을 피할 수 있어, 편리함과 유연성을 증가시키는 반면, 투표에 걸리는 시간과 비용을 감소시켜 투표율을 높일 수 있다(Brady and McNulty 2011; Gronket et al. 2008; Gronke and Miller 2007; Downs 1957; cf. Kousser and Mullin 2007). 기존의 관련 연구도 우편투표 사용이 작은 규모지만 투표율을 높이는 효과가 있다고 발견했다(Nichols 2020; Gerber et al. 2013; Southwell 2009; Richey 2008; Karp 2000; Karp and Banducci 2000; cf., Kousser and Mullin 2007).

먼저 2020년 우편투표 제도의 유연성과의 투표율 변화 사이의 상관관계(correlation)를 살펴보자. 아래에서 (1) 우편투표 유연성이 가장 높은 주들의 투표율 증가를 살펴보고, (2) 2020년 가장 낮은 투표율 증가를 보인 주들의 우편투표 제도를 분석하고, (3) 이번 선거에서 2016년의 대선 결과가 뒤집힌 Flip주들의 우편투표 유연성과 투표율의 상황을 살펴보겠다.

첫째, 우편투표 유연성에서 최고 점수를 받은 7개 주(워싱턴, 오레곤, 캘리포니아, 네바다, 유타, 콜로나도, DC) [12]의 평균 투표율은 70.7%로서 전국 투표율 보다 4% 높은 것으로 나타났다. [13] 또한, 이들의 투표율은 (콜로라도와 DC를 제외하고는) 다른 주에 비해 2016년과 비교 더 큰 폭의 증가를 보였다. 2020년 미국 전체 투표율은 2016년 보다 6.6% 가 증가한 반면, 우편투표 유연성에서 최고점수를 받은 7개 주의 평균 투표율은 2016년 보다 7.9%가 증가했다.

둘째, 2016년과 비교해 가장 낮은 투표율 증가(4% 이하 증가)를 보인 오클라호마, 아칸소, 미주리, 루이지애나 4개 주는 모두 상대적으로 낮은 우편투

---

12) 우편투표 유연성 지수는 Elaine Kamarch et al. (2020)와 Kamarck(2020)의 데이터를 사용하였다.

13) 투표율 데이터는 US Elections Project 자료 사용

표 유연성 지수를 가졌다. 오클라호마와 아칸소의 유연성 지수는 C이고 미주리와 루이지애나의 지수는 D로서 우편투표 사용이 상대적으로 상당히 어려운 주로 분류되었다.

그러나 이들 주들은 모두 트럼프 강세주로서 2016년 2020년 모두 트럼프가 승리하였다. 이들 주는 트럼프의 당선이 확실한 공화당주이기 때문에, 트럼프나 바이든 캠페인의 선거 동원 노력이 적었을 수 있다. 따라서, 이들의 낮은 투표율이 우편투표 제도 때문인지 선거동원 노력이 부족했던 결과인지는 확실하지 않다.

반면, 텍사스의 경우, 우편투표제도의 제한이 컸지만 (유연성 지수 C) 2016년 51.4%의 투표율에서 2020년 60.4%로 급격한 증가를 보여주었다. 바이든이 텍사스에서 승리할 수도 있다는 가능성이 제기되면서 텍사스주에 많은 관심이 집중되어, 이전 선거와는 달리 민주당 인사들이 선거운동을 위해 방문했던 것이 높은 투표율 증가의 원인이 되었다.

셋째, 2020년 대선에서는 아리조나, 조지아, 미시간, 펜실베이니아, 위스콘신 5개 주에서 2016년의 대선 결과가 뒤집혀 민주당 후보인 바이든이 승리하였다. 이들 5개 주의 2016년 대비 투표율은 아리조나가 11.9%증가로 가장 큰 증가를 보였고, 조지아 9.1%, 미시간 8.7%, 펜실베이니아 7.6%, 위스콘신 6.9% 증가를 보여, 전반적으로 전국 평균 투표율 증가 보다 큰 증가를 보였다.[14)]

그런데, 이들 Flip 주들의 우편투표 관련 규정을 살펴보면 미시간과 펜실베이니아가 B등급을 아리조나, 조지아, 위스콘신은 C등급을 받았으며, 이들 주들에서 2016년과 비교해 우편투표 규정에는 변화는 없었다. 따라서 이들의 상대적으로 큰 투표율 증가는 우편투표 규정에서 왔다기 보다는 언론의 관심과 캠페인 활동 증가의 결과로 볼 수 있다.

2020년 주 별 투표율과 우편투표 유연성과의 단순 상관관계 분석에 따르면, 전반적으로 우편투표 유연성이 높은 주들의 투표율이 더 높았고, 2016년과 비교해서도 투표율의 증가가 더 컸다는 것을 볼 수 있다. 반면 텍사스와

---

14) 플로리다 6.1%, 오하이오 3.2% 증가

다른 경합주들의 높은 투표율은 우편투표 제도의 영향 보다는 선거가 얼마나 경쟁적이었는지가 영향을 준 것으로 보인다.

이처럼 투표율에는 다양한 요소들이 영향을 주기 때문에 단순 상관관계만 가지고는 우편투표의 효과를 정확하게 측정하기는 어렵다. 따라서 이 연구는 회귀분석을 통해 주요 설명변수인 우편투표뿐 아니라 통제 변수들을 포함하여 더 체계적인 분석을 해보겠다.

1. 통계 분석 결과: 우편투표 제도와 우편투표 참여율

우선 우편투표를 장려하는 제도를 가진 주들의 우편투표 참여율이 실제로 더 높은지 살펴보자. Abramowitz(2021)는 상관관계 분석을 통해 우편투표사용 자격을 확대한 것이 우편투표 참여율과 유의한 긍정적(positive) 상관관계가 있다고 보여주었다. 그러나, 상관관계가 인과관계를 보여줄 수 없기 때문에, 우편투표 참여율을 증가시키는데 우편투표 제도가 실제로 유의한 영향을 미쳤는지는 다른 변수들을 통제한 통계분석이 필요하다. 표 1은 우편투표 참여율 모델의 결과를 보여준다. 종속변수로는 주 별로 투표자중 우편투표 참여자 비율을 사용하였고, 설명변수로는 우편투표 제도의 유연성, 10만명당 코로나 확진자수 및 사망자수, 대졸 인구 비율과 65세 이상 노령층의 인구비율을 포함했다. [15] [16]

Pew 리서치 여론조사에 따르면 65세 이상의 유권자가 젊은 유권자들 보다 더 많이 우편투표 참여를 하였고(55% 대 42%), 대졸 유권자가 비 대졸 유권자보다 우편투표를 더 사용했다(53% 대 42%). 한편, 투표방법 선택의 기준은 편리함(convenience)이 가장 중요한 고려사항으로서, 66%가 편리성을 주요 이유로 들었다. 그런데 우편투표자들 중에는 70%가 편리성을 현장투표자들은

15) 대졸인구 비율과 노령층 인구 비율은 U.S Census 자료 사용

16) Southwell and Burchett(2000)은 1996년 보궐선거에서 Oregon 주가 보편적 우편투표제도를 채택한 후에 우편투표 참여자들의 특징을 전통적 투표자들과 비교하였는데, 우편투표 참여자의 인구학적 특징은 지난 선거에서 현장투표에 참여한 유권자들과 거의 비슷하다고 발견했다. 다만 나이가 많고, 도시에 거주하는 정당 충성도가 낮은 유권자들이 우편투표를 더 선호한다는 것도 보여주었다.

54%만이 편리성을 주요 이유로 들었다. 반면, 전체 유권자 중 28%만이 코로나 바이러스 전파가 투표방법 선택의 주요 기준이라고 답변하여, 코로나 바이러스는 예상보다 투표방법 결정에 중요한 고려사항이 아님을 보여준다.[17)]

표 1에 따르면 예상대로 우편투표를 장려하는 제도를 가진 주에서 우편투표 참여가 훨씬 크다는 것을 보여준다. 모델1과 2는 서로 다른 우편투표 유연성 지수를 사용했음에도 비슷한 수준의 우편투표 제도의 효과를 보여준다. 우편투표 유연성 지수 1 등급 증가가 약 11%~12%의 우편투표 참여율 증가를 나타낸다. 즉, 가장 제한적으로 우편투표를 허용한 주들과 보편적 우편투표 제도를 채택한 주들을 비교하면, 모델 1에서는 약 48%, 모델 2에서는 약 33%의 우편투표 참여율의 차이를 측정할 수 있다. 이 결과는 우편투표 제도가 우편투표율을 결정하는 주요 요소임을 보여준다.

반면, 코비드 확진자수는 우편투표 참여율에 유의한 영향을 미치지 않았지만, 코비드 사망자수는 예상과 달리 우편투표 참여율을 낮추는 효과가 있었다.[18)] 2020년 10월 31일 기준으로 10만명당 사망자수가 많을수록 더 낮은 우편투표 참여율을 보여주었다. 코로나 상황이 심각할수록 안전을 위해 우편투표를 더 선호할 것으로 예상했지만, Pew 리서치의 여론조사 결과에서 보듯이 코로나 바이러스 확산은 선거방법 선택에 중요한 기준이 아님을 확인할 수 있다. 그렇다고 하더라도 사망자수가 많은 주에서 우편투표 참여가 유의미하게 낮은 것은 이해하기 어렵다.

한편, 대졸 유권자들과 65세 이상 노령층 유권자의 비율이 높은 주에서 우편투표 참여율이 높은 것은 기존 연구나 대선 직후 여론조사 결과와 일치한다. Southwell and Burchett(2000)이 보여주듯 전통적 선거방식에서 높은 참여율을 보였던 유권자가 그렇지 않은 유권자들 보다 우편투표 기회를 더욱 잘 활용하는 것으로 이해할 수 있다.

---

17) 반면에 우편투표 사용자들 중에는 42%가 코로나 바이러스 전파를 선거방식 선택의 이유로 삼았다.

18) 코로나 확진자수와 사망자수는 Center for Disease Control 홈페이지에 공개된 자료를 사용하였다.

2. 통계 분석 결과: 우편투표와 투표율

표 2의 투표율 모델에는 2020년 대선 투표율을 종속변수로 사용하고, 주요 설명 변수로서 우편투표 제도와 우편투표 참여율을 각각 별개의 모델에 포함했다. 모델 1은 Kavanagh et al. (2020)의 우편투표 유연성 자료를 사용하였고, 모델 2는 Kavanagh et al. (2020) 자료를 사용하였다. 모델 3은 우편투표 제도 변수 대신 주 별 우편투표 참여율을 포함했다. 또한, 10월 31일 기준 인구 10만명당 코로나 확진자수와 사망자수를 포함하여 2020년 대선에서 가장 중요 이슈 중 하나인 코로나 피해 현황을 포함했다. 이외에도 2020년 경합주 변수(dummy 변수)를 포함하였는데, 경합주는 Cooks Political Report에서 "Toss Up" "Lean Democrat", "Lean Republican"으로 분류된 총 13개 주이다.[19] 후보간 경쟁이 치열한 경합주에서는 캠페인 활동과 유권자 동원 노력이 집중되어 더 높은 투표율을 예상할 수 있다(Green and Gerber 2008). 마지막으로 전반적인 주 별 투표율 차이를 통제하기 위해 2016년 대선 투표율을 모델에 포함시켰다.

표 2는 2020년 대선에서 주 별 투표율 차이를 설명하고 있는데, 모든 모델에서 우편투표 사용의 확대가 투표율 증가와 연관되어 있음을 보여준다. 우편투표의 영향을 분석하기 위해 3가지 다른 데이터를 사용했지만, 전반적인 통계분석 결과는 서로 매우 비슷함을 볼 수 있다.

예상대로 주요 설명 변수인 우편투표 유연성은 전체 투표율을 높였고, 통계적으로도 유의한 결과로 나타났다. 우편투표 사용이 용이한 주가 더 제한적인 주에 비해 높은 투표율을 보여주었다. 모델 1에서는 보편적 우편투표 사용주들이 우편투표 사용을 가장 제한한 주에 비해 2.9% 이상 높은 투표율을 보여주었다. 모델 2에서는 좀 더 작은 효과이지만, 가장 제한적인 주들과 가장 높은 유연성을 보인 주들 간에 투표율은 2.5%의 차이를 보였다. 조건이 같은 상황에서 우편투표 사용이 용이할 경우 2.5~2.9%까지 투표율 증가를

19) 경합주: Florida, Georgia, North Carolina (Toss Up) Arizona, Michigan, Minnesota, Nevada, New Hampshire, Pennsylvania, Wisconsin(Lean Democrat), Iowa Ohio, Texas (Lean Republican)

가져올 수 있다는 것을 보여준다. 우편투표는 유권자들에게 편리성을 제공하고 투표소에 가야 하는 비용을 줄이기 때문에 투표율을 높이는 효과가 있음을 알 수 있다.

모델 3은 우편투표 참여율이 높을 수록 전체 투표율도 높다는 것을 보여준다. 통계분석 결과에 따르면 우편투표 참여율이 10% 증가하면 전체 투표율은 0.75% 증가하는 것으로 나타났다. 이 결과는 Abramowitz(2021)의 분석 결과와 비슷한 수준이다. 이 결과는 우편투표 사용의 광범위한 확대가 2020년의 역대 최고 투표율에 중요한 기여를 했다는 것을 보여준다. .

한편, 예상대로 2016년 투표율이 2020 대선 투표율에 가장 큰 영향을 주었다. 2016년 대선 투표율은 주 별 인구학적 분포, 선거제도, 정치문화 등 장기적이고 안정적인 특징을 반영하는 것으로, 2016년 투표율의 유의한 효과는 지난 두 선거에서 주 단위 투표율 분포의 변화가 일관되게 유지되었다는 것을 보여준다.

경합주의 투표율은 예상대로 비경합주에 비에 높은 투표율을 보였지만, 모델 3에서만 통계적으로 유의한 결과였다. 한편, 코로나 사망자와 확진자 수는 모두 부정적 효과를 보여 투표율을 낮추는 효과가 있는 것으로 나타났으나 통계적으로 유의한 효과는 아니다. 코로나 바이러스의 피해가 이번 선거에서 주 별 투표율의 차이에 직접적으로 유의한 영향을 미치지 않은 것으로 볼 수 있다.

3. 통계 분석 결과: 우편투표와 트럼프 득표율

우편투표가 선거부정에 취약하다는 트럼프의 주장으로 인해 많은 공화당 지지자들이 우편투표의 정당성에 대한 의심을 하게 되었다. 반면 민주당 지지자들은 우편투표를 전염병 감염의 위험을 줄일 수 있는 안전한 투표의 기회로 보았다. 현장투표자들 중 트럼프 투표자의 68%가 우편투표를 이용한 부정선 가능성 때문에 현장투표를 했다고 응답한 반면 바이든 투표자의 32%만 이 같은 이유를 들었다(Pew Research 2020).

이러한 우편투표 방법에 대한 인식의 양극화로 인해 2020년에는 민주당과 공화당 지지자들 간 우편투표 사용의 차이는 크게 증가하여, 민주당 지지자들의 우편투표 사용은 2016년에 비해 2배 이상 증가한 반면 공화당 지지자들의 사용은 50%만 증가하였다. 민주당 지지자들의 60%가 우편투표를 하였고, 공화당 지지자들의 경우 단지 30%만이 우편으로 투표하였다(Stewart III 2020).

그렇다면 우편투표는 트럼프 득표율에 어떤 영향을 미쳤을까? 우편투표의 확대가 트럼프의 재선 실패와 관계가 있을까? 표 3은 주 별 트럼프 득표율을 종속변수로 하고, 우편투표 제도와 우편투표 참여율을 우편투표 관련 설명변수로 포함하였다. 통제변수로는 2016년 트럼프 득표율, 경합주, 10만명당 코로나 사망자수와 확진자수를 포함하였다.

예상대로 2020년 트럼프 득표율의 대부분은 2016년 득표율로 설명될 수 있다. 2016년 득표율 계수는 0.96 이상으로 2020년 트럼프 · 주별 득표율 변동량(variance)의 대부분은 4년전 득표율로 결정되었다는 것을 볼 수 있다. 트럼프는 대부분의 주에서 2016년과 비슷한 수준의 지지를 받았다.

2016년 트럼프 득표율의 지배적인 효과에도 불구하고, 우편투표와 트럼프 득표율은 긍정적인 상관관계가 있는 것으로 나타났다. 모델 1, 2에 따르면 트럼프는 우편투표 제도가 제한적인 주보다 유연한 주에서 더 높은 득표를 하였고, 모델 3은 그가 우편투표 참여율이 높은 주에서 더 많은 득표를 했으며 그 영향이 모두 통계적으로 유의하다는 것을 보여준다.

모델 1과 2의 결과에 따르면 우편투표 유연성 지수의 1 단계 증가는 약 0.7~0.8%의 트럼프 득표율을 증가시키는 효과가 있었고, 모델 3에 따르면 우편투표 참여율이 10% 증가하면 0.32%의 트럼프 득표율이 증가했다. 이 결과는 트럼프가 선거기간 동안 우편투표에 대해 비판했던 것을 생각하면 아이러니한 결과로서, 실제로 모든 조건이 같은 상황에서는 우편투표 사용을 더 확대한 주에서 트럼프가 더 많은 득표를 한 것이다. 기존 연구는 대부분 우편투표와 정당 후보 득표율 간에 유의한 상관관계가 없다는 결론을 내었다. 표 3에서 보여준 2020년 대선의 유의한 결과는 과거와 달리 선거운동 과정에서 우편투표가 심하게 정치화되자 공화당과 민주당 지지자들 간의 우편투표에 대한 선호도 차가 커지면서 나타난 예외적인 결과로 보인다.

또한, 트럼프는 평균적으로 경합주에서 비경합주와 비교해 0.23% - 0.5% 정도 낮은 득표를 했으나, 통계적으로 유의한 결과는 아니다. 2020년 경합주에서 상대적으로 바이든이 선전했으나 득표율의 차이가 매우 근소했던 것을 고려하면 이 결과는 놀랍지 않다.

한편, 흥미롭게도 코로나 확진자수와 사망자수는 트럼프 득표율에 상반되는 영향을 주었다. 코로나 확진자수가 많은 주에서는 트럼프에 대한 지지가 높았고 그 효과도 통계적으로 유의했다. 반면, 사망자수가 많은 주에서는 트럼프에 대한 지지가 낮았으나 그 효과는 확진자수보다 약했다. 2020년 10월 31일 기준으로 트럼프 강세주들의 코로나 확진자수가 다른 주들 보다 더 많았으나 트럼프는 여전히 선거에서 높은 득표를 하였다. 이러한 일관적이지 않은 결과는 코로나 확진자와 사망자 수가 트럼프 행정부의 팬데믹에 대한 대응을 평가하는 기준으로 사용되지 않았거나, 코로나 방역정책이 적어도 공화당 강세주에서는 선거 결과에 주요한 영향을 주지 않았음을 보여준다. [20]

Ⅳ. 결론

이 연구의 분석 결과에 따르면 우편투표 사용의 확대가 역대 최고였던 2020년 투표율에 중요한 역할을 했음을 보여준다. 이 결과는 기존 연구 결과와 일치하며, 향후 우편투표가 지속적으로 확대된다면 투표율이 더욱 증가할 수 있을 것으로 예상된다. 문제는 2020년 팬데믹으로 인해 한시적인 제도변경을 했던 주들이 원래 규정으로 되돌리게 될지 아니면 영구적인 제도 변경을 하게 될 지가 관건이다.[21]

---

20) 갤럽 보고서에 따르면 민주당 지지자들과 공화당 지지자들 간에 코로나 바이러스의 위험에 대한 인식에 큰 차이를 보였는데, 2020년 5월 갤럽 여론조사에 따르면 약 75%의 민주당 지지자들이 코로나 감염을 우려한 반면 48%의 공화당 지지자들이 같은 우려를 표현했다. 또한 공화당 지지자들이 민주당 지지자들 보다 트럼프, 의회, 의료 기관들을 더 긍정적으로 평가하였다.

21) 2020년 대선 이후, 아리조나 주지사는 선거에 참여하지 않은 투표자를 우편투표 명부에서 제거하는 법안에 서명하였고, 플로리다주는 우편투표함(drop box), 우편

또한 우편투표는 선거 결과에도 작지만 무시할 수 없는 영향을 주었다고 추측할 수 있다. Lindsay (2020)는 선거인단 결과를 분석했을 때 트럼프는 약 49,921의 추가 득표로 재선에 성공할 수 있었다고 추정하였다. 즉, 트럼프가 아리조나에서 10,457표, 조지아 11,779, 위스콘신에서 20,682표를 더 얻었다면, 이 3개의 주에서 승리하게 되어 269석의 선거인단수를 획득, 결국 하원이 선거를 결정할 수 있었다는 것이다. 이처럼 근소한 경합주에서의 득표차를 볼 때 우편투표의 확대가 중요한 역할을 했을 수 있다.

이 연구의 통계분석 결과에 따르면 트럼프는 2016년 득표율을 포함한 주요 변수들을 통제했을 때, 우편투표가 더 크게 확대된 주에서 더 높은 득표를 했다. 즉 트럼프는 우편투표 확대로 인해 선거에서 승리하지 못한 것이 아니라 공화당 지지자들의 낮은 우편투표 참여로 인해 패배한 것으로 볼 수 있다. 더 많은 트럼프 지지자들이 우편투표 참여를 통해 투표율을 높였다면 트럼프 득표율에 도움을 줄 수 있었다고 추측할 수 있는바, 선거기간 동안 자신의 지지자들에게 우편투표 참여를 하지 말 것을 요구했던 것이 결과적으로 그에게 불리하게 작용했을 수 있다.

2020년 다수의 주들이 안전(safety)과 투표 접근성(accessibility)을 보장하기 위한 목적으로 우편투표 제도를 변경하였다. 이 연구 결과에 따르면 이러한 조치는 성공적으로 그 목적을 달성한 것으로 보인다. 2020년 대선에서 4년 전 보다 2배가 넘는 유권자들이 우편투표에 참여하였고, 팬데믹으로 인해 투표율이 저조할 것이라는 우려와는 달리 1900년 이후 역대 최대 투표율을 기록했다. 유권자의 정치행동은 제도적 환경에 큰 영향을 받는 만큼, 앞으로 우편투표를 포함해 선거과정을 더 편리하고 안전하게 만들 수 있는 방법에 대한 더 많은 토론이 이루어지기를 희망한다.

투표 수확(harvest), 대단위 투표용지 발송(mass mailing of mail-in-ballots) 등에 대한 규제가 포함된 우편선거 제한 선거법을 도입하였다.

▶ 표 1 우편투표 제도와 우편투표 참여율

	우편투표 참여율	
	1	2
우편투표 제도 유연성	12.35*** (2.86)	10.83*** (3.57)
코비드 확진자수(10만명 당)	0.001 (0.003)	−0.0001 (0.0031)
코비드 사망자수(10만명 당)	−0.145** (0.055)	−0.127** (0.06)
대졸 인구(%)	1.271** (0.52)	1.379** (0.565)
65세 이상 인구(%)	2.701* (1.500)	2.207 (1.613)
Constant	−68.137* (38.98)	−58.05 (42.11)
Case 수	51	51
R− Squared	0.502	0.416

*[자료] 모델 1: Kamarch et al. (2020); 모델 2: 는 Kavanagh et al. (2020), 우편투표율: U.S. Elections Project

▶ 표 2 우편투표와 2020년 투표율

	투표율		
	1	2	3
2016년 투표율	0.817*** (0.055)	0.820*** (0.055)	0.747*** (0.044)
경합주	1.05 (0.74)	0.819 (0.75)	1.57*** (0.59)
우편투표 제도 유연성	1.007*** (0.328)	1.141*** (0.384)	
우편투표 참여율			0.075*** (0.011)
코로나 사망자수(10만명 당)	−0.003 (0.006)	−0.002 (0.006)	0.004 (0.005)

코로나 확진자수(10만명 당)	−0.0005 (0.0003)	−0.0005* (0.0003)	−0.0003 (0.0002)
Constant	16.28*** (3.70)	15.754*** (3.781)	19.008*** (2.801)
Case 수	51	51	51
R– Squared	0.87	0.87	0.92

*[자료] 모델 1 우편투표 제도 유연성: Kamarch et al. (2020); 모델 2 우편투표 제도 유연성: Kavanagh et al. (2020), 주 별 투표율: U.S. Elections Project

▶ 표 3 우편투표와 2020년 트럼프 득표율

	트럼프 득표율		
	1	2	3
2016년 트럼프 득표율	0.973*** (0.025)	0.962*** (0.034)	0.97*** (0.033)
우편투표 유연성	0.781** (0.391)	0.660*** (0.235)	
우편투표 참여율			0.032** (0.014)
경합주	−0.401 (0.495)	−0. 527 (0.527)	−0.285 (0.657)
코로나 사망자수(10만명 당)	−0.015* (0.008)	−0.015 (0.009)	−0.012* (0.007)
코로나 확진자수(10만명 당)	0.0008** (0.0004)	0.0008* (0.0004)	0.001*** (0.0003)
Constant	−1.124 (1.625)	−0.273 (1.818)	−0.621 (1.2)
Case 수	51	51	51
R– Squared	0.974	0.973	0.974

*[자료] 모델 1: Kamarch et al. (2020); 모델 2: 는 Kavanagh et al. (2020), 모델 3: U.S. Elections Project, 2016년 2020년 트럼프 득표율, Dave Leip's Atlas of US Presidential Elections

참고 문헌

Abramowitz, Alan I. 2021. "Assessing the Impact of Absentee Voting on Turnout and Democratic Vote Margin in 2020" Retrieved March 3, 2021 from https://centerforpolitics.org/crystalball/articles/assessing-the-impact-of-absentee-voting-on-turnout-and-democratic-vote-margin-in-2020/

Berinsky, Adam J., Burns, Nancy Traugott, Michael W. 2001. 'Who Votes by Mail?: A Dynamic Model of the Individual-Level Consequences of Voting-by-Mail Systems'. *Public Opinion Quarterly* 65(2):178–197.

Brady, Henry E. McNulty, John E. 2011. 'Turning Out to Vote: The Costs of Finding and Getting to the Polling Place'. *American Political Science Review* 105(1):115–134.

Downs, Anthony. 1957. *An Economic Theory of Democracy*. New York: Harper and Row.

Gerber, Alan S., Gregory A. Huber, & Seth J. Hill. (2013). Identifying the Effect of All-Mail Elections on Turnout: Staggered Reform in the Evergreen State. *Political Science Research and Methods*, 1(1), 91-116.

Green, D. P. and Gerber, A. S. (2008) *Get Out the Vote: How to Increase Voter Turnout*. Washington: Brookings Institution Press.

Gronke, Paul, Galanes-Rosenbaum, Eva, Miller, Peter A. Toffey, Daniel. 2008. 'Convenience Voting'. *Annual Review of Political Science* 11(1):437–455.

Hall, Andrew. "How does vote-by-mail change American elections?" Stanford Institute for Economic Policy Research, October, 2020, https://siepr.stanford.edu/research/publications/how-does-vote-mail-changeamerican-elections

Kamarch, Elaine, Yousef Ibreak, Amanda Powers, and Chris Stewart. 2020. “Voting by mail in a pandemic: A State-by-state scorecard.” Retrieved January 15, 2020 from https://www.brookings.edu/research/voting-by-mail-in-a-pandemic-a-state-by-state-scorecard/

Karp, Jeffrey A.Banducci, Susan A.. 2000. ‘Going Postal: How All-Mail Elections Influence Turnout’. *Political Behavior* 22:223–239.

Kavanagh, Jennifer ,Quentin E. Hodgson, C. Ben Gibson, and Samantha Cherney. 2020. “An Assessment of State Voting Processes: Preparing for Elections During a Pandemic.” Retrieved January 15, 2020 from https://www.rand.org/pubs/research_reports/RRA112-8.html

Kousser, Thad and Mullin, Megan. 2007. ‘Does Voting by Mail Increase Participation? Using Matching to Analyze a Natural Experiment’. *Political Analysis* 15(4):428–445.

Lindsay, James M. “The 2020 election by the Numbers.” Council on Foreign Relations, December 15, 2020, https://www.cfr.org/blog/2020-election-numbers

Magleby, David B. 1987. ‘Participation in Mail Ballot Elections’. *Western Political Quarterly* 40(1):79–91.

Nichols, Nick. “Does voting by mail lead to higher turnout in red, blue and purple states? It's not that simple.” Politifact, The Poynter Institute, May 18, 2020, https://www.politifact.com/article/2020/may/18/does-voting-mail-lead-higher-turnout-red-blue-and-/

Pew Research Center, November, 2020, “Sharp Divisions on Vote Counts, as Biden Gets High Marks for His Post-Election Conduct (Chapter 3. The voting experience in 2020)” Retrieved January 15, 2020 from https://www.pewresearch.org/politics/2020/11/20/the-voting-experience-in-2020/

Proceedings of the National Academy of Sciences Jun 2020, 117 (25)

Richey, Sean. 2008. 'Voting by Mail: Turnout and Institutional Reform in Oregon'. *Social Science Quarterly* 89(4):902–915.

Southwell, Priscilla L. 2009. 'Analysis of the Turnout Effects of Vote By Mail Elections, 1980–2007'. *The Social Science Journal* 46:211–217.

Southwell, Priscilla L.Burchett, Justin I. 2000a. 'Does Changing the Rules Change the Players? The Effect of All-Mail Elections on the Composition of the Electorate'. *Social Science Quarterly* 81(3):837–845.

Stewart, Charles III. "How We Voted in 2020: A First Look at the Survey of the Performance of American Elections." MIT Election Data + Science Lab, December 15, 2020, http://electionlab.mit.edu/sites/default/files/2020-12/How-we-voted-in-2020-v01.pdf

Thompson, Daniel M., Jennifer A. Wu, Jesse Yoder, Andrew B. Hall. 2020. "Universal vote-by-mail has no impact on partisan turnout or vote share." *The Proceedings of the National Academy of Sciences*. 117(25).

"2020 electoral College Ratings." 2020. 9.17, The Cook Political Report. Retrieved on February 1. 2021 from https://cookpolitical.com/sites/default/files/2020-09/EC%20Ratings.091720.3.pdf

"2020 turnout is the highest in over a century." November 5, 2020. The Washington Post. https://www.washingtonpost.com/graphics/2020/elections/voter-turnout/

"Does Vote-by-Mail Favor Democrats? No. It's a False Argument by Trump." April 10, 2020, updated July 31, 2020. The New York Times. https://www.nytimes.com/2020/04/10/us/politics/vote-by-mail.html

"Mail-in voting did not swell turnout or boost Democrats, study finds" March 6, 2021. The Guardian. https://www.theguardian.com/us-news/2021/mar/06/mail-in-voting-democrats-2020-election-study

"The Partisan Gap in Views of the Coronavirus" May 15, 2020 Gallup https://news.gallup.com/opinion/polling-matters/311087/partisan-gap-views-coronavirus.aspx

"Universal vote-by-mail doesn't favor any party, at least in normal times" October 19, 2020, UCLA Newsroom.

6. 바이든 행정부 하 트럼프 독트린의 존속 요인 분석과 전망

권보람(한국국방연구원)

Ⅰ. 서론

2021년 2월 4일, 바이든 대통령은 취임 후 첫 외교정책 연설에서 "미국의 귀환(America is Back)"을 선포했다.[1] 핵심은 민주적 가치와 다자주의에 기반한 외교를 통한 미국의 글로벌 리더십 회복이었다. 동맹국과의 관계 개선을 통해 국제사회와 긴밀하게 연대함으로써 현재와 미래의 도전에 대비하고, 미국 패권에 도전하는 중국과 민주주의 체제를 저해하려는 러시아와 같은 권위주의적 위협에 적극 맞서겠다고 했다. 바이든 행정부는 이 목표를 달성하기 위해 바쁜 행보를 보였다. 3월 3일, 국가안보전략 잠정 지침서(Interim National Security Strategic Guidance)를 발표해 민주주의 가치 수호와 국민경제 발전을 통한 국력 회복, 동맹과 파트너국과의 관계 강화를 통한 미국 우위 유지와 안정적이고 개방적인 국제 질서 구축을 강조했다.[2] 외교안보라인을

1) The White House. "Remarks by President Biden on America's Place in the World." 2021. 2. 4.

2) The White House. Interim National Security Strategic Guidance. 2021. 3.

적극 가동시켜 3월 12일, 쿼드(Quad) 정상회의를 최초로 개최했고 연이어 국무장관과 국방장관을 일본과 한국에 보내 2+2 회의를 개최했다. 4월 초부터 이란 핵합의를 복원시키기 위해 핵협상을 재개했으며 4월 13일 국무장관과 국방장관의 브뤼셀 방문을 통해 대서양 동맹 강화에 나섰다. 이어서 일본과 한국과 정상회담을 개최함으로써 아시아에 대한 공약을 시연했다.

출범한 지 100일을 맞이하는 시점에서 국내외 전문가들은 바이든 행정부에게 평균 이상의 점수를 주는 분위기이다. 그러나 일찍이 국내 정치 문제에 치중한 나머지 외교정책 분야에 기대만큼 변화를 추구하고 있지 않다는 비판이 제기되었다. 자카리아(Fareed Zakaria)는 워싱턴포스트 논평에서 바이든 행정부가 국내적으로는 과감한 변화를 시도하고 있으나 대외정책 부문에서는 "주저하고 자신감 없어 하며, 공화당의 비판을 선제적으로 무마시키는 국내 정치에 치중하고 있다"고 지적했다.[3] 이러한 비판은 예고되었다. 바이든 행정부는 2016년 트럼프 대통령의 당선을 교훈 삼아 미국의 심장부인 중산층의 번영을 최우선시 하는 외교정책 구현을 선언했다. 무엇보다 코로나19 팬데믹으로 악화된 민생을 우선적으로 안정시켜야 하는 어려운 과제에 직면해 있는데, 국내 정치가 분열되어 더욱 어려운 상황에 놓여 있다. 바이든 대통령은 "국내 정책과 외교정책 사이에 명확한 구분은 더 이상 없다. 미국이 해외에서 수행하는 모든 행동은 미국 노동자 가정을 고려해서 결정해야 한다. 중산층을 위한 외교정책을 추진하기 위해서는 국내 경제 회복이 급선무이다."라고 거듭 밝혀왔다.[4] 그는 대통령 후보 시절부터 대국민 통합(unity)을 강조했다. 미국은 정치적 양극화가 범사회적으로 확산되어 일부 보수층에서는 코로나19 팬데믹의 치명성을 보고도 여전히 마스크 착용의 필요성을 인정하지 않고 백신 접종마저 거부할 정도로 국론이 분열되어 있기 때문이다. 게다가 민주당 내에서는 진보세력과 바이든이 대표하는 중도 세력 간 힘겨루기가 지속되는 가운데 중도파 내에서도 절제와 관여를 기조로 한 오바마 행정

---

3) Fareed Zakaria. "On the Domestic front, Biden is all ambition. Why not on foreign policy?" The Washington Post. 2021. 2. 21.

4) Ibid. "Remarks by President Biden on America's Place in the World." 2021. 2. 4.

부의 외교정책 전통을 이어가려는 복구파(restorationist)와 트럼피즘을 타파하기 위해 지정학적 변환을 포함한 보다 근본적인 개혁을 단행하려는 개혁파(reformists 또는 "2021 Democrats") 간 입장 차이가 존재한다.[5] 이처럼 바이든 행정부는 복합적으로 넓은 이념적 스펙트럼을 고려해 외교정책을 수립해야 할 뿐 아니라 미국의 외교적 전통을 트럼프 집권 이전으로 되돌릴지, 다소 무리한 변화를 시도해서라도 더 이상적인 모습을 지향해야 할지를 결정해야 하는 기로에 서 있다. 이런 상황에서 미국이 내부지향적 리더십을 자처하고 있음에도, 국제사회는 지난 4년간 트럼프 행정부 하에서 증폭된 국내외 혼돈 상황을 미국이 앞장서서 바로잡아 줄 것을 기대하고 있다.

이 글은 바이든 행정부에서 트럼프의 외교안보 독트린(이하 트럼프 독트린)이 왜 그리고 어떻게 맥을 이어갈지 분석한다. 일각에서는 트럼프 행정부의 전향적인 외교정책이 미국의 대전략이나 공화당 내부의 치열한 토론보다 대통령의 본능이나 사익 추구에 의해 결정된 부분이 많다고 지적하고, 트럼프 독트린의 존재 자체를 부정하거나 합리성(rationality)이 결여되었다고 하향 평가한다. 이는 분석의 차원이 다른 트럼피즘과 트럼프 독트린을 구분하고 어떤 관계를 맺고 있는지를 이해할 필요성을 제기한다. 따라서 이 글은 트럼피즘과 구별되는 트럼프 독트린의 특성을 살펴본 후 바이든 행정부 하에서 이 독트린의 존속 요인을 네 가지로 정리하고 간략하게 전망을 제시한다.

본 연구에 몇 가지 제한점이 있다는 것을 미리 밝힌다. 첫째, 바이든 행정부의 외교안보 독트린이 형성되는 초기에 분석을 시도했기 때문에 이에 대한 서술은 가볍게 하고 트럼프 독트린의 존속 요인 분석에 초점을 맞추었다. 둘째, 바이든 행정부가 미중 경쟁이 본격화되고 자유주의적 국제질서가 흔들리는 국면에서 집권했기 때문에 트럼프 독트린의 존속이 국내외 여건 모두를

---

5) Thomas Wright. "The fraught politics facing Biden's foreign policy," The Atlantic. 2020. 11. 22. 실제로 Wright의 복구파와 개혁파 구분은 이슈에 따라 다르게 적용할 필요가 있다. 예를 들면, 경제 관점에서 중국과의 경쟁을 본격화한다는 측면에서 백악관 국가안보보좌관 Jake Sullivan은 개혁파에 속하나, 중국과 이념 경쟁을 원하지 않고 협력의 가능성을 열어놓기 때문에 안보 관점에서는 복구파에 더 가깝다.

고려한 바이든 행정부의 합리적 선택보다 구조적 요인에 의해 설명되는 것처럼 보인다. 이는 자칫 트럼프 행정부와 바이든 행정부의 관계를 일반화시켜 그다지 특별하지 않은 것처럼 여겨질 수 있다. 이에 필자는 트럼프 대통령의 이례적인 당선과 기존의 모든 틀을 깨는 파장이 구조적인 설명과 일반화의 한계를 보여주었다고 보고 트럼피즘을 동력으로 삼는 트럼프 독트린을 규정하려고 노력했다.

결론을 요약하자면, 바이든 행정부는 이미 자국 중심주의를 일방적으로 앞세우는 트럼프 시대 외교정책의 이행방식은 과감하게 변화시키고 있다. 그러나 빠르게 추격해오는 중국과의 전략적 경쟁을 압도하기 위해 불필요한 대외 개입과 동맹 지원을 줄이고 무역 압박을 앞세워 핵심 영역에서 우위를 확보하는 데 국력을 집중시키는 것을 골자로 하는 트럼프 외교안보 독트린의 본질은 상당 부분 이어갈 것으로 보인다. 경험과 전문성(professionalism)으로 무장한 바이든 행정부는 트럼프 대통령 개인과 그를 추종하는 트럼피즘은 전적으로 거부하지만, 국익에 부합한다고 판단할 경우 다른 명분을 내세워 트럼프 독트린에 기대는 전략을 구사할 것이다. 트럼프 행정부가 중시했던 경제 분야에서는 여전히 일방주의적 성격이 유지되는 반면, 바이든 행정부가 강조하는 동맹 중시와 다자주의 프레임은 안보와 인권 쪽에 초점이 맞춰지고 있다.

Ⅱ. 트럼프 외교안보 독트린의 특성

듀엑(Dueck)에 의하면, 미국의 보수주의적 민족주의(conservative nationalism)는 트럼프 대통령과 함께 등장한 파시즘적 이념이 아니라 본래 민주적이며 시민을 중시하는 애국심의 한 형태이다.[6] 미국 보수 세력은 전통적으로 주권 행사를 중시하고 국익과 국가적 가치의 보존과 증진을 강조하는 외교정책을 추구해왔다. 공화당은 역사적으로 비개입주의(non-interventionism), 강경한 일방주의(hardline unilateralism), 그리고 보수주의적 국제주의(conservative

6) Colin Dueck. 2020. Age of Iron: On Conservative Nationalism. Oxford University Press. pp. 27-37.

internationalism) 분파간 세력 균형을 통해 외교정책 노선을 정해왔는데, 제2차 세계대전 이래 국제주의 분파가 우위를 점했다. 그러나 2003년 이라크 전쟁과 그 후 막대한 자원이 투입되는 중동 개입에 불만이 가중되던 중 부시(George W. Bush) 대통령이 퇴진하면서 공화당은 분열되었고, 트럼프 대통령 당선과 함께 비개입주의와 일방주의 분파의 연대 세력이 우세해졌다.

트럼프 독트린의 특성을 살펴보기에 앞서 트럼피즘(Trumpism)과 구분할 필요가 있다. 트럼피즘이란 일반적으로 트럼프 행정부의 특정 정책보다 트럼프 대통령 개인이 상징하는 반기득권적, 반자유주의적, 반이민적 정책 기조에 열광해 그를 정치 지도자, 더 나아가 위기에서 구원해주는 메시아와 같은 존재로 추대하는 대중영합적 현상을 지칭한다.[7] 2020년 9월 YouGov에서 실시한 여론조사에 의하면, 공화당 지지자의 83%는 미국의 생활방식이 여전히 심각한 위협에 처해있다고 인식했다. 이는 2016년 대통령 선거에서 공화당 지지자들이 미국의 쇠퇴를 막을 수 있는 마지막 기회라는 절박한 심정으로 트럼프 후보를 지지했던 맥락이 지속되고 있음을 시사한다. 이제는 2016년 트럼프 대통령의 당선이 미국의 독특한 선거제도가 낳은 우연이 아니라, 영국 시민들의 브렉시트 찬성 투표가 상징하는 포퓰리즘과 민족주의 확산 움직임과 함께 세계화와 자유민주주의적 국제 질서에 대한 대다수 미국인의 반감을 압축적으로 보여주었다는 일정한 합의가 있다.[8] 이런 트럼프 대통령의 대표성과 그로 인해 증폭된 미국의 글로벌 리더십에 대한 불신은 트럼피즘의 그림자가 국제관계에서 상당 기간 영향을 미칠 것을 예고한다.[9]

---

7) John Haines. 2017. “Divining a Trump Doctrine.” Orbis. Winter 2017. Foreign Policy Research Institute.

8) Richard Haass. 2017. A World in Disarray. Penguin Books.

9) 트럼피즘을 기존 대중영합적 민족주의와 다른 부류의 현상으로 취급하는 경우도 있다. 트럼피즘을 트럼프 1인과 동일시하면서 그의 당선과 산발적 언행의 의미를 사후적으로 재해석한(reconning: retroactive continuity) 결과물로 보는 관점이 한 예이다. Jane Coaston, “Trumpism Has No Heirs,” The New York Times. 2021. 3. 3.

▶ 표 1 이념성향별 트럼프 충성도

문항	공화당 지지자	이념성향		
		중도 및 진보	보수	극단적 보수
공화당보다 트럼프 개인을 지지한다	66%	53%	66%	79%
2024년에 트럼프 후보를 절대적으로 지지할 예정이다	54%	40%	52%	72%
공화당 경선 후보의 트럼프 지지 여부가 중요하다	63%	30%	36%	58%
트럼프 집권은 미국을 위해 기여한 바가 많다	68%	43%	70%	90%

출처: YouGov 2021년 1월 11~14일. N=1000명 공화당 지지자(2020년 대선 기준)

2021년 1월 11~14일, 1000명의 공화당 지지자(2020년 대선 기준)를 대상으로 실시한 YouGov 여론조사 결과는 트럼피즘이 어떤 요소로 구성되어 있는지, 그 성격을 잘 보여준다(표 1). 우선, 응답자의 90% 미국이 여전히 위대하다고 인식하고 있었지만, 미국을 위대하게 만드는 가치(idea)에 대한 신뢰를 잃어가고 있다고 답한 응답자 역시 90%에 달했다. 특히 미국을 위대하게 만드는 가치 중 하나가 기독교 신앙인데(62%), 이에 대한 박해가 심각하다고 답한 사람은 66%, 일정 정도 인정한 사람은 23%였다. 트럼프 대통령에 대한 충성도 관련 항목을 살펴보면, 응답자의 66%가 공화당보다 트럼프의 지지자라는 정체성을 갖고 있었다. 2024년 대선에 트럼프가 출마한다면 절대적으로 지지하겠다는 비율은 54%, 아마도 지지할 것이라는 비율은 26%로 총 80%가 찬성했다. 더 나아가 공화당 지지자의 70%는 트럼프가 2020년 대선에서의 확실한 승자이나 불합리하게 지위를 빼앗겼다고 인식했고, 49%는 특정 공화당 경선 후보가 2020년 선거 결과를 부정한 사실이 그에 대한 지지여부에 영향을 미칠 것이라고 답했다. 핵심 이슈인 이민 관련해서는 응답자의 86%가 불법이민자를 거부하기 위해 멕시코 국경에 장벽 세우기에 찬성했고

65%가 미국이 이민자 수용을 줄여야 한다고 답했다. 백인 편향적인 정책 관련 항목을 살펴보면, 응답자의 59%가 향후 몇 년 내 백인에 대한 차별이 증가할 것을 강하게 우려한다고 답했고, 다소 우려한다는 응답자도 28%에 달했다. 제도적 인종차별(systemic racism)이 미국 사회의 심각한 문제라고 인식하는 응답자는 10%에 불과했으며, 39%는 전혀 문제가 아니라고 답했다.

한편, 트럼프의 외교안보 독트린은 트럼피즘과 달리 상위 수준의 하향식 개념이다. 대통령의 지휘 아래 (혹은 최소한 인정을 받고) 국가안보 수뇌부에서 채택한 전략 기조이기 때문이다. 비록 민주적 절차를 무시하고 분절적으로 외교정책을 수행했다고 비판받지만, 트럼프 대통령이 사업가로서 외교안보 분야 기득권층의 전략과 정책에 대해 꾸준히 항의하고 일관적으로 불만을 표출한 결과를 정책에 그대로 반영한 것을 감안한다면, 유의미한 트럼프 독트린을 도출할 수 있다.

듀엑의 설명으로 돌아가자면, 트럼프 독트린에 녹아 있는 협상 수행 방법론이 독특한 것이지 미국의 국익을 우선시하는 본질은 전혀 새롭지 않다. 트럼프 독트린이란 협상의 기술로 활용하는 압박 캠페인(pressure campaign)과 상통하며, 트럼프 대통령이 미국의 레버리지를 확대함으로써 상대적 이익을 극대화하는 방법을 지칭한다. 그 상대적 이익이 구체적으로 무엇인지는 트럼프가 자의적으로 판단했기 때문에 예측 가능하지 않고 논란이 많았던 것이다. 수사적으로는 상호 이익을 운운했지만 결국 외교적 협상의 틀 속에서 미국의 상대적 이익을 확대하는 것이 목표였다. 트럼프 독트린은 대표적으로 미국에게 절대적으로 손해였지만 관행으로 유지되었던 다자주의적 틀을 깨뜨리겠다고 선포했다. 실제로 미국은 파리기후협약, 환태평양경제동반자협정(TPP), 이란핵합의(JCPOA), 중거리핵미사일개발금지조약(INF) 등 다수의 다자 협약에서 탈퇴했고, 코로나19 초기 대응 실패를 빌미로 세계보건기구(WHO)에서마저 탈퇴함으로써 미국의 리더십에 대한 기본 가정을 깨뜨렸다. 이는 과거 미국이 고수했던 고립주의로의 회귀에 그치지 않고, 미국에게 유리한 국제환경을 조성하기 위해 국제질서를 재편하는 시도였다.

트럼프 독트린은 동맹국에 대한 예우 또한 당연하지 않은 것으로 인식을 바꾸었다. 압박 캠페인을 동원할 때 동맹국과 적국을 구별하지 않고, 경제와 안보 이슈 또한 구분하지 않는다는 기조를 고수했다. 듀엑은 트럼프 독트린은 그 자체의 불완전함보다는 외교정책을 관리하는 트럼프 대통령의 독단적 방식에 압도되어 제대로 평가받지 못했다고 지적한다. 특히 동맹국에게도 무차별적인 경제 압박을 가하는 것은 이득보다 비용이 높았다. 다만, 기존 협상 체계를 미국의 이익에 최대한 부합되게 조정하려고 한다는 측면에서 방향성이 분명하고, 협상 결과가 정해진 것이 아니기 때문에 당사자들 간 논의의 가능성을 열어놓는다는 점은 긍정적으로 평가해볼만 하다.

▶ **표 2 공화당 지지자의 정책 선호도**

이슈	문항	공화당 지지자
세금	부유층에 대한 세금 축소가 국민 전체를 위한 일이다	찬성(54%), 반대(46%)
	대형 기업에 대한 세금 축소가 국민 전체를 위한 일이다	찬성(67%)
이민	불법이민자를 거부하기 위해 멕시코 국경에 장벽을 설치해야 한다	찬성(65%)
	이민자 수용을 줄여야 한다	찬성(65%)
인종	몇 년 내 백인에 대한 차별이 증가할 것이다	강하게 우려한다(59%) 다소 우려한다(28%)
	제도적 인종차별이 미국 사회의 문제이다	심각한 문제이다(10%) 전혀 문제가 아니다(39%)
무역	국제무역은 미국 경제에 이익이 된다	찬성(60%)
	무역은 미국인의 일자리를 빼앗는다	찬성(60%); 무역을 줄여야 한다(35%) 현 수준을 유지해야 한다(47%)
동맹	동맹은 미국을 돕고 적을 억제하는 데 기여한다	찬성(69%)
	동맹은 미국의 타국 분쟁에 대한 연루 위험성을 높인다	찬성(31%)

출처: YouGov 2021년 1월 11~14일, N=1000명 공화당 지지자(2020년 기준)

이처럼 트럼프 독트린은 트럼피즘과 층위가 다른 개념이지만 일정한 상관관계가 있다. 트럼피즘은 민중의 구원 받고자 하는 심리를 반영하기 때문에 이것이 투영된 유권자들의 정책 선호도는 트럼프 독트린을 지속시키는 원동력이 된다. 앞서 언급한 1월 YouGov 여론조사에 따르면, 공화당 지지자의 75%는 세계 평화를 유지하는 최상의 방법은 강력한 군사력을 보유하는 것이라고 믿고 25%만이 외교의 중요성을 인정했다. 전체 50% 정도가 유엔이나 세계보건기구, 세계무역기구에 대해 각각 가장 낮은 수준의 친밀도를 느꼈다. 공화당 지지자의 60%는 국제무역이 미국의 경제에 유익하다고 생각했지만 트럼프의 주장대로 무역이 미국인의 일자리를 빼앗는다고 인식했으며, 무역을 줄이거나(35%) 현 수준을 유지할 것(47%)을 주문했다. 동맹관계가 미국을 돕고 적을 억지하는 데에 기여한다고 답한 사람은 69%이며 미국이 타국 분쟁에 연루될 위험성을 높인다고 응답한 사람은 31%에 그쳤다. 트럼프 지지자들이 동맹을 유지하기 위해 미국이 과도하게 비용을 부담하는 것에 반대한 것이지 동맹 역할 자체를 부정하는 것이 아니다. 마찬가지로 트럼프 독트린도 동맹을 존중하지 않았을 뿐, 완전히 부정하지는 않았다.

Ⅲ. 트럼프 독트린의 존속 요인 분석

1. 공고한 국내 지지층과 부정적 당파주의(negative partisanship)

민주당 정권이 출범했어도 트럼프 독트린이 지속적으로 영향을 미칠 것을 예상하게 만드는 요인은 무엇인가? 재선에는 실패했지만 2020년 대선에서 트럼프 대통령이 바이든 후보 다음으로 역사상 두 번째로 많은 7,400만 표 이상을 얻어 국내 지지층의 공고함을 확인했다는 것이 첫 번째 요인이다. 심지어 2016년보다 소폭 확대된 흑인, 라티노, 여성 유권자를 포섭하는 데 성공해 공화당의 지형이 확대되었다. 2020년 트럼프 지지자들은 2016년과 마찬가지로 자신을 속박하고 있는 사회적, 경제적 불평등을 해소해줄 기제로 미국 우선주의 처방도 믿지만, 자신의 지위 회복을 위해 싸우고 고통을 감내하고 있다는 트럼피즘의 강력한 호소에 반응했다. 트럼프 대통령이 거듭 대선 불복을 선언하고, 60여 차례 소송을 제기한 데에는 이 핵심 지지층을 결집하려는 의도가 있었다. 2020년 12월 8일, 텍사스 주에서 바이든 당선인이 승리한 펜실베이니아, 조지아, 위스콘신, 미시간 주의 대선 결과를 무효화하는 소송을 제기했을 때 트럼프 대통령은 원고로 참여했다. 며칠 뒤 연방대법원에서 소송을 기각했지만, 공화당이 장악한 17개 주와 당 하원의원 100여 명이 동참했다는 사실은 당에서 트럼프 지지층의 위력을 의식해 끌어안고 있음을 보여준다.

2021년 1월 6일, 바이든 후보의 승리 인증을 위한 상하원 합동회의 중 트럼프 지지자들이 의사당을 무단으로 침입했고, 트럼프 대통령이 장외에서 폭력적 시위를 선동했다는 이유로 두 번째 탄핵 심판이 열렸다. 이는 여론이 부정적으로 돌아섰기 때문에 가능했다. 퓨리서치센터(Pew Research Center)가 2021년 1월에 실시한 여론조사에 따르면, 트럼프 대통령의 국정 운영에 대한 지지율은 29%로 하락해 동 기관 조사에서 역대 최저치를 기록했다.[10] 그러나 여론조사의 세부 내용을 살펴보면, 트럼프의 행위에 대한 찬반 의견이 당파적으로 나뉘었음을 확인할 수 있다. 공화당 지지자 중 트럼프 대통령의 국정 운영을 긍정적으로 평가한 사람이 여전히 60% 이상이었고, 2020년 대선에서 트럼프 대통령이 승리했다고 믿는 공화당 지지자는 64%, 향후 정치 세력으로 남아야 한다고 생각하는 공화당 지지자는 57%에 달했다.

10) https://www.pewresearch.org/politics/2021/01/15/biden-begins-presidency-with- positive-ratings-trump-departs-with-lowest-ever-job-mark/ (검색일: 2021. 2. 1.)

▶ 그림 1 트럼프 대통령의 국정 운영 평가

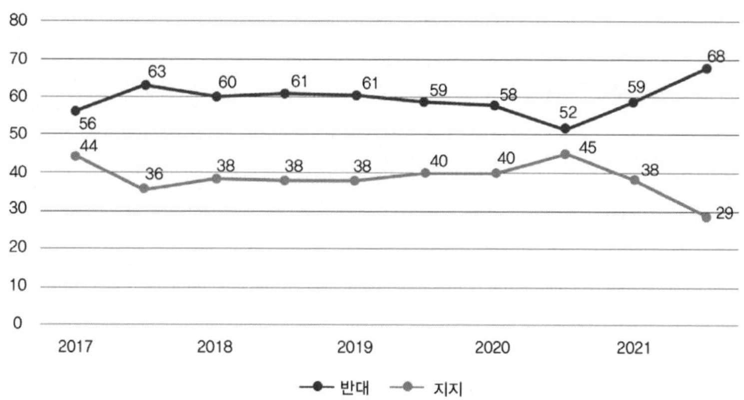

출처: Pew Research Center. 2021. 1월 8~12일. N=5,360.

▶ 그림 2 지지 정당별 트럼프 대통령의 국정 운영 평가

대통령의 업무수행을 지지하는 응답자(%)

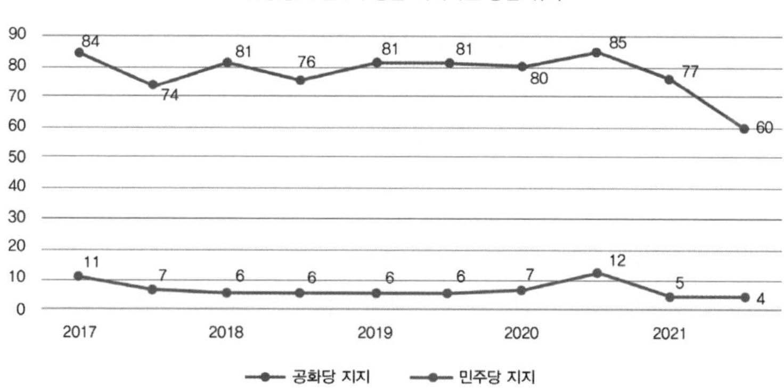

출처: Pew Research Center. 2021. 1월 8~12일. N=5,360.

▶ 표 3 지지 정당별 트럼프 대통령에 대한 평가

	전체	공화당 지지자	민주당 지지자
2020년 대선 이후 트럼프의 행동은 훌륭했다	22%	44%	5%
트럼프는 의사당 난입사건에 대해 전혀 책임이 없다	24%	46%	4%
트럼프는 2020 대선의 확실한 혹은 가능성 높은 승리자이다	33%	64%	6%
트럼프는 향후 중요한 정치인물로 활동을 지속해야 한다	29%	57%	7%

출처: Pew Research Center, 2021년 1월 8~12일. N=5,360명

다른 여론 조사에서도 이와 유사한 결과가 나타났다. 2월 15일에 실시한 퀴니팩 대학교 여론조사(Quinnipiac University Poll)에 의하면 공화당 지지자의 75%가 트럼프 대통령의 정치활동이 지속되기를 원하고 87%는 재선의 기회가 주어져야 한다고 답했다.[11] 전체 과반 이상(60%)이 트럼프의 정치활동을 바라지 않고, 재선의 기회가 주어지길 바라지 않는다는 의견(55%)과 대비되는 결과였다. 동 기관에서 2월 11~14일에 실시한 여론조사에 따르면 전체 응답자의 51%가 트럼프의 탄핵을 지지한 가운데 공화당 지지자의 89%가 반대, 민주당 지지자의 92%가 찬성했다. 2020년 대선 관련해서 응답자의 50%는 트럼프 대통령이 의도적으로 허위 정보를 유포했다고 답한 반면 42%는 그가 부정선거(voter fraud)를 확신했다고 답했다. 트럼프 지지자들의 의사당 난입 관련해서는 전체 응답자의 68%, 민주당 지지자의 94%, 무당파의 70%가 트럼프 대통령이 이를 미연에 방지하기 위해 최선을 다하지 않았다고 답했다. 반면, 공화당 지지자의 56%는 그가 최선을 다했음에도 불구하고 벌어진 사태라고 답했다.

전문가들은 보수층의 포퓰리스트 연합을 포용하는 것이 트럼프 이후 공화당의 도전 과제가 될 것이라고 지적한다. 현재 공화당 지지자들은 트럼프 시대 이전의 지지자들과 근본적으로 성격이 다르다(The Washington Post

11) https://poll.qu.edu/national/release-detail?ReleaseID=3691 (검색일: 2021. 2. 1.)

2021/2/6). 트럼프에 대해 대체로 높은 수준의 충성심을 보이고 있지만, 이것은 애국심과 종교, 문화와 관련된 항목에 집중된다. 공화당의 미래와 주요 경제정책에 대해서는 이견이 존재한다. 앞서 언급한 2021년 1월 YouGov 여론조사를 역으로 생각해보면, 공화당 지지자의 24%는 트럼프가 아닌 공화당을 지지하고, 37%는 공화당이 잘못된 방향으로 나가고 있다고 인식하며, 40%는 공화당이 국민의 삶의 질을 개선하기보다 부를 축적하는데 관심이 더 많다고 여긴다. 과거 공화당의 핵심 의제였던 부자 계층에 대한 감세가 미국인 전체를 위하는 일이라는데 반대하는 응답자는 46%나 된다(<표 2> 참조).

트럼프의 지지층이 공고하고 심지어 소폭 확대되었다는 것은 미국 국내 정치의 심각한 양극화 현상과 맞물린다. 국내외적으로 혼란스러웠던 트럼프 집권 4년을 겪은 공화당 지지자들 중에는 트럼피즘과 별도로, 민주당에 대한 강한 적대심 때문에 2020년에도 공화당을 지지한 비율이 높다. 2월 3~8일에 미국 성인 2,508명을 대상으로 실시한 CBS/YouGov 여론조사에 따르면, 공화당 지지자 중 46%가 현시점에서 트럼프에 대한 충성심이 중요하다고 강조했다. 그러나 트럼프가 제3의 정당을 결성한다면 조인하겠다는 사람은 15%에 불과했고 참여를 거부한 사람은 무려 65%였다. 공화당 지지자들이 개인 아닌 당 차원의 트럼프 활동을 선호하는 것을 보여주며, 트럼프 대통령과 공화당을 다른 개체로 인식하지 않는 민심을 보여주었다. 공화당 지지자 중 57%는 민주당을 적, 곧 승리하면 나의 삶과 생활방식 자체를 위협할 수 있는 존재로 인식했고, 43%는 정책으로 맞서는 반대당으로 인식했다. 민주당 지지자의 41%가 공화당을 적으로 인식하고 59%가 정쟁의 상대로 본 결과에 비하면, 공화당의 적대심이 높게 나타났다. 이런 민심을 반영하듯 트럼프 대통령은 2월 28일에 개최된 보수정치행동회의(Conservative Political Action Conference, CPAC) 연설에서 제3당을 창당하지 않겠다고 선언하며 공화당 내에서 자신의 입지를 공고화하겠다고 했다. 최근 개인 홈페이지인 Office45.com을 개설해서 모금 캠페인을 벌이고 지지자들과 소통을 약속하는 등 정치 활동을 이어가고 있다.

▶ 표 4 공화당 지지자의 민주당 인식

민주당은 ...	2020년 투표	정당	이념	인종
	트럼프 지지	공화당	보수	백인
정쟁의 대상이다: 민주당이 집권하면 내가 선호하는 정책 결과를 기대할 수 없다	38%	43%	39%	41%
적이다: 민주당이 집권하면 내 삶, 생활방식 자체가 위협받을 수 있다	62%	57%	61%	59%

출처: CBS/YouGov 여론조사, 2021년 2월 3~8일. N=2,508명.

2. 공화당 지도층의 개혁 부재

트럼프 독트린을 존속시키는 두 번째 요인은 트럼프 대통령과 우호적인 관계를 유지하며 충성심을 보이는 공화당 지도층의 개혁 부재에서 찾을 수 있다. 1월 6일 의사당 난입사건이 종결되자 여야 의원들은 그날 밤 바이든 후보의 승리를 인정하는 절차를 마무리하기 위해 다시 회동했다. 그 자리에서 신거 결과를 공식 승인함으로써 초당적으로 민주주의를 지켜나가는 듯했다. 그러나 애리조나 주 선거 결과를 확정하는 표결에서 반대의사를 표명한 공화당 상원의원은 6명, 하원의원은 121명이었고, 펜실베이니아 주 선거 결과를 확정하는 표결에서 반대한 공화당 상원의원은 7명, 하원의원은 138명이었다. 합산해서 선거인단 투표(electoral college vote)에 대해 한 번이라도 거부의사를 표명한 공화당 의원은 상원에서 8명, 하원에서 139명 있었다. 투표가 행해진 시점이 폭력적인 의사당 난입사건이 벌어진 직후였기 때문에, 이보다 더 확실한 트럼프 지지 표명은 없었다. 마침내 2월 13일, 197명의 하원 공화당 의원과 43명의 상원 공화당 의원이 트럼프 대통령의 두번째 탄핵안에 반대표를 행사해 무죄를 선고했다. 트럼프 대통령의 확고한 지지층인 민중세력(grassroots)보다 당선직 공화당 의원들과 변호인들이 대선 결과에 대한 위헌 소송에 더 적극적으로 동참하고 있다는 것이 당의 본질적인 급진성을 보여주

고 있다고 평가되었다.[12)]

공화당 지도층이 쇄신해 보수 유권자들과의 관계를 회복하고 자체적으로 트럼프의 영향력에서 벗어나고자 노력한다면 트럼피즘이 자연스럽게 소멸하기를 기대할 수 있다. 그러나 현재로서는 당내 그런 조짐이 없다. 공화당 내부에서는 생존하기 위해 트럼프로부터 벗어나야 한다는 위기론(Trumpocalypse)과 트럼프 없이도 트럼피즘이 지속될 것이기 때문에 그를 안고 가야 한다는 운명론이 맞서고 있는데, 후자의 영향력이 더 크다. 공직에서 물러났지만 트럼프 대통령의 지지 여부가 정치생활에 지대한 영향을 미칠 것으로 예상되기 때문에 "트럼프 공화당원(Trump Republican)"의 세력이 여전히 강하고, 개혁을 꾀하는 공화당원의 무더기 이탈 현상은 보이지 않는다.[13)] 탄핵 찬성표를 행사한 소수의 공화당 의원들은 지역구 유권자들과 보수 단체로부터 상당한 공격을 받고 있다. 대통령의 두 번째 탄핵에는 결국 반대했지만 "의심할 여지없이 트럼프 대통령은 실제로, 도덕적으로 그날 사건(의사당 난입사건)을 책임져야 한다"고 일침을 가했던 상원 원내대표 미치 매코널(Mitch McConnell)에 대해 트럼프 대통령은 공식 비판 성명을 냈다. 2월 말, CPAC 연설 중 트럼프는 자신의 탄핵을 지지했던 공화당 의원들의 이름을 일일이 거론하며 "모두 제거할 것"을 경고했고, 그를 전면에서 지지한 조시 홀리(Josh Hawley), 테드 크루즈(Ted Cruz) 등은 칭송을 받았다. 트럼프와 이견을 보였던 니키 헤일리(Nikki Haley), 미치 매코널 등은 불참했다.[14)]

한 가지 더 주목해야 할 일은, 2020년 8월에 개최된 공화당 전당대회에서 공화당이 정강을 별도로 발표하지 않고 2016년 버전을 그대로 사용하며 트럼프 후보만 내세운 사실이다. 당시 공화당은 새로운 정강을 채택하지 않기로 한 것이 코로나19 위험 때문이라고 밝혔다. 그러나 이는 비슷한 환경에서

12) Benjamin Wallace-Wells. "The Real Republican Radicals," The New Yorker. 2020. 12. 31.

13) Jelani Cobb. "What is happening to the Republicans?" The New Yorker. 2021. 3. 15.

14) Anthony Zurcher. "CPAC 2021: Who won the Republican civil war?" BBC News. 2021. 3. 1.

온라인 협의를 통해 정강을 새로 작성한 민주당과 대비되었고, 코로나19 팬데믹의 위험성을 부인해온 당의 입장과 모순되었다. 트럼프 대통령과 측근들이 정강의 내용을 대폭 축소하고 변경할 의지를 보이자, 공화당 지도부에서 이를 사전에 방지하고자 내린 결정이라고 후에 보도되었다.[15] 선거에서 일단 승리해야 하고, 트럼프 대통령이 재선에 성공하면 정책 관련 불미스러운 마찰과 설명은 최대한 줄여야 하므로 문서로 기록될 일을 피해간 공화당 기득권의 편법을 보여주는 사례이다.

3. 미국 국가안보전략의 연속성

세 번째는 거시적 요인으로 국제질서의 변화 속 미국 국가안보전략이 추구하는 연속성 때문이다. "미국의 우위를 새롭게 한다(Renewing America's Advantages)"는 제목으로 공개된 바이든 행정부의 국가안보전략 잠정 지침서(Interim National Security Guidance)는 향후 발간할 국가안보전략서(National Security Strategy, NSS)의 핵심을 담고 있는 문서이다. 트럼프 행정부 시기 발표한 국가안보전략서(NSS 2017)와 차별화된 접근법도 보이지만 연속적인 부분도 많다. 가장 두드러진 공통점은 국제 안보 위협 평가에서 중국을 명백한 1순위로 지명하고, 경제안보가 곧 국가안보라고 강조한 것이다. 지침서는 중국을 "경제적, 외교적, 군사적, 기술적 권력을 통합할 수 있는 유일한 경쟁국"으로 지칭하며 러시아와 함께 미국과 동맹국의 이익 수호를 저해하고 있는 세력으로 평가한다. 미국의 과학 및 기술적 우위의 중요성을 강조하는데 이 또한 인공지능 등의 신기술 분야에서 두각을 나타내고 있는 중국을 의식한 결과이다. 이처럼 바이든 행정부가 인식하는 중국의 위협은 군사 차원에 머물지 않고 중국의 이익에 부합하는 국제질서를 수립하기 위해 기존 자유주의 국제질서의 약화시키고 경제 질서와 기술 표준, 정치 제도를 중국에게 유리하게 변경하는 외교적, 경제적, 정치적 차원의 것이다. 3월 19일 앵커리지에서 개최된 미중 고위급 회담에서 토니 블링컨 국무장관은 신장과 홍콩, 대만에 대한

15) Andrew Prokop. "Why Republicans didn't write a platform for their convention this year." Vox. 2020. 8. 24.

중국의 탄압과 중국의 사이버 공격, 동맹국에 대한 경제적 횡포를 문제시하며 날을 세웠다. 미국은 바로 전날 중국에 대한 경제제재를 추가적으로 부과한 상태였다. 4월 16일 워싱턴에서 개최된 미일 정상회담의 초점도 중국 견제에 맞춰져 있었는데, 바이든 대통령은 스가 총리로부터 5G 공급망의 안정성 확보 및 중국의 인권 문제와 대만해협 안보 유지에 대한 지지를 얻어 동맹 네트워크를 동원한 인도태평양 지역에서의 세력 공고화 의지를 재확인했다.

바이든 행정부의 대중국 견제 기조는 인도태평양전략 수행 차원에서 구체적인 모습을 드러내고 있다. 개별적인 전략 공개는 아직 안 되었지만, 트럼프 행정부에서 본격적으로 사용하기 시작한 인도태평양 개념과 전략 기조를 원용해 상당 부분 이어갈 기세이다. 필립 데이비드슨(Phil Davidson) 인도태평양 사령관이 3월 9일 상원 군사위 청문회에서 발언한 내용을 보면, 미국이 당면한 최대 위협은 전통적 억제력의 약화(erosion of conventional deterrence)이다.[16] 미국이 신뢰할 수 있는 억제력을 확보하지 못하면 중국이 원칙에 기반한 국제질서와 인도태평양전략 비전에 투영된 가치를 저해할 것이다. 중국군의 현대화 계획과 역내 국가들에 대한 무력 사용의 위협 또는 실제 무력 행위는 인도태평양 지역의 안보와 번영을 저해한다. 따라서 인도태평양사령부(USINDOPACOM)는 네 가지 사업, 곧 합동군의 치명성을 증대하고 군의 설계와 태세를 강화하며, 동맹과 파트너십을 공고히 하고, 훈련과 실험과 혁신에 박차를 가하는 임무에 주력할 것이다.

전략 수행의 세부 내용을 살펴보면 우선 외교 차원에서는 가치외교와 민주주의 연대를 강조하며 쿼드(Quad) 정상회담 개최를 계기로 의제와 역할에 대한 합의를 형성하고 있다. 미국은 일본, 호주, 인도와 함께 자유롭고 개방되며 건강한 인도태평양 지역의 발전과 번영을 위해 코로나19 팬데믹으로 인한 경제난 극복 및 백신 개발, 기후변화 대응, 신기술 개발 등 비전통 안보 의제 중심의 협력을 약속하며 전문가 태스크 포스를 가동하기 시작했다. 쿼드 공동성명에서 법의 지배와 항행과 항공의 자유, 분쟁의 평화적 해결, 영토주

16) Philip Davidson. Testimony on USINDOPACOM Posture. Senate Armed Services Committee. 2021. 3. 9.

권을 강조하고 경제적 강압으로부터의 자유를 천명한 것은 남중국해 등 역내 중국의 일방적 영향력 확대를 견제한다는 의미이며, 필요시 군사적 협력의 가능성을 열어두었다.[17] 점차 윤곽을 드러내고 있는 쿼드의 역할에 대한 중국의 위협인식이 고조되는 상황에서, 대중국 견제에 박차를 가해야 한다는 전문가들의 주문이 이어지고 있다.[18] 미국은 아시아 내 쿼드 플러스(Quad Plus) 형성에 대한 여지를 열어놓은 한편, 프랑스와 독일, 영국 등 유럽 국가들의 역내 관심을 환영하며 아시아 및 유럽 간 연대 강화 가능성도 열어두고 있다.

바이든 행정부의 민주주의 중시 접근법은 혼란스러운 국내 상황을 우선적으로 정상화하고 강대국 간 경쟁 국면에서 국민을 효과적으로 동원하기 위한 전략이다. 중국과의 경쟁은 장기전으로 접어들 것이기 때문에 내부 동력 마련이 중요하다는 것을 의식한 결과이다. 민주주의 회복에 대한 바이든 대통령의 개인적 신념과 내부 결집을 기초로 중국을 견제하겠다는 정치적 의지가 매우 강하기 때문에 중국이 민감해 하는 자유와 인권 문제를 자극할 우려가 있다. 반면, 미얀마 쿠데타가 낳은 유혈사태에 대한 일본과 인도의 제한적인 우려 표명, 그리고 인도의 민주주의 체제 후퇴를 두고 민주주의 중심 외교의 한계도 지적된다.

경제 차원에서는 인도태평양 전략의 수행을 위한 예산 확보가 진행 중이다. 바이든 행정부는 4월 9일에 공개한 FY2022년도 국방예산안을 통해 7,150억 달러를 요구했는데, 이는 지난해 대비 1.7% 정도 늘어난 액수이다. 비국방분야가 추가 확보한 예산에 비해 국방예산의 증액폭이 작고, 물가상승률을 반영하면 소폭 줄어들 것이라는 관측도 있다. 그러나 이는 코로나19 팬데믹 극복을 위한 경기부양을 비롯해 외교력을 강화하겠다는 신행정부의 국가안보 우선순위를 그대로 반영한 결과이다. 예산 책정 과정에서 의회내 치열한 공방이 예상되는데, 중국 위협 견제를 국방부의 최우선 과제로 삼은

17) The White House. "Quad Leaders' Joint Statement: "The Spirit of the Quad."" 2021. 3. 12.

18) Joel Wuthnow. "China's Shifting Attitude on the Indo-Pacific Quad," War on the Rocks. 2021. 4. 7.

만큼 태평양억지계획(Pacific Deterrence Initiative, PDI) 이행을 위한 충분한 재원 확보 등을 통해 인도태평양 지역에 대한 직접 투자는 확실하게 이행될 것이라는 전망이다.[19] 미 상원 외교위에서는 4월 8일에 미국의 대중국 경쟁을 지원하기 위한 전략적 경쟁법안(Strategic Competition Act of 2021)을 초당적 지지를 바탕으로 발의했다. 이에 따라 인도태평양 지역에서 활동하는 외국 군대에 대해 6억 5,500달러의 지원금을 배정했고, 인도태평양 해양안보계획(Indo-Pacific Maritime Security Initiative)에 4억 5천만 달러를 할당했다.

군사 차원에서는 인도태평양 지역에서 단독 및 연합군사훈련을 확대, 실시함으로써 대중국 견제 결의를 강하게 피력하고 있다. 일례로 미 해군은 2월 9일에 루즈벨트 항모타격단과 니미츠 항모타격단이 남중국해에서 상호운용성을 높이고 지휘통제 능력을 진작시키기 위한 공동 작전을 수행했다. 남중국해 뿐 아니라 동중국해와 대만해협에 전략자산을 출격시키는 등 중국을 억제하겠다는 군사적 역량과 의지를 시연하고 있다. 한편, 미국은 2월 5일에 파라셀 군도 근처에서 첫 항행의 자유 작전(FONOP)을 실시했다. 미국은 중국 견제 차원에서 한국과 일본, 인도와 대만에 대해서도 항행의 자유를 실시해왔는데, 이런 작전 수행을 정치화하려는 중국에 맞서 정당성을 강조하며 정상적 작전의 일부로 수용하게끔 하는 전략을 구사하고 있다. 바이든 행정부는 2019년과 2020년 각각 10여 차례씩 항행의 자유 작전을 실시한 트럼프 행정부와 보조를 맞출 것으로 보인다. 트럼프 행정부와 마찬가지로 중국을 더 이상 군사적으로 압도할 수 없다는 것을 인정하고 신뢰를 바탕으로 하는 동맹국 및 우방국 네트워크 활용을 강조하고 있다. 미군의 전진배치를 유지하되 동남아시아와 인도양을 아우르는 지역으로 기지를 분산시키고 공동으로 운용하는 방안(joint basing)을 구체화하는 등 전력을 강화해 나갈 전망이다.

미국의 인도태평양 지역으로의 자원 집중을 예고하는 최근 전략 결정은 4월 14일에 발표한 아프가니스탄 철군 계획이다. 바이든 대통령은 5월 1일부

---

19) IISS-Asia Roundtable Seminar: US IndoPacom Commander Admiral Phil Davidson 내용 중. 2021년 4월 15일.

터 시작해 9월 11일까지 공식적으로 2,500여 명으로 집계되는 미군 전투인력 모두를 철수할 계획을 발표했고, 잔류군이나 현지 상황 악화에 따른 재파병의 여지는 없다고 선을 그었다. 미군이 자국 본토에 대한 테러위협 제거라는 목표를 이미 달성했고, 아프간 재건이라는 비현실적 목표 아래 출구 없는 소모전을 치르는 것보다 중국 견제를 위해 국가 자원을 총동원하는 것이 더 중요하다는 것이 그 이유였다.[20] 이러한 결정은 비단 미군의 철수로 끝나지 않고 나토 동맹군의 동반 철수를 가져올 것으로 상당한 파급력을 지닌다. 전쟁에 대한 피로도가 높은 여론은 이 이슈에 대해서 당파성을 보이지 않는다. 2020년 3월 이코노미스트/YouGov 여론조사에 따르면 민주당, 공화당 지지자의 과반 이상이 미국이 아프간전에서 승리하지 못한 채 철수하게 될 것이라고 답했다.[21]

미 군부와 전문가 다수는 아프간 현지 조건에 기초하지 않은 미군 철수가 초래할 탈레반 세력에 대한 억지력 악화의 위험성을 경고하고 있다. 다만, 이번 결정은 트럼프 행정부에서 시도했던 아프간 철수와 달리 거래적 비용 계산이 아닌 적법하고 전략적인 고민을 기초로 하고 있다.[22] 무엇보다 바이든 대통령이 많은 반대를 무릅쓰고 미군의 완전한 철수를 결심한 것은 "카불(kabul)을 방어하는 것보다 케노샤(kenosha)의 미래를 더 중시하는" 바이든식 미국 우선주의의 단면을 보여준다. 전쟁을 종결하겠다는 대통령의 개인적 신

---

20) David Sanger. "With Afghan Decision, Biden Seeks to Focus U.S. on New Challenges," The New York Times. 2021. 4. 13.

21) https://today.yougov.com/topics/politics/articles-reports/2020/03/10/afghanistan-poll (검색일: 2021. 2. 1.)

22) Karen DeYoung and Missy Ryan, "With Afghanistan decision, Biden restores foreign policymaking process that Trump had largely abandoned." The Washington Post. 2021. 4. 19. 미 외교협회(CFR) 회장인 Richard Haass는 조건에 기초하지 않는 아프간 철수라는 결과에는 반대하지만 부처간 충분한 협의가 이루어졌음을 인정했다.
https://www.msnbc.com/andrea-mitchell-reports/watch/o-sullivan-and-haass-argue-it-s-wrong-to-withdraw-from-afghanistan-110600773636 (검색일: 2021. 4. 23.)

념도 중요하지만,[23] 이 결정은 중국의 전방위적 위협에 맞서 미국의 심장부인 중산층을 지키겠다는 전략 목표에 근거한다.

한편, 미국의 군사 및 국방전략은 오바마 행정부 때 발표한 신국방전략지침(Defense Strategic Guidance, DSG 2012)에서부터 트럼프 행정부 때 발표한 국방전략서(National Defense Strategy, NDS 2018)에 이르기까지 이라크, 아프간 등 중동에서 아시아 지역으로의 자원 재배치를 실천하는 방향으로 발전해왔다.[24] 특히 셰일가스 혁명으로 중동지역의 전략적 가치가 하락하면서 미국의 역내 핵심 작전은 육군보다 해·공군 위주로, 전진배치 전력보다 순환배치 전력을 운용하는 방향으로 전환되었다. 반대로 중국의 부상으로 인도태평양 지역이 중요해짐에 따라 역동적인 군사력 운용(Dynamic Force Employment)과 블루 반접근/지역거부(Blue A2/AD)와 같은 작전 개념이 주목받고 있다. 2020년 11월, 케네스 브레이스웨이트(Kenneth Braithwaite) 미 해군 장관은 7함대의 부담을 덜기 위해 인도양과 태평양을 연결하는 지역을 관할하는 1함대를 창설해야 한다고 주장하기도 했다.[25] 9월에 미국의 아프간 철군이 완료되면 중동지역에 배치된 인적, 물적 자산이 인도태평양 지역으로 환원될 수 있는 조건을 촉진하게 된다. 현재 수행 중인 전세계 태세 검토(Global Posture Review)가 완료되면, 지역별 자원 배분 현황과 수요를 보다 정확하게 파악할 수 있을 것이다.

4. 2022년 중간선거와 2024년 대통령 선거

바이든 행정부의 업적을 평가할 2022년 중간선거와 2024년 대통령 선거는 트럼프 독트린을 지속시키는 네 번째 요인이다. 민주당이 선거에서 승리하려

23) Michael Hirsh. "From moral responsibility to magical thinking: How Biden changed his mind on Afghanistan." Foreign Policy. 2021 4. 16.

24) 더 거슬러 올라가면 조지 W. 부시 행정부 때 "21세기 해양 전략(A Cooperative Strategy for 21st Century Seapower 2007)"을 발표해 미 해군의 주 활동 무대는 태평양과 대서양이 아닌 서태평양과 인도양이 되어야 한다고 주장한 바 있다.

25) Megan Eckstein. "SECNAV Braithwaite Calls for New U.S. 1st Fleet Near Indian, Pacific Oceans," USNI. 2020. 11. 17.

면 기존 국제 질서에서 소외되었다고 느껴 2016년에 트럼프 대통령을 지지했던 유권자들을 포섭할 필요가 있다. 2008년 금융위기 이래 누적된 세계화에 대한 대중의 반감이 트럼프 대통령의 당선과 동시에 미국 내 심각한 불평등의 문제, 계급과 인종의 문제로 공론화되어 민주주의의 근간을 위협하는 요소가 되었다. 게다가 바이든 행정부는 어느 때보다 국제 협력이 어려운 상황을 이어받았다. 지난 4년 동안 일방주의적이고 거래 중심적인 트럼프 독트린이 국가 간 다자적 협력보다 각자도생을 부추겨 자유주의적 국제주의 질서를 약화시킨 상태에서 2020년 초에 코로나19 사태가 불거졌다. 국제사회에서는 팬데믹에 대한 대응 능력 차이에 따른 또 다른 불평등이 확산함과 동시에 백신 획득을 둘러싼 자국 중심주의가 횡행하고 있다. 선진국들이 앞장서서 백신 물량을 확보함으로써 소외되는 국가와 지역이 발생하고 있고, 각국이 실시하고 있는 여행금지나 트래블 버블 조치는 자국민 보호를 위해 사실상 무역장벽을 세우는 것과 다르지 않다.

이런 여건을 고려하면 바이든 행정부는 외교정책 부문에서 돌파구(breakthrough)를 추구하기보다 형식면에서는 기본에 충실한 외교를 앞세워 미국의 귀환을 시연하지만, 내용면에서는 표심을 좌우하는 경제와 중산층의 회복에 집중하면서 그럭저럭 외교정책을 수행할(muddling through) 가능성이 높다. 역사적으로 현직 미국 대통령이 첫번째 중간선거에서 고전을 면치 못한 사례가 많고, 공화당이 상하원에서 의석수를 늘리기 위해 트럼프 대통령을 중심으로 집결할 기세이기 때문에 바이든 행정부는 표와 직결되는 국내 이슈에 집중하게 될 것이다. 최근 발표된 인구조사(Census 2020)에 따르면 민주당이 전통적으로 우세한 캘리포니아 주나 플로리다 주 등의 인구 감소와 저학력 백인 계층의 중서부로의 이주 때문에 하원은 의석을 잃을 것으로 점쳐진다.[26] 부통령의 캐스팅보트 행사로 민주당이 가까스로 우위를 지키고 있는 상원에서 의석을 잃는다면 남은 바이든 대통령의 임기동안 더 이상의 입법은 기대하기 어렵다. 현재로서 2024년 대선은 예측하기 어렵지만, 트럼피즘이

---

26) David Weigel. "The Trailer: Big Census, small changes: The next decade's political map explained," The Washington Post. 2021. 4. 28.

지속되고 공화당 쇄신이 지체되는 한, 트럼프 행정부 2.0이 출범하거나 비슷한 성격의 공화당 후보가 집권할 가능성을 배제할 수 없다. 트럼프 대통령은 중간선거 직후 자신의 대선 출마 여부를 결정할 것이라고 밝히며 이미 캠페인을 시작했다.

Ⅳ. 결론

트럼프 독트린은 불명예스러운 퇴임 후에도 여전히 공고한 트럼프 대통령의 국내 지지층과 공화당 지도부의 개혁 부재, 변화하는 국제질서 속 중국을 강하게 견제하는 미국 국가전략의 연속성, 그리고 선거라는 요인 때문에 지속적으로 영향력을 발휘할 것으로 예상된다. 미국이 글로벌 경쟁력을 제고하기 위해서는 국내 정치의 건강 회복이 필수적이다. 빠르게 변하는 인구구성 때문에 소수집단으로 전락하는 것이 불안한 백인 유권자들과 이러한 괴리를 선거법 개정이 아닌 정책으로 풀지 못하는 공화당의 구심력 상실은 상당기간 트럼피즘의 동력이 될 것이고, 바이든 행정부에게 큰 부담과 도전이 될 것이다. 따라서 바이든 행정부는 기후변화와 같은 민주당 의제에 주력하면서도 아래에서부터 공화당의 주변부 계층을 끌어들이기 위한 대승적 정책과 함께 추진하면서 단합된 민주주의를 근간으로 하는 글로벌 리더십을 회복시키고자 노력할 것이다. 최근 바이든 대통령이 추진하는 기간시설 투자 계획(2조 3천억 달러)이 공화당 지도부의 지지는 얻지 못했지만 초당적 국민의 지지를 얻었다는 점은 이를 방증한다. 바이든 행정부 하에서 국내정치가 곧 외교정책임을 강조하고 있기 때문에 오히려 차기 선거에서 후자가 주목받을 가능성이 높아졌다. 따라서 방어와 편의 차원에서 트럼프 독트린의 외형은 과감히 버리되 내용은 일정 부분 수용하는 것이 합리적이다.

점차 모습을 드러내고 있는 바이든 독트린은 외교정책 수립에 필요한 절차를 중시하는 측면에서 트럼프 독트린과 외형은 다를지라도, 절대적 힘의 우위에서 협상하고 외교 및 동맹 네트워크를 미국의 이익에 맞추어 꾸리고 활용하려고 함에 있어서는 본질적으로 다르지 않다. 2021년 10월 현재 미국은 중국뿐 아니라 유럽과 동맹국을 겨냥한 고율 관세를 여전히 유지하고 있고 중국에 대한 기술적 우위를 확보하기 위한 자원 경쟁에서 동맹 및 파트너국을 적극적으로 동원하는 강압 전략을 전개하고 있다. 중국군의 해양력 확대를 강하게 견제하면서 남중국해와 대만해협에서 군사적 긴장감마저 높이고 있다. 지난 8월 아프가니스탄에서의 일방적 미군 철수 완료는 유럽과 중동에서의 안보 부담을 덜고 아시아에서 본격적으로 중국에 맞서겠다는 의지의 표현이었다. 최근 쿼드의 재활성화와 더불어 미영호 삼각군사동맹(AUKUS) 결성을 통해 구사하고 있는 동맹 균형 전략은 중국에게 상당히 위협적인 상황이다.

미국이 민주적 가치와 규범을 공유하는 동맹과의 협력 지평을 넓힌다는 명목으로 자국 중산층 경제에 도움이 되는 정책에 대한 참여를 독려하는 상황에서, 한국은 중국과 북한, 안보와 경제 이슈 제반에 대해 어려운 결정을 내려야 할 것이다. 당장 코로나19 팬데믹을 견디고 국가 경제를 회복시키는 과업만으로도 벅차지만, 한국은 한미동맹과 지역 안보아키텍처에 유의미하게 기여하면서 우선순위 이슈에 대해 미국과 주변국의 협력을 얻어내는 지혜를 발휘해야 할 것이다.

참고문헌

"Biden's report card is in. Here's the grade he gets for his first 100 days." The Washington Post. 2021. 4. 26.

Coaston, Jane. "Trumpism Has No Heirs," The New York Times. 2021. 3. 3.

Cobb, Jelani. "What is happening to the Republicans?" *The New Yorker.* 2021. 3. 15.

Davidson, Philip. Testimony on USINDOPACOM Posture. Senate Armed Services Committee. 2021. 3. 9.

DeYoung, Karen and Missy Ryan, "With Afghanistan decision, Biden restores foreign policymaking process that Trump had largely abandoned." The Washington Post. 2021. 4. 19.

Dueck, Colin. 2020. Age of Iron: *On Conservative Nationalism. Oxford University Press.*

Eckstein, Megan. "SECNAV Braithwaite Calls for New U.S. 1st Fleet Near Indian, Pacific Oceans," USNI. 2020. 11. 17.

Haass, Richard. 2017. *A World in Disarray*. Penguin Books.

Haines, John. 2017. "Divining a Trump Doctrine." *Orbis. Winter 2017.* Foreign Policy Research Institute.

Hirsh, Michael. "From moral responsibility to magical thinking: How Biden changed his mind on Afghanistan." *Foreign Policy*. 2021 4. 16.

Olsen, Henry. "New poll: There is no singular Trump voter," The Washington Post. 2021. 2. 6.

Prokop, Andrew. "Why Republicans didn't write a platform for their convention this year." Vox. 2020. 8. 24.

Sanger, David. "With Afghan Decision, Biden Seeks to Focus U.S. on

New Challenges," The New York Times. 2021. 4. 13.

"The Biden 100-Day Progress Report," *Foreign Policy*. 2021. 4. 23.

The White House. *Interim National Security Strategic Guidance*. 2021. 3.

The White House. "Remarks by President Biden on America's Place in the World." 2021. 2. 4.

The White House. "Quad Leaders' Joint Statement: "The Spirit of the Quad."" 2021. 3. 12.

Wallace-Wells, Benjamin. "The Real Republican Radicals," *The New Yorker*. 2020. 12. 31.

Weigel, David. "The Trailer: Big Census, small changes: The next decade's political map explained," The Washington Post. 2021. 4. 28.

Wright, Thomas. "The fraught politics facing Biden's foreign policy," *The Atlantic*. 2020. 11. 22.

Wuthnow, Joel. "China's Shifting Attitude on the Indo-Pacific Quad," *War on the Rocks*. 2021. 4. 7.

Zakaria, Fareed. "On the Domestic front, Biden is all ambition. Why not on foreign policy?" The Washington Post. 2021. 2. 21.

Zurcher, Anthony. "CPAC 2021: Who won the Republican civil war?" BBC News. 2021. 3. 1.

7. 바이든 행정부의 아태정책과 한반도 정책 전망*

이수훈(한국국방연구원)

Ⅰ. 서론

미국인들은 물론 전 세계의 이목을 집중시킨 제59대 미국 대통령 선거는 조 바이든(Joseph R. Biden) 후보의 승리로 막을 내렸다. 선거에서 패배한 도널드 트럼프(Donald J. Trump) 대통령은 선거결과 불복, 부정선거 의혹 제기, 의회난입 사태 선동 의혹, 제46대 대통령 취임식 불참 등 여러 경로를 통해 선거결과에 대한 불만을 제기하며 사회적 혼란이 가중되었다. 코로나19 사태로 인해 사회, 경제적으로 막대한 타격을 받은 미국은 제59대 대선 이후 나타난 정치 양분화로 인해 총체적 난관을 맞이하게 되었다.

2021년 1월 20일 개최된 대통령 취임식에서 바이든 대통령은 민주주의(democracy) 강화와 국가적 통합(unity)을 강조했다. 코로나19 사태가 덮친 미

* 이 장은 한국국방연구원 동북아안보정세분석(NASA)(2021.02.10.; 2021.03.17.; 2021.03.26.)에 게재된 원고와 한국국방연구원 2021년 연구과제 보고서(과제명: 미국신행정부의 아태지역 안보 · 국방정책과 우리의 대응 방향) 일부를 수정, 보완한 것임.

국을 재건하기 위해 통합의 중요성을 강조했다. '밤에는 우는 일이 있을지라도 아침에는 기쁨이 오리라'(시편 30장 5절)라는 성경구절을 인용했다하며 극복의 메시지를 전달했다. 미국은 동맹관계를 회복하고 세계와 협력할 것이며 세계를 "힘의 모범이 아닌 모범의 힘으로 이끌 것(lead not merely by the example of our power, but by the power of our example)"이라고 천명했다.[1)]

본 연구는 '바이든 대통령 시대 미국의 한반도 정책은 어떻게 변화하는가?' 라는 질문으로 시작되어 바이든 행정부의 아태정책과 한반도 정책을 관찰한다. 바이든 행정부 출범 초기에 이뤄진 본 연구는 바이든 행정부의 대외정책이 트럼프 행정부와는 다른 양상을 나타낼 것이라는 가정을 바탕으로 미국의 아태정책, 대중정책, 북한 비핵화 정책을 진단하고 한미동맹의 전망을 도출한다. 주지했듯이 바이든 행정부 출범 초기의 대외정책 구상이 구체적으로 이뤄지지 않은 단계에서 수행된 본 연구의 분석범위와 선행연구 분석은 다소 제한적일 수 있음을 밝힌다.

본 장은 바이든 대통령 그리고 바이든 행정부의 외교 · 안보 · 국방 관련 인물들의 연설문, 기고문 등의 자료에 입각한 문헌분석을 위주로 대외정책을 전망한다. 또한 국내외 학계와 싱크탱크의 분석을 참고하여 전망의 오류를 최소화한다. 본문에서는 바이든 행정부의 대외정책 기조, 대중정책, 북한 비핵화 정책에 대한 분석을 이룬 후 한미동맹 핵심 현안을 식별하고 이에 대한 대처 방안을 논의하여 한미동맹의 발전 방향을 모색한다.

II. 바이든 시대 대외정책 기조와 아태정책 전망

세계 최강대국 미국은 대전략(grand strategy)을 기반으로 지역전략을 수립한다. 미국의 대전략 수립은 "건국의 아버지들(the Founding Fathers)"에서부터 시작되었고 "도덕적 가치(moral values)"에 기반을 둔다. 다시 말해 미국의 대전략은 물리적(physical) 요소에 국한된 국방(national defense)이 아닌 물리

1) The White House, "Inaugural Address by President Joseph R. Biden, Jr." January 20, 2021.

적 · 도덕적 요소를 복합적으로 고려하는 안보(national security)를 의미한다.[2) 본 절에서는 바이든 행정부의 대전략이라고 할 수 있는 대외정책 기조를 논의하고 이를 기반으로 아태(아시아 태평양)정책, 즉 대중정책을 전망한다. 바이든 행정부는 대외정책에 있어 트럼프 행정부와의 정책적 차별성을 강조하며 출범했으나 대중정책에 관해서는 강경책이 유지될 전망이다.

1. 대외정책 기조

바이든 행정부의 대외정책 기조는 크게 두 가지로 볼 수 있다. 첫째는 민주주의라는 가치이자 규범을 전 지구적 차원에서 강화하여 미국의 리더십을 복원하는 것이며, 둘째는 글로벌 거버넌스 재가입과 동맹 네트워크 재구축을 통해 미국의 세계적 입지를 강화하는 것이다. 트럼프 행정부의 '미국 우선주의' 대외정책이 국제사회에서 미국의 역할을 선택적으로 축소하는 고립주의적(isolationism) 양상을 나타냈다면, 바이든 행정부의 대외정책은 미국의 역할을 확장하는 자유 국제주의적(liberal internationalism)[3) 사고에 입각한다.

바이든 대통령의 대외정책 기조는 그의 기고문과 민주당 정강정책(Party Platform)에 명시되어 있다. 당시 바이든 후보는 2020년 발간된 '왜 미국이 다시 리드해야 하는가(Why America Must Lead Again)' 제하의 기고문에서 미국의 세계적 리더십을 복원하기 위해서는 "국력의 원천(wellspring of power)"인 민주주의를 회복해야 한다고 주장했다. 트럼프 행정부에서 퇴보된 미국 내 민주주의를 회복하여 미국이 다시 세계를 리드할 수 있는 동력을 마련한다는 것이다.[4)5) 미국 안팎에서 민주주의 강화를 통한 세계적 리더십 복원은 바이든

2) Leon S. Fuerth, 2011. "Grand Strategy," in Forging an American Grand Strategy: Security a Path Through a Complex Future, ed. Douglas C. Lovelace, Jr. 2013: 9-13.

3) Thomas Wright, "The fraught politics facing Biden's Foreign Policy," Brookings, November 22, 2020.

4) Joseph R. Biden, Jr. "Why America Must Lead Again: Rescuing U.S. Foreign Policy After Trump," Foreign Affairs, March/April 2020.

5) "2020 Democratic Party Platform," Considered by 2020 Platform Committee

행정부의 국정운영과 대외정책 수립의 근간이 된다.

바이든 행정부의 두 번째 대외정책 기조는 미국의 세계적 입지 강화라고 할 수 있으며 이는 글로벌 거버넌스 내 미국의 역할 확대와 동맹 네트워크 재구축을 통해 이뤄질 전망이다. 바이든 대통령은 취임사에서 미국의 "동맹관계를 보수(repair alliance)"하고 미국을 "다시 세계에 관여시킬 것(engage with the world again)"이라고 천명했다.[6] 중도 자유주의(moderate liberal)와 제도주의(institutionalism) 성향을 갖춘 토니 블링컨(Tony Blinken) 초대 국무장관 역시 미국의 세계적 역할을 확대해야 한다고 주장했다.[7] 블링컨 국무장관은 세계는 스스로 운영되지 않기 때문에 미국이 세계를 리드하지 않는다면 우리가 원치 않는 방향으로 누군가가 세계를 이끌어나가게 될 것이라 전망한다.[8]

바이든 행정부의 대외정책 방향은 출범과 동시에 서명한 행정명령(executive order)에서 드러났다. 바이든 대통령은 세계보건기구(WHO)에 미국을 재가입 시키는 행정명령에 서명했고, WHO 미국 대표단의 수장으로 파우치(Anthony Fauci)를 임명함으로써 세계보건안보에 적극적으로 참여한다는 의지를 보였다. 나아가 파리기후협약(Paris Climate Accords)에 미국을 가입시키는 행정명령에도 서명했다.[9] 이러한 바이든 행정부의 대외정책 기조인 미국의 세계적 리더십 복원은 아태 및 대중정책에도 전반적으로 투영되어 있다.

2. 아태정책

역사상 가장 막강한 경쟁자인 중국이 위치한 아태지역은 냉전 이후 미국이 지속적으로 외교·안보 자산을 배치한 곳이다. 트럼프 행정부에서는 중국을

---

and Approved by the Democratic National Convention, August 18, 2020. p. 72.

6) Biden's Inauguration Speech. January 20, 2021.

7) Jesus A. Rodriguez. "The World According to Tony Blinken." Politico, January 1, 2011.

8) Tony Blinken. Senate Confirmation Hearing. January 19, 2021.

9) Aishvarya Kavi. "Biden's 17 Executive Orders and other directives in Detail," New York Times, January 20, 2021.

수정주의 국가로 규정하고 인도·태평양 전략을 통해 역내 국가들과의 안보 협력을 강화하여 중국의 일대일로(Belt and Road Initiative), 남중국해 군사기지 건설과 같은 경제, 군사 굴기를 억제하고자 했다.[10] 그러나 현실적으로 중국과의 양자관계를 소홀히 할 수 없었던 역내 국가들은 미국의 인도·태평양 전략 동참 제안에 미온적으로 대처했다. 이러한 상황 속에서 출범한 바이든 행정부는 인도·태평양 지역 내 미 동맹과 파트너 국가들과 공조를 이뤄 역내 질서를 확립하고 민주주의 강화를 위해 노력할 전망이다.

바이든 행정부의 인도·태평양 전략은 백악관 국가안보회의(NSC: National Security Council) 인도·태평양 조정관으로 임명된 커트 캠벨(Kurt Campbell)의 기고문을 통해 유추해볼 수 있다. 캠벨 조정관은 '미국은 어떻게 아시아 질서를 강화할 수 있는가' 제하의 기고문에서 인도·태평양 지역의 "세력 균형(balance of power)"과 "질서(order)"를 저해하려는 중국의 도전에 미국과 동맹이 함께 대응해야 한다고 주장했다. 캠벨 조정관은 인도·태평양 지역의 질서가 중국의 군사 굴기 그리고 민주주의와 인권에 "무심했던(cavalier)" 트럼프 행정부의 정책으로 인해 무너졌다고 했다.[11]

캠벨 조정관은 미국이 인도·태평양 지역의 균형과 질서를 되찾기 위해 다음과 같은 역할을 해야 한다고 명시했다. 첫째, 미국은 역내 균형을 위해 동맹국들이 중국을 억제할 수 있는 역량을 갖추도록 지원하고, 미군의 역내 주둔을 유지하며, 역내 국가 간 군사 및 정보 파트너십을 갖출 수 있도록 독려해야 한다. 중국의 역내 군사 굴기를 억제하기 위해 미국은 비대칭 전력을 강화하고 동맹국들이 중국을 억제할 수 있는 역량을 갖추도록 지원해야 한다는 것이다. 이러한 관점에서 볼 때, 한국과 일본 간 군사정보보호협정인 지소미아(GSOMIA: General Security of Military Information Agreement)는 캠벨 조정관이 언급한 역내 정보 파트너십 구축에 해당한다.[12]

10) US Department of Defense. "Indo-Pacific Strategy Report: Preparedness, Partnerships, and Promoting Networked Region," June 1, 2019.

11) Kurt Campbell, "How America Can Shore up Asian Order," Foreign Affairs, January 12, 2021.

12) *Ibid.*

둘째, 캠벨 조정관은 인도·태평양 지역의 질서가 "일반적으로 받아들일 수 있는 정당성(generally accepted legitimacy)"을 갖춰야 한다며 역내 국가들이 미국과 중국 사이에서 선택을 강요받는 환경이 되어서는 안 된다고 주장한다. 나아가 중국이 "규칙에 따른다면(play by the rules)" 역내 질서에 참여하여 의미 있는 역할을 할 수 있도록 도와야 한다고 했다. 단, 여기서 언급한 규칙은 미국과 동맹들이 주도하는 자유주의 국제질서 기반의 규칙을 의미하기 때문에 중국이 이를 수긍하고 협력할 가능성은 높지 않다. 나아가 캠벨 조정관은 기술적 측면에 있어 미국과 역내 국가들이 "대연합(grand coalition)"을 이루기보다는 사안별로 "맞춤 또는 즉석(bespoke or ad hoc)"의 성격을 가진 민주주의 10개국(D-10: Democracy 10) 또는 쿼드(Quad: Quadrilateral Security Dialogue)와 같은 협의체를 만들어야 한다고 주장한다.[13)]

2007년 출범 이후 10년간 큰 발전을 이루지 못했던 쿼드는 트럼프 행정부 들어 중국 견제 차원에서 다시 수면위로 올라왔다. 쿼드는 미국, 인도, 일본, 호주 4개국이 참여하는 비공식 안보회의체다. 쿼드는 미국, 일본, 인도, 호주 국장급의 외교·안보 분야 협의체로 발족되어 2020년 장관급 회의 개최 이후 나토(NATO)와 같이 지역 안보기구로서의 발전 가능성도 언급되었다. 생각이 비슷한(like-minded) 국가들이 공조하여 인도·태평양 지역 내 중국 위협에 공동으로 대응하기 위해 모인 협의체라는 것이다. 그러나 쿼드의 시작은 2004년 인도양 쓰나미 피해 복구에서 4개국의 공동 대응이었다. 이후 2007년 첫 4자 안보대화 진행했고 한동안 큰 관심을 받지 못하다가 2017년 아세안 정상회의에서 남중국해 내 중국 견제를 위해 다시 논의되었다.

쿼드는 바이든 행정부의 대외정책 기조인 동맹 다자주의 원칙에 부합한다. 이는 향후 중국 견제를 위한 기제로 발전될 가능성도 있다는 것이다.[14)] 쿼드는 2019년 당시 스티븐 비건(Stephen Biegun) 미 국무부 부장관이 이를 공식

13) *Ibid.*

14) 최원기, "미국 바이든 행정부의 아태전략 전망: 미국, 일본, 인도, 호주 다자 협의체(Quad)를 중심으로," IFANS 주요국제문제분석 2020-54. 국립외교원 외교안보연구소. 2020. 12.

적인 국제기구로 만들고 한국, 베트남, 뉴질랜드 3개국을 포한 쿼드 플러스(Quad Plus)로 확장시키자는 제안을 하며 다시 주목을 받기 시작했다. 바이든 행정부가 쿼드 플러스 구상을 실현시킨다면 쿼드는 비공식 안보회의체로서의 저변을 확대하여 중국 문제, 북한 핵문제 위협 등을 다루는 공식 안보회의체로 발전할 가능성도 배제할 수 없다.

바이든 행정부의 외교 · 안보 분야 주요 정책결정자들은 쿼드 구상에 관련해 적극적인 입장을 취하고 있다. 블링컨 국무장관은 미국과 호주 간의 협력을 강조하며 쿼드와 같은 협의체를 통해 기후변화, 코로나19, 국제보건안보와 같은 공동의 위협을 관리할 수 있다고 했다.[15] 제이크 설리번(Jake Sullivan) 국가안보보좌관 역시 미국이 동맹들과 함께 "발을 맞춰(lockstep)" 쿼드를 이어나가야 한다고 주장했다.[16] 그러나 쿼드 참여 가능성이 있는 국가들이 중국과의 관계를 무시하고 별도의 대안도 없이 바이든 행정부의 쿼드 구상을 맹목적으로 따라가느냐에 대한 고민은 여전히 남아있다.

3. 대중정책

바이든 행정부에서 대중정책만큼은 트럼프 행정부의 유산(레거시(legacy))이 지속될 전망이다. 중국의 경제적 · 정치적 부상은 세계 최강대국의 지위를 오랜 기간 유지해오던 미국을 위협하고 있다. 바이든 행정부가 아니라도 미중경쟁의 심화는 이미 예견되었다. 바이든 행정부의 대중정책은 강경노선을 유지할 전망이며 그 이유는 다음과 같다. 첫째, 국제정치학의 구조적 현실주의에서는 시장 내 행위자가 이익의 극대화를 추구하듯 국제정치에서 국가 역시 안보이익의 극대화를 추구한다고 본다.[17] 이 개념을 미중관계에 적용하

15) US Department of State, "Secretary Blinken's call with Australian Foreign Minister Payne," Office of the Spokesperson, January 27, 2021.

16) John Gardy, "Biden Administration wants to expand Pacific 'Quad' Relationship, National Security Advisor Sullivan says," USNI News, June 29, 2021.

17) Daniel Bessner and Nicholas Guilhot, "How Realism Waltzed Off," International Security, vol. 40, no. 2, 2015.

면 두 국가의 패권경쟁은 피할 수 없는 숙명이다. 물론 패권경쟁에서 미국과 중국의 입장을 공세적(offensive) 또는 방어적(defensive)으로 해석하느냐에 따라 경쟁의 강도가 다르겠지만, 현재 국제정치 구조상 미국의 "강경한 대중정책(tough on China)"[18]은 현실주의 이론의 관점에서 보면 당연한 해석이다.

둘째, 자유와 민주주의 가치를 기반으로 출범한 민주당 바이든 행정부는 중국의 사회주의 시스템과 인권억압에 대해 비판적인 시각을 갖고 있다. 2020년 민주당 정강 정책에는 미국이 세계 민주주의와 인권을 보호해야 하며, 중국의 위구르(Uyghurs) 지역 인권억압에 대해 강경하게 대응해야 한다고 명시되어 있다.[19] 블링컨 국무장관은 양제츠(Yang Jiechi) 중국 공산당 외교담당 정치국원과 나눈 첫 통화에서 신장, 티벳, 홍콩 지역의 민주주의와 인권을 보호하기 위해 미국이 "나설 것(standing up)"이라고 했다.[20] 바이든 행정부 출범 후 개최된 첫 미중 고위급 회담에서도 미국은 티벳, 홍콩, 신장, 대만 등 지역에서의 인권관련 사안을 문제 삼았다. 양제츠 공산당 외교담당 정치국원 역시 미국 내 인권문제를 거론하며 미국의 "위선(hypocrisy)"적인 태도를 문제 삼았다.[21] 바이든 행정부는 중국의 인권문제를 지속적으로 제기하는 가운데 미중 갈등은 다양한 측면에서 심화될 가능성이 있다.

상술한 바와 같이 바이든 행정부 내 미중경쟁의 격화가 예상되는 가운데 미국의 대중정책은 다음과 같이 전개될 전망이다. 첫째, 바이든 행정부는 미중 간 협력과 경쟁 분야를 구분한 대중정책을 수립할 것이다. 즉 '봉쇄 · 포용(congagement)' 전략이다. 안보, 기술과 같이 협력이 어려운 분야에서는 미중 간 경쟁이 지속되겠으나, 경제, 기후변화와 같이 협력이 가능한 분야에서만큼 비교적 수용적인 입장을 취할 수 있다.

2020년 발표된 포천 500(Fortune 500)개 기업 중 124곳이 중국 기업이며(미

---

18) 2020 Democratic Party Platform. p. 88.

19) *Ibid.*, 84.

20) Niluksi Koswanage, Tongjian Dong, and Jing Li, "Blinken Presses China Diplomat on Human Rights, Hong Kong," Bloomberg News, February 6, 2021.

21) Matthew Lee and Mark Thiessen, "US, China spar in first face-to-face meeting under Biden," Associated Press, March 19, 2021.

국은 121곳), 그 중 75%가 국영기업(state-owned enterprise)이다. 중국 정부는 이들을 보호하기 위해 외국 기업의 중국 내 진출을 막았다. 트럼프 행정부에서 중국 회사들을 글로벌 공급망에서 배제한 사이 중국은 이들을 더욱 국유화시켰다.[22] 미중 무역경쟁은 무역전쟁이 되었으며 따라서 미중 경제협력은 쉽지 않은 상황이다. 또한 미중 각국의 안보와 기술에 관련된 기업체들이 경제교류를 하는 것은 구조적으로 어려워졌다. 그러나 바이든 행정부는 중국이 규칙을 준수한다면 협력의 장을 제안할 가능성이 있다. 미중 경제협력은 현실적으로 어려울 수도 있겠지만 현재 미국과 중국이 함께 걸려있는 글로벌 벨류체인을 감안한다면 두 국가의 탈동조화(decoupling) 역시 불가능하다.

기후변화에서는 미국과 중국이 협력할 가능성이 있다. 미국과 중국은 세계 기후변화에 가장 많은 영향을 끼치는 국가들이며, 과거 오바마 행정부 시절 파리기후협약에 함께 가입한 전례가 있다. 특히 오바마 행정부 출신인 블링컨 국무장관, 케리(John Kerry) 기후 특사, 설리번 보좌관의 "외교적 기억(diplomatic muscle memory)"이 유효하다면 미국은 중국에 기후 거버넌스에 관해 협력을 요청할 것이다.[23]

둘째, 바이든 행정부의 대중정책은 미국의 동맹과 파트너 국가들이 함께하는 다자형태를 추구할 것이다. 캠벨 조정관은 미국과 아시아의 비전이 담긴 인도·태평양 질서(Indo-Pacific order)에 중국이 참여한다면 인센티브(incentive)를 제공하고, 만약 질서를 위협한다면 패널티(penalties)를 부과해야 한다고 주장했다.[24] 여기서 중국의 질서위협은 양국의 가치 충돌을 의미한다. 이때 가치와 규범을 강조하는 바이든 행정부는 물러설 수 없는 상황에 도달하게 되며 미중 갈등은 격화될 가능성이 높다.

미 애틀랜틱 카운슬(Atlantic Council)에서 발행한 "대중국 전략 보고서("The

22) Jude Blanchette, "Confronting the Challenge of Chinese State Capitalism," CSIS, 2021.

23) S. Ladislaw, "Productive Competition: A Framework for US-China Engagement on Climate Change," CSIS, 2021.

24) Kurt Campbell, "How America Can Shore up Asian Order," Foreign Affairs, January 12, 2021.

Longer Telegram: Toward A New American China Strategy)"에서는 시진핑 주석 집권 이후 중국은 더 이상 현상유지(status-quo)가 아닌 수정주의(revisionist) 국가이며 미국의 모든 국익을 위협한다고 했다.[25] 이 보고서에 따르면 시진핑 주석의 중국은 미국에 가장 큰 위협으로 인식되고 있다. 미국의 세계적 리더십 복원과 입지 강화를 대외정책 기조의 핵심으로 둔 바이든 행정부는 아태 지역에서 인도·태평양 전략을 강화하고 다자주의 협력체인 쿼드를 구체화하고자 노력할 것이다.

상술한 바와 같이 바이든 행정부 내 미중 경쟁은 전반적으로 심화되나 양국의 협력이 창출될 기회와 공간이 마련될 가능성도 있다. 이때 바이든 행정부는 미국이 선호하는 자유 민주주의 가치를 침해받지 않는 범위 내에서만 협력을 시도할 것이다. 바이든 행정부 출범 초기의 관점에서 볼 때, 미국의 대중 강경책은 유지되고, 미중 경쟁은 점차 심화되며, 이에 따른 주변국들의 외교적 난관은 지속될 전망이다.

Ⅲ. 바이든 시대 북한 비핵화 정책 전망

바이든 행정부의 북한 비핵화 정책은 트럼프 행정부의 방식과 다소 다른 양상을 나타낼 전망이다. 트럼프 행정부의 비핵화 협상은 미국과 북한의 양자구도에서 정상 간의 직접적인 소통을 통해 진행되었다. 바이든 대통령 역시 트럼프 대통령처럼 김정은 위원장과 직접 협상하는 양자구도를 자연스럽게 이어가거나 또는 실무진이 협상을 진행하는 형태로 비핵화 협상을 추진할 수 있다. 그동안 바이든 대통령과 그의 외교안보팀의 발언을 보면 바이든 대통령은 개인이 아닌 외교팀에 기반을 둔 북한 비핵화 협상을 진행할 가능성이 크다.

---

25) Anonymous, "The Longer Telegram: Toward A New American China Strategy," Atlantic Council, 2021.

1. 비핵화 협상 형식

2019년 6월 30일 당시 트럼프 대통령의 판문점 정상회담 이후 바이든 당시 대통령 후보는 외교는 전략과 절차가 중요하다며 트럼프 대통령이 비핵화 협상에서 북한으로부터 (비핵화와 관련한) 단 하나의 다짐도 받아내지 못했다고 비판했다.[26] 비핵화 협상은 북한이 핵을 포기하게끔 하는 것이 목적이며 이를 달성하기 위해서는 효과적인 협상 방식을 선택해야 한다. 이러한 관점에서 볼 때, 바이든 행정부의 비핵화 협상은 다자회담보다는 양자회담으로 진행될 가능성이 크며, 트럼프 행정부에서 대통령이 주가 되었던 하향식이 아닌 실무진이 주가 되어 협상을 진행하는 상향식이 될 가능성이 크다.

특히 동맹, 파트너 국가들과 함께 세계 민주주의를 복원하고 독재정권과 맞서겠다는 바이든 행정부의 대외정책 기조에 따르면 북미 비핵화 협상은 다자회담으로 진행될 수 있다. 미국이 역내 동맹국들과 공조하여 북한과 협상하는 것이다. 이는 과거 6자회담을 떠올리게 한다. 한국, 미국, 북한, 러시아, 중국, 일본이 모여 북한의 핵 폐기 이행방안을 논의하기 위해 개최된 6자회담은 북한의 실질적인 비핵화를 이루는 데 실패했다. 2007년 2 · 13합의에서 참가국들이 경제 지원을 하고 북한이 핵시설 폐쇄, 핵사찰 수용 등을 결정하며 비핵화의 가능성이 보이기도 했으나, 결국 북한이 약속을 어기며 회담은 수포로 돌아갔다. 또한 6자회담을 통해 다자협상의 경우 참여국들 간 이해관계 차이로 인해 회담의 목표와 틀이 망가질 수도 있음을 목도했다.[27]

바이든 행정부 출범 이후 미국의 대중 견제노선을 의식한 중국의 시진핑 주석은 북한과의 구두친서에서 "조선반도의 평화안정을 수호하며 지역의 평화와 안정, 발전과 번영을 위해 새로운 적극적인 공헌을 할 용의가 있다"라고 했다.[28] 대조적으로 블링컨 장관도 같은 시기에 한미 2+2 회담에서 북한

---

26) Caitlin Oprysko, "Biden dings Trump for his handling of North Korea and Iran," Politico, July 1, 2019.

27) 서보혁, "미숙한 대화의 필연적 결과 : 6자회담의 실패 원인," 북한학연구, vol. 12, no. 1, (2016).

28) 연합뉴스, "김정은-시진핑, 구두친서 교환…"적대세력 방해속 **北中**단결강화"(종

비핵화를 실현하기 위해 중국의 역할을 기대할 수 있다고 언급했다. 그러나 중국은 북한과의 대화에서, 미국은 한국, 일본과의 대화에서 위와 같은 발언이 나왔기 때문에 한반도 문제에 대한 '중국 개입'은 각자 다른 해석일 가능성이 크다. 결과적으로 중국이 참여하는 과거 6자회담과 같은 비핵화 회담은 기대하기 어렵다는 것이 바이든 행정부의 현실적인 판단일 것이다.

한편, 다자회담으로 진행될 수 있는 유일한 경우가 있다. 한미일 공조에 기반을 둔 북한 비핵화 협상이다. 블링컨 국무장관과 오스틴 국방장관은 한국과 일본 순방에서 한미일 협력을 재차 강조했다. 특히 미일 2+2 회담에서는 북한 비핵화를 위한 한미일 삼각협력의 중요성을 피력했다.[29)] 바이든 행정부에서 추구하는 인도·태평양 내 한미일 삼각협력의 두 가지 목표는 대중견제와 북한 비핵화다. 블링컨 국무장관은 이러한 입장을 미일 2+2 회담에서 명확히 표현했다. 북한 핵개발에 직접적으로 위협을 받는 한미일 3국 협력을 통해 북한 비핵화를 실현한다는 것이다. 그러나 이는 한미일 대 북한 구도의 4자회담을 뜻하는 것이고 이러한 상황이 자신에게 불리하다고 판단하는 북한이 응할 가능성이 현저히 낮다.

과거의 6자회담 또는 한미일 공조에 기반을 둔 다자협상이 현실적인 대안이 아니라면 북미 비핵화 협상은 결국 미국과 북한 양자구도로 되풀이 될 것이다.

2. 비핵화 협상 방식

바이든 행정부의 북한과의 비핵화 협상이 양자 구도로 진행된다면 트럼프 행정부의 하향식(탑다운(top-down))이 아닌 상향식(바텀업(bottom-up))의 방식을 취할 가능성이 크다. 트럼프 행정부에서 진행했던 하향식 비핵화 협상은

합)," 2021.3.23.

29) US Department of State, "Secretary Antony J. Blinken, Secretary of Defense Lloyd Austin, Japanese Foreign Minister Toshimitsu Motegi, and Japanese Defense Minister Nobuo Kishi at a Joint Press Availability," Remarks to the Press, March 16, 2021.

트럼프 대통령과 김정은 위원장이 만나 비핵화 문제에 관해 논의하고 실무진(working level)들이 필요한 후속조치(follow-up)를 하는 방식이었다. 이와는 달리 상향식 협상은 미국과 북한 양국의 실무진들이 먼저 협상을 진행하고 각 정상에게 보고하여 최종 결정을 하는 방식을 취한다.[30] 양국의 관료와 전문가들이 중심이 되어 실무팀을 꾸려 전문적인 협상을 이어나가는 것이다.[31]

바이든 대통령은 전문가들이 주가 되어 원칙에 입각한 실무협상을 하는 방식을 선호하는 것으로 알려졌다. 현재 바이든 행정부에는 과거 국무부 대북정책조정관을 지낸 웬디 셔먼(Wendy Sherman)이 국무부 부장관과 오바마 행정부에서 이란 핵합의에 깊이 관여했던 블링컨 장관과 설리번 국가보좌관이 포진되어 있다. 이러한 외교팀을 이끌고 있는 바이든 대통령은 실무진들에 대한 신뢰가 상당하며 트럼프 대통령과는 달리 북한 비핵화 협상에 있어 이들의 의견에 귀를 기울일 가능성이 크다.

트럼프 대통령과 김정은 위원장의 정상회담이 북한의 비핵화를 이루지 못한 단순 행사에 불과했다고 비판한 바이든 대통령은 상향식 방식의 협상에서 구체적인 성과가 도출되지 않는다면 김정은 위원장과 만나지 않을 것이라고 여러 차례 밝혔다. 바이든 대통령은 대통령 후보시절에도 김정은 위원장과 만날 의향이 있냐는 질문에, "그가 핵 역량을 줄이는 데 동의한다면"이라는 단서를 달았다.[32] 만약 양국 실무진 차원의 협상에서 비핵화 추진에 관한 구체적인 절차와 일정이 명시되지 않는다면 북미 정상회담 개최는 어려울 것이다.[33]

---

30) Scott Snyder, "What kind of North Korea will Biden face?" CFR, January 25, 2021.

31) Bruce Klingner, "Biden Administration must address Daunting North Korea Challenge," The Heritage Foundation, January 26, 2021.

32) Kim Gamel, "Biden calls North Korean leader a 'thug' but says he'd meet Kim if denuclearization is agreed," Stars and Stripes, October 23, 2020.

33) Bruce Klinger, "Biden Administration must Address Daunting Challenge"

3. 비핵화 협상 목표

북미 비핵화 협상의 형식, 방법보다 더 중요한 것은 바로 협상 내용이다. 협상에서 미국이 CVID(Complete, Verifiable, Irreversible Dismantlement)[34)]식의 완전한 비핵화를 목표로 둔 빅딜 또는 단계적 비핵화에 기반을 둔 스몰딜이 추진될 것인가가 가장 중요하다. 현재로서는 양쪽 다 가능하다. 부시(George W. Bush) 행정부에서부터 트럼프 행정부까지의 북한 비핵화의 목표는 완전하고, 검증가능하며, 불가역적인 핵 폐기였다. 그러나 바이든 행정부에서 중용된 블링컨 국무장관과 설리번 국가안보보좌관은 과거 오바마 행정부 당시 이란 핵협상에 깊이 관여했던 인물이다.

북한 비핵화에 이란 모델을 적용한다면 이는 단계적인 비핵화를 뜻하며 실용적인(pragmatic) 접근을 통한 현실적인 비핵화 방안이 검토될 것이다. 즉 여러 번의 스몰딜을 통해 단계적인 비핵화를 지향하는 것이다. 물론 이렇게 진행되더라도 바이든 행정부의 최종 목표가 북한의 완전한 비핵화(CVID)라는 사실에는 변함이 없다. 바이든 대통령은 트럼프 행정부가 3차례의 북미 정상회담을 진행했음에도 불구하고 북한 비핵화에 진전이 없었던 이유가 단기간에 완전한 비핵화를 추구했기 때문이라고 생각한다. 이러한 인식이 뒷받침되어 단계적 비핵화가 추진될 수 있다.

블링컨 장관, 설리번 보좌관과 달리 바이든 행정부 내 빅딜을 추구하는 인물이 있다. 국무부 동아시아 태평양 부차관보로 임명된 정 박(Jung H. Pak)이다. 정 박 부차관보는 북한에 최대 압박을 통해 비핵화를 실현해야 한다고 믿는다.[35)] 그는 트럼프 대통령과 김정은 위원장의 비핵화 협상이 오히려 북한으로 하여금 핵 개발을 할 수 있는 시간을 벌어줬다고 비판한다. 따라서 북미 비핵화 협상의 개최 여부도 중요하지만 이를 떠나 최대 경제 압박을 통해 북한이 비핵화를 하도록 유도하는 것이 가장 효과적인 방법이라고 주장한다.

---

34) 제43대 미 대통령 부시(George W. Bush) 행정부 1기 때 수립된 북한 핵 해결 원칙. "완전하고, 검증가능하며, 불가역적인" 핵 폐기를 뜻함.

35) James Fretwell, "New US State Department pick spells doom for Moon's North Korea policies," NK PRO, January 28, 2021.

바이든 행정부가 북한 비핵화 협상에서 빅딜을 추구할지 또는 스몰딜을 추구할지 여부는 협상을 진행되기 전까지는 전망하기 어렵다. 나아가 기존 비핵화 협상을 그대로 이어갈지 혹은 제재에 기반을 둔 대북정책을 구사할지에 관한 여부도 아직 점치기 이르다. 바이든 행정부가 북한의 비핵화를 위해 북한과 협상을 진행하거나 제재를 가하는 방법 모두 중요하지만 결국 북한이 이에 어떻게 반응하는가가 가장 중요하다. 즉 북한의 협조 혹은 도발 양상에 따라 바이든 행정부의 대북정책이 달라질 수 있다는 것이다. 이러한 북한 변수에도 불구하고 바이든 행정부의 북한 비핵화 협상은 양자회담과 상향식으로 진행될 가능성이 높다는 것이 현재로서의 합리적인 전망이라고 할 수 있다.

Ⅳ. 바이든 시대 한미동맹 전망

바이든 행정부의 대외정책 기조 중 동맹 관계 재정립은 트럼프 행정부에서 경색된 미국의 동맹 네크워크를 복원한다는 데 의의가 있다. 트럼프 행정부에서 퇴보하는 양상을 보였던 한미동맹에는 방위비 분담금, 주한미군, 전시작전통제권(이하 전작권) 등의 현안이 산재되어 있다. 바이든 행정부는 출범 직후 한미동맹을 복원시키기 위한 노력을 보였다. 그 일환으로 트럼프 대통령의 무리한 인상 요구로 인해 지연되었던 방위비 분담금 협정이 바이든 행정부 출범 초기에 타결되었다. 주한미군 축소에 대한 논란도 일축되었고, 전작권 전환에 관해서는 조건에 기초한 전환이라는 확인을 한 수준에서 당분간 추이를 지켜보는 상황이다.

바이든 행정부는 동맹복원으로부터 한 걸음 더 나아가 동맹들과의 결속을 통해 대중 압박 전선을 구축하겠다는 의지를 드러냈다. 대외정책 구상에 있어 중국의 부상이 인도·태평양 내 지역의 평화, 안보, 번영에 위협이 될 수 있다며 인도·태평양 전략, 쿼드, 한미일 삼각 협력에서 한국이 비중 있는 역할을 주문하기도 했다. 이러한 배경에서 본 절은 한미동맹 현안 중 얼마 전 타결한 방위비 분담금 이슈를 비롯해 한미일 삼각 협력, 쿼드에 있어 바이든 행정부가 기대하고 있는 한국의 역할과 전망에 대해 논의한다.

1. 방위비분담특별협정

한국과 미국은 2019년 9월 첫 협의를 시작으로 1년 반이라는 기간 9차례의 협의 끝에 제11차 방위비분담특별협정(SMA: Special Measures Agreement) 협상을 타결했다. 양국은 협정 발효를 위한 각자의 행정절차를 진행한 후 최종적으로 외교공문을 교환하며 모든 절차를 마무리했다. 좋은 외교는 국가 간 상호 신뢰, 이해, 설득이 기반이 되어 서로 '윈-윈(win-win)'이 되었을 때 가능하다고 한다.[36] 이번 방위비분담 협정이 한미 간 '윈-윈'의 결과를 도출한 '좋은 협상'인지에 대한 판단은 아직 이르지만 바이든 행정부가 출범한지 47일 만에 협상이 타결되었다는 것은 매우 고무적이라고 할 수 있다.

한국과 미국의 "방위분담(Burden-sharing)은 동맹관계의 유지 · 관리에 필요한 제반비용과 책임에 대한 분담이다. 이는 방위비분담(비용분담), 역할분담(국방비 지출 등), 역외분담(PKO, 해외파병 등), 안보분담(해외원조 등)을 포괄한다." 이 중 방위비분담은 주둔국(host nation)의 비용분담(cost-sharing)을 의미한다.[37] 1953년 한미상호방위조약 체결 이후 주한미군은 70년 가까운 기간 동안 한반도의 안정을 보장함으로써 한국이 경제발전을 이룩하는데 기여했다. 한국 정부는 한미동맹의 핵심인 주한미군의 운용을 위해 시설과 부지를 무상으로 제공했고, 1991년부터는 미국의 국방비 감축에 따라 주한미군지위협정(SOFA) 제5조의 예외적 조치인 방위비분담특별협정을 체결하여 방위비를 분담하기 시작했다.[38]

한국의 방위비분담 총액은 1991년 1,073억 원을 시작으로 2019년에 들어 1조 389억 원을 기록함으로써 28년 사이 약 9.7배 증가했다. 같은 기간 한국의 국내총생산이 242조에서 1,919조로 약 8배 증가했음을[39] 감안했을 때 방위비분담 인상률은 경제성장률을 다소 웃돈다. 그러나 역설적으로 한미동맹

---

36) 한승주, 한국에 외교가 있는가 올림. 2021. p. 14.

37) 백재옥, "한 · 미 방위비분담 현황 및 향후 과제," 주간국방논단 제1670호(17-19), 한국국방연구원, 2017년 5월 8일, p. 2.

38) 대한민국 국방부, 2020 국방백서 p. 165-166.

39) e-나라지표, '국민총생산 및 경제성장률' (검색일: 2021.3.11.)

이 없었다면 한국은 지난 반세기 이상 불안정한 한반도 안보환경에서 경제성장을 이루기 어려웠을 것이다.

제11차 한미 방위비분담협정은 지난 열 번의 협정과는 다른 양상을 나타냈다. 먼저 '미국 우선주의(America First)' 외교정책 기조와 동맹 책임론을 앞세운 트럼프 대통령은 기존 방위비분담금의 5배 수준인 50억 달러를 요구했고, 이에 따라 한미 방위비분담협정은 지난 1년 반이라는 기간 동안 표류했다. 나아가 한미연합훈련이 취소 또는 연기되며[40] 트럼프 행정부 하 한미동맹은 악화일로로 치달았다.[41] 미국의 세계적 리더십 복원(restoration)과 동맹 네트워크 재활성화(reinvocation)를 내세운 바이든 행정부가 출범하고 나서야 방위비분담협정이 급물살을 타기 시작했다.

제11차 방위비분담특별협정은 바이든 행정부 출범 이후 한미 간 체결된 첫 협정[42]이다. 이번 협정은 ① 2025년까지 다년간 유효하며, ② 협상지연으로 인해 미지급된 2020년도 분담금을 2019년도 수준인 1조 389억 원으로 동결했고, ③ 2021년도 분담금을 2020년 대비 13.9% 증액시켰으며, ④ 2022년부터 2025년까지의 연도별 분담금 총액산정에 국방비 증가율을 적용하기로 했다. 방위비 분담금 항목은 주한미군 기지 내 한국인 근로자에게 지급되는 인건비, 한국 건설업체에 대금으로 지급되는 군사건설비, 한국 군수업체에 대금으로 지급되는 군수지원비로 구성되어있다.

이번 협정에서 합의된 유효기간(6년: 2020년~2025년)은 역대 최장이다.[43] 오바마 행정부에서 합의했던 8차, 9차 협정의 유효기간이 모두 5년이었다는 점을 감안했을 때, 바이든 행정부 역시 처음부터 다년도 협정을 염두에 두었을 것이라고 예상할 수 있다. 다년도 협정은 두 가지 측면에서 한미동맹에 긍정

40) 구본학, "한미동맹의 미래 비전과 목표," 신아세아, 25권 4호, 2018, p. 76.

41) 김열수, 김경규, "트럼프 시대의 한미 군사쟁점과 대응방향," 신아세아, 24권 1호, 2017, pp. 38-42; 송세관, "한미동맹의 진화와 발전방향," 대한정치학회보 27집 4호, 2019, p. 159.

42) 바이든 행정부 출범 후 46일 만에 타결.

43) 1-10차 방위비분담금 협정 유효기간: 1년(10차), 2년(2차, 6차, 7차), 3년(1차, 3차, 4차, 5차), 5년(8차, 9차)

적으로 작용할 것이다. 첫째, 한미는 향후 5년간 주한미군의 안정적인 운용을 확보함으로써 연합방위태세 강화의 발판을 마련했다. 제10차 방위비분담협정 이후 트럼프 행정부 하 분담금 협상은 파행을 거듭했고 결과적으로 1년 3개월이라는 협정 공백이 발생했다. 이에 따라 4,000여 명의 주한미군 기지의 한국인 근로자들이 무급휴직(furlough)에 들어가는 사태까지 벌어졌다.[44] 이번 협상이 지연되었거나 단년 계약에 머물렀다면 한미 양국이 한미동맹의 핵심인 연합방위태세를 강화하는데 집중하기 어려운 상황에 도달했을 것이고, 미군기지 내 한국인 근로자의 고용안정도 확보할 수 없었을 것이다.

둘째, 한미 양국은 다년도 협정을 체결함으로써 잦은 협상으로 인해 발생할 수 있는 각국의 국론 분열을 방지했다. 국가 간 쉬운 협상은 없으며 상호 신뢰를 잃는 경우가 허다하다. 한미 역시 지난 1년 반 동안 입장차를 좁히지 못했다. 세계 모든 국가가 국익의 극대화를 지향한다는 국제정치의 현실주의 관점에서 볼 때, 한국과 미국의 협상 대표단 역시 자국의 이익 확보를 위해 최선을 다해 협상에 임했을 것이다. 아무리 가까운 동맹 혹은 혈맹이라도 자국의 이익을 포기하면서 상대방의 이익을 추구하지는 않는다. 결과적으로 이번에 합의된 6년이라는 유효기간은 협상의 반복으로 인해 발생할 수 있는 한미 양국 간 갈등을 방지했다는 차원에서 긍정적으로 평가할 수 있다.

한미 양국은 지난 한 해 협정이 지연됨으로써 미지급된 2020년도 방위비분담금 총액을 2019년 수준인 1조 389억 원에 합의했다. 이에 따라 한국은 주한미군 기지의 한국인 근로자에게 선 지급한 인건비와 생계지원비 3,144억 원을 제외한 7,245억 원을 미국에 지급한다. 협정에서 총액이 동결된 경우는 과거에도 있었다. 총액결정방식 도입했던 제6차 방위비분담금 협정에서도 기간 내 총액(6,805억 원)은 동결되었다. 그러나 2020년도 방위비분담금 총액 동결은 제6차 협정과는 다른 문법으로 이해해야 한다.

한미는 2021년 3월에 2020년 방위비분담금 총액을 합의했다. 다시 말해 이미 회계연도가 종료된 2020년의 방위비분담금 총액을 결정하기 위해서는 양자 간 두터운 신뢰가 바탕이 되어야 가능하다. 이번 협정에서 2020년 분담금

44) 조선일보, "내일부터 주한미군 韓 근로자 4000명 무급휴직," 2021.3.29.

총액을 전년과 동결시켰다는 것은 한미가 미래지향적 사고를 바탕으로 불필요한 갈등을 방지하고자 한 노력의 결과였다고 해석할 수 있다. 나아가 이번 협정에서는 협정 공백 시 인건비를 전년도 수준으로 지급한다는 규정도 명문화했다. 한국 근로자들의 고용안정이 방위비분담협정에 영향을 받는 상황을 방지하여 2020년과 같은 무급휴직 사태가 발생하지 않도록 한다는 것이다.

2021년도 방위비분담금 총액은 1조 1,833억 원으로 합의되었다. 전년 대비 13.9% 인상률이다. 2020년 분담금 총액이 2019년 수준으로 동결되었다는 점을 감안했을 때 2021년도 분담금 총액은 사실상 전전년 대비 13.9% 증가라고 할 수 있다. 여기서 13.9%는 2020년도 국방비 증가율 7.4%에 "방위비분담금 인건비 최저배정비율 확대에 따른 주한미군 기지의 한국인 근로자의 인건비 증액분 6.5%를 더한"[45]것이며, 인건비 증액분 6.5%는 주한미군 기지의 한국인근로자 인건비 중 분담금으로 지급해야 할 최저배정비율을 75%에서 87%로 인상하며 발생했다. 결과적으로 2021년 방위비분담금에는 13.9%라는 역대 최대 증가율이 적용되었다.

나아가 2022년-2025년 연간 방위비분담금 산정에는 전년도 국방비 증가율이 반영되는 것으로 합의되었다. 한국 측에서 먼저 이러한 제안을 한 것으로 알려졌다.[46] 외교부는 국방비 증가율이 "우리의 재정수준과 국방능력을 반영하고 있으며, 우리 국회 심의를 통해 확정되고, 국민 누구나 명확하게 확인 가능한 신뢰할 수 있는 합리적인 기준"이라고 발표했다. 이번 협정결과는 정부가 내세운 협상원칙에 부합한다는 것이다.[47]

그동안의 협정에서 연간 분담금 인상에 관한 협의는 다양하게 이뤄졌다. 2차 협정(1994년~1995년 적용)에서는 기간 내 매년 10% 증액 방식, 5차 협정(2002년~2004년 적용)에서는 기간 내 전년도 분담금 대비 8.8% 인상 및 전전년

45) 대한민국 외교부. "제11차 한미 방위비분담특별협정(SMA) 협상 최종 타결: 지난한 협상과정에서 합리적이고 공평한 분담이라는 우리의 원칙을 지켜낸 협상," 보도자료. 2021.3.9.

46) 박현주, 정진우, 유지혜, "5년간 국방비-방위비 동반상승...정부 '미군 안정적 주둔 중요," 중앙일보, 2021.3.10.

47) *Ibid.*

도 물가상승률 동시 반영 방식, 8차 협정(2009년~2013년 적용)과 9차 협정(2014년~2018년 적용)에서는 기간 내 전전년도 물가상승률을 반영하되 4% 상한선을 설정했다. 일정한 인상률 또는 물가상승률을 반영한 사례는 과거에도 있었으나 국방비 증가율을 반영한 경우는 이번이 처음이다.

그렇다면 국방비 증가율 적용이 과거 방식과 비교해 방위비분담 총액산정에 어떠한 영향을 주는가? 한국의 지난 5년간 소비자물가상승률의 평균은 1.06%이고[48] 동기간 국방비 증가율의 평균은 6.04%이다.[49] 국방비 증가율을 방위비 분담금 인상률에 연동시킨다면 과거에 비해 인상폭은 커질 것이다. 2025년에는 1조4896억 원까지 늘어날 것으로 예상된다.[50] 그러나 정부 관계자는 "방위비 분담금의 90% 이상이 국내경제로 환류되며, 그 중 인건비는 한국인 근로자에게 전액 원화로 지급된다"[51]고 설명했다. 방위비 분담금 인상폭이 과거에 비해 늘어나더라도 국내경제 활성화와 고용창출에 도움이 된다는 해석이다.

트럼프 행정부에서 표류했던 제11차 한미 방위비분담협정이 바이든 행정부 출범 초기에 타결되었다는 것은 고무적으로 평가할 수 있으나 한국은 향후 협상에 있어 다음과 같은 사항을 고려해볼 수 있다. 먼저 미국의 방위비 분담금 사용에 대한 투명성을 높이기 위해 한미 간 검증 시스템 구축에 대한 논의가 필요할 것이다. 전액 현금으로 지급되는 인건비나 현물로 지원되는 군수지원비와는 달리 군사건설비는 현물 88%, 현금 12%(설계 및 감리비 용도)로 지급된다. 군사건설비에서 현물 집행은 국방부 산하 국방시설본부가 직접 관여하므로 확인이 불필요하지만 지급된 현금이 지정된 용도 사용되었는지를 확인할 수 있는 제도 마련이 필요하다. 이와 관련하여 현재 미국 은행에 남아있

48) 소비자물가상승률(%): 2016(1.0), 2017(1.9), 2018(1.5), 2019(0.4), 2020(0.5); e-나라지표, '소비자물가상승률' (검색일: 2021.3.12.)

49) 국방비 증가율(%): 2016(3.6), 2017(4.0), 2018(7.0), 2019(8.2), 2020(7.4); 대한민국 국방부, 2020 국방백서 p. 289.

50) 박현주, 정진우, 유지혜, "5년간 국방비-방위비 동반상승...정부 '미군 안정적 주둔 중요," 중앙일보, 2021.3.10.

51) 임형섭, "靑 '방위비 협상 타결, 린치핀 한미동맹 강화'," 연합뉴스, 2021.3.10.

다고 알려진 방위비분담 미집행금 9,079억 원에 대한 논의도 필요할 것이다.

또한 방위비 분담금에서 한미연합방위를 위해 역외로부터 한반도에 투입되는 미군 전투기 등의 정비 비용 지출에 대한 기준과 원칙을 세워야 한다. 방위비 분담금은 주한미군의 주둔 비용에 대한 비용이다. 역외 미 자산에 대한 정비 비용을 방위비 분담금에서 충당한다는 것이 적절한지를 생각해봐야 한다. 만약 이에 대한 명확한 기준과 원칙이 마련되지 않는다면 향후 한미 간 갈등의 불씨가 될 수 있다. 나아가 방위비 사용 검증 시스템과 방위비 사용 항목에 대한 분석을 통해 방위비 분담금 총액 산정방식을 고민해야 한다. 총액형(lump-sum)과 소요형(on-demand) 중 어떤 산정방식이 한미연합준비태세 증진과 국익에 동시에 부합하는지 따져봐야 한다. 현재 한미는 항목별 소요에 근거하여 총액을 설정하는 소요형이 아닌 총액을 산정하고 항목별로 배분하는 총액형 방식을 택하고 있다. 분담금 사용의 투명성 제고를 위해서는 소요형이 바람직할 수 있으나 이는 양국이 각 항목별로 협상을 해야 한다는 심리적 부담이 있다. 물론 총액형에 비해 분담금이 증액될 가능성도 배제할 수 없다.

결과적으로 이번 협정은 바이든 행정부 들어 한미동맹의 가치를 재확인했다는 점에서 의미가 있다. 정부는 이번 협상에서 우리 국력에 맞는 "합리적이고 공평한 분담"이라는 방위비분담협정의 기본 틀을 지켜냈다며, "한미가 한반도 및 동북아 평화 · 번영의 핵심축(linchpin)으로서의 굳건한 한미동맹의 중요성과 주한미군의 안정적 주둔 필요성을 다시금 재확인하는 계기가 되었다"고 했다.[52] 이번 방위비 분담금 협정은 한미 동맹관계 회복의 출발점이 될 수 있다. 무엇보다도 한미 외교 · 국방 장관 회담이 열리는 시기에 앞서 협정이 종료되어 한미 2+2 회담에서 방위비분담의 부담을 양국이 내려놓고 다른 의제에 집중할 수 있었다.

52) 대한민국 외교부. "제11차 한미 방위비분담특별협정(SMA) 협상 최종 타결..."

2. 한미일 삼각 협력

바이든 대통령은 인도 · 태평양 지역에서 중국을 견제하기 위한 기제로써 한국과 일본의 안보협력이 필수불가결하다고 본다. 바이든 행정부 출범 후 미국의 첫 고위급 순방에서 한미일 협력은 수차례 강조되었다. 일본과 한국을 찾은 블링컨 국무장관과 로이드 오스틴(Lloyd Austin) 국방장관은 미일 2+2 회담을 마친 후 3월 17일부터 18일까지 이틀 일정으로 한국을 방문했다. 이후 블링컨 국무장관은 미중 고위급회담 참석을 위해 알래스카로 출발, 오스틴 국방장관은 인도를 방문해 군사 · 안보 협력을 논의했다.

한미일 3국 협력은 두 장관의 첫 해외순방에서 여러 차례 강조됐다. 순방에 앞서 성 김(Sung Kim) 국무부 동아태 차관보 대행과 데이비드 헬비(David F. Helvey) 국방부 인도 · 태평양 안보 차관보 대행이 참석한 국무부 특별 브리핑(special briefing)[53]에서는 한미일 3각 협력에 관한 내용이 다뤄졌다. 성 김 대행은 이번 2+2 회담에서 블링컨 장관과 오스틴 장관이 인도 · 태평양 지역의 평화, 안보, 번영을 위해 미국, 일본, 한국의 협력을 강조할 것이라고 했다. 특히 북한 비핵화와 같은 글로벌 이슈를 다루기 위해 세 국가들의 삼각협력(trilateral cooperation)이 중요하다는 점을 강조했다. 헬비 대행 역시 지역 내 중국의 가중되는 압박(mounting pressure)과 북한의 핵위협을 거론하며, 이번 순방은 미국과 동맹들이 공유하는 가치인 "규칙에 기반을 둔 국제질서(rule-based international order)"를 수호하는 계기가 될 것이라고 했다.

한미회담에 앞서 열린 미일 2+2 회담의 기자회견에서도 한미일 3국 협력이 강조되었다. 모테기 도시미쓰 일본 외무상은 북한의 완전한 비핵화를 위해 "일본은 미국과의 양자협력과 더불어 일본, 미국, 한국 3개국의 협력을 계속해나갈 것"이라고 밝혔다. 블링컨 장관 역시 인도 · 태평양 지역이 점점 세

---

53) US Department of State, "Briefing with Acting Assistant Secretary of State for East Asian and Pacific Affairs Sung Kim and Acting Assistant Secretary of Defense for Indo-Pacific Security Affairs David F. Helvey on the Secretaries' Upcoming Trip to Japan and Republic of Korea," Special Briefing, March 12, 2021.

게 지정학의 중심이 되고 있다며 "3국(한미일) 협력 증진이 우리를 더욱 강하게 만들 것"이라고 했다. 특히 북한문제에 있어 "지속적인 3국 협력이 (본인 판단에는) 매우 중요하다"라고 밝혔다.[54] 블링컨 장관은 경색된 한일관계를 의식했는지 "본인 판단에는(in my judgment)"라는 조심스러운 표현을 사용하기도 했다.

한미국방장관 회담 이후 한미 양 장관은 "한미일 삼각 협력이 북핵 · 미사일 위협에 대응하고, 협력적인 동북아 안보 구도를 형성함에 있어 중요하다는 인식을 공유"했다고 발표했다.[55] 같은 날 열린 한미 외교장관 회담에서도 양 장관은 "한미일 협력의 중요성에 공감"한다고 발표했다.[56] 서욱 국방부장관은 2+2 회담 이후 "한미일 삼각 협력이 한일 간 현안 문제와는 별도로 지속 강화되어야 한다는 일관된 입장을 견지"한다며, 올해 6월 샹그릴라 회담에서 한미일 고위급 정책협의를 시행할 계획이라고 밝혔다.[57]

상술한 바와 같이, 이번 미일, 한미 2+2 회담에서 한미일 3국은 북한의 비핵화 문제 해결을 위해 삼각협력을 강화해야 한다는데 의견을 모았다. 사실 한미일 삼각협력 증진에 관한 미국의 의지는 1960년대부터 구체화되었다. 미국의 린든 존슨(Lyndon Johnson) 대통령은 핵실험에 성공한 중국을 의식하여 역내 한국과 일본의 협력이 필요하다고 판단했고 1965년 한일기본조약 체결에 기여했다. 이후 1968년 미 국무부는 주일미군의 작전반경을 일본 본토에서 동북아시아로 확장하기로 결정함으로써 한반도 유사시 주일미군이 역할을 할 수 있도록 하였다. 1990년대 들어서는 북핵문제를 논의하기 위해 한미일 3국이 모여 대북정책조정그룹(Trilateral Coordination and Oversight

---

54) US Department of State, "Secretary Antony J. Blinken, Secretary of Defense Lloyd Austin, Japanese Foreign Minister Toshimitsu Motegi, and Japanese Defense Minister Nobuo Kishi at a Joint Press Availability,"

55) 대한민국 국방부, "한미 국방장관 회담 결과," 국제정책관실 미국정책과 보도자료, 2021. 3. 17.

56) 대한민국 외교부, "한미 외교장관 회담 결과," 북미국 북미1과 보도자료, 2021. 3. 17.

57) 연합뉴스TV, "[뉴스초점] 서욱 '한일 · 한미일 안보협력 강화 · · · 각 군 차원 교류도." 2021. 3. 18.

Group: TCOG)을 설치하기도 하였다.[58] 이와 같이 동북아 지역 내 한미일 협력은 미국에게 늘 중요한 지정학적 의제로 자리 잡고 있었다.

블링컨 장관은 이번 2+2 회담 이후 열린 기자회견에서 사이버 안보, 보건 안보, 기후 변화 등 초국가적 도전에 대응하기 위해 미국, 한국, 일본의 삼각 협력의 중요성을 강조했다.[59] 물론 블링컨 장관이 언급했던 비전통 안보(혹은 인간안보) 위협에 동맹들과 공동으로 대응한다는 것은 바이든 행정부의 대외 정책 기조라 할 수 있다. 그러나 미국이 현재 추동하고 있는 한미일 삼각협력의 주목적은 대중견제와 북한 비핵화라고 할 수 있다. 이러한 관점에서 봤을 때, 한미일 '삼각' 협력이 미국의 의지를 더 잘 반영하는 표현이라 할 수 있을 것이다.

한국도 한미일 삼각 협력 증진에 대해 공감하고 있다. 이번 3·1절 기념식에서 문재인 대통령은 "한일 양국은 경제, 문화, 인적교류 등 모든 분야에서 서로에게 매우 중요한 이웃"이 되었다며, "양국 협력은 두 나라 모두에게 도움이 되고, 동북아의 안정과 공동번영에 도움이 되며, 한 · 미 · 일 3국 협력에도 도움이 될 것"이라고 천명했다.[60] 서욱 국방부 장관 역시 한미일 협력과 한일 간 현안문제는 분리해서 접근해야 한다고 했다. 즉 한미일 삼각 협력 증진을 위해서는 한일관계 개선이 선행되어야 한다. 그러나 한일관계를 단시간에 개선하기 어려운 것도 사실이다. 현실적으로 한미일 삼각 협력을 추진하는 데 있어 한국은 다음과 같은 사항을 고려해야 한다.

첫째, 한미일 삼각 협력 증진과 한일관계 개선을 동시에 이룰 수 있는지에 대한 객관적인 판단이 필요하다. 과거사 문제를 비롯한 한일 간 갈등은 정치

58) Erik French, Jiyoon Kim and Jihoon Yu, "The US Role in South Korea-Japan Relations: From Johnson to Biden," The Diplomat, January 14, 2021.

59) US Department of Defense, "Secretary of Defense Lloyd J. Austin III and Secretary of State Antony Blinken Conduct Press Conference With Their Counterparts After a U.S.-ROK Foreign and Defense Ministerial('2+2'), Hosted by the ROK's Foreign Minister Chung Eui-yong and Minister of Defense Suh Wook," March 18, 2021.

60) 청와대, "제102주년 3 · 1절 기념사," 2021. 3. 1.

적으로 매우 복잡하게 얽혀있기 때문에 단기간에 해결되기 어렵다. 그렇다고 해서 한일관계 개선을 포기한다거나 한미일 삼각 협력 증진을 한일관계 개선 이후로 무기한 미루는 것도 한미동맹을 생각했을 때 바람직한 방법이 아니다. 따라서 정책적 우선순위를 정할 필요가 있다. 한일관계 개선은 사안별로 계속해나가며 한미일 삼각 협력을 위한 계획을 구체적으로 세워나가는 것이다. 한미일 삼각 협력 심화가 한일관계를 급격히 개선하거나 악화시킬 가능성은 크지 않을 것이다. 그러나 한일관계가 악화되더라도 삼각협력 내 미국이라는 제3자가 있기 때문에 중재자의 역할을 기대해볼 수 있다. 나아가 한미일 삼각 협력이라는 정부의 정책기조가 세워졌다면 한일관계 개선 혹은 악화 현상이 감지되더라도 정책을 꾸준하게 실행해나가는 것 역시 중요하다.

둘째, 한미일 삼각 협력의 목표에서 한국, 미국, 일본 간 이견이 발생할 수 있다는 점을 인지해야 한다. 미국의 대중국 견제 정책에 관해 일본과 달리 한국은 아직 미온적 반응을 보이고 있다. 미일 회담 이후 기시 노부오 일본 방위상은 중국 해경법에 관해 강한 염려를 표시하며 센카쿠 열도가 미일안보조약 제5조의 적용 대상으로써 미국의 방어 의무가 있다는 점을 확인했다고 언급했다.[61] 중국과 직접적인 영토갈등이 없는 한국과는 달리 일본이 구상하는 삼각 안보협력의 개념은 다를 수 있다. 북한 비핵화 추구라는 목표에 대해서 한국과 일본의 목표(ends)는 같겠지만 방법(ways)과 수단(means)에 대해서는 이견이 발생할 수 있다. 이러한 배경에서 한국뿐만 아니라 미국과 일본 역시 삼각 안보협력 증진을 위해 공동의 목표, 방법, 수단에 대한 내용을 더욱 구체화하는 노력을 기울여야 한다.

3. 쿼드 구상

한국은 그동안 쿼드 플러스 가입에 대해 모호한 입장을 나타냈다. 강경화 전 외교부장관은 한국이 쿼드 플러스에 가입하게 되면 다른 국가의 이익을

61) US Department of State, "Secretary Antony J. Blinken, Secretary of Defense Lloyd Austin, Japanese Foreign Minister Toshimitsu Motegi, and Japanese Defense Minister Nobuo Kishi at a Joint Press Availability,"

배제할 수 있기 때문에 좋은 아이디어가 아니라는 입장이었고, 정의용 장관은 "투명하고, 개방적이고, 포용적이고, 또 국제규범을 준수한다면 어떤 지역 협력체 또는 구상에도 적극 협력할 수 있다"며 쿼드 가입에 긍정적이나 여전히 모호한 입장을 취했다. 한미 첫 2+2 회담 이후 가진 기자회견에서 정의용 장관은 이번 회담에서 쿼드 가입에 관한 직접적인 논의는 없었다고 했다. 서욱 장관 역시 정의용 장관과 비슷한 정부의 입장을 소개하며 "포용성, 개방성, 투명성 등 우리의 협력 원칙에 부합한다면 어떤 협의체와도 협력이 가능하다"고 했다.

그러나 뒤이은 발언에서 블링컨 장관은 쿼드가 많은 사안에 관해 같은 생각을 가진 국가들이 협력하는 비공식(informal) 그룹이라고 소개하며 한국과도 해당 사안에 관해 긴밀하게 논의하고 있다고 했다.[62] 나아가 이번 한국 방문에서의 마지막 일정으로 진행한 국내 한 방송사와의 인터뷰에서 블링컨 장관은 "쿼드와 관련해서 협조할 수 있는 방법을 찾을 수 있을 것"이라고 밝혔다.[63]

이처럼 한국이 쿼드에 가입하길 바라는 미국의 입장은 이번 두 장관의 방문에서 충분히 감지되었다. 쿼드에는 한국의 참여를 원하는 미국 말고도 일본, 인도, 호주가 있다. 쿼드는 비공식 협의체이고 어떻게 가입 혹은 참여하는지에 대한 구체적인 평가기준과 절차가 소개되지 않았다. 또한 현재 참여국들 역시 한국의 쿼드 참여에 관해 공식적인 입장을 표명하지 않았다. 우선 호주와 인도는 한국의 쿼드 참여에 관해 긍정적이거나 최소 중립적인 입장을 취할 것으로 예상된다. 2017년 한-호주 2+2 외교 · 국방장관회의에서 양국은 국방협력을 논의했고, 같은 해 인도는 대북 유엔제재에 참여함으로써 한-인도 관계가 발전하는 모습도 감지되었다.[64]

62) US Department of Defense, March 18, 2021.

63) SBS News, "[단독] 블링컨 '한국과 쿼드 협조할 방법 찾을 수 있을 것'," 2021. 3. 18.

64) Tom Corben, "Australia's Growing Security Cooperation With South Korea," The Diplomat, October 26, 2017; Samuel Ramani, "India's U-Turn on North Korea Policy," The Diplomat, July 19, 2017.

호주, 인도와는 달리 일본은 한국 참가에 대해 냉랭한 입장인 것으로 파악된다. 일본은 과거 한국이 G7에 가입할 때에도 반대의사를 밝힌바 있다. 최근 일본은 쿼드참가에 대해 입장이 모호한 한국을 배제하고 영국을 포함하자는 목소리도 내고 있다.[65] 이처럼 여러 가지 정치적 변수가 작용하는 쿼드 구상에 대해 한국은 신중해야 한다. 쿼드는 아직 공식 다자 협의체가 아니다. 따라서 바이든 행정부가 쿼드를 어떻게 구상할지와 앞으로 미중관계가 어떻게 변화할지를 면밀히 관찰해야 한다. 만약 쿼드 참여에 대한 의지가 확고해진다면 일본, 호주, 인도와 의견을 타진해봐야 할 것이다. 바이든 행정부 출범 이후 미중경쟁을 비롯한 국제정세의 변화가 감지되는 가운데 한국은 쿼드 참여와 관련해 전략적 모호성이 아닌 기다려 보며(wait and see) 전략적 가치를 높이는 기회로 삼을 수도 있다.

Ⅴ. 결론

한미동맹은 트럼프 행정부의 미국 우선주의 대외정책 기조로 인해 지난 4년간 정체기를 겪었다. 동맹관계에서 자국의 이익 창출이 최우선인 트럼프 행정부에서 방위비 분담금, 전작권, 주한미군 관련 한미 간 논의는 진전을 이루지 못했다. 나아가 트럼프 행정부 내 미중관계 역시 악화되었고 심지어 미중 경제의 탈동조화 가능성도 거론되었다. 이와 같이 복잡한 국제정세 속에서 출범한 바이든 행정부는 자유주의 국제질서 복원과 동맹관계 재정립을 통해 미국의 세계적 리더십을 되찾기 위한 노력을 경주하고 있다.

한국 역시 트럼프 행정부 하 퇴색된 한미동맹의 가치를 되찾기 위해 노력하고 있다. 다만 미중경쟁의 심화 속에서 바이든 행정부가 원하는 역내 동맹의 역할을 감안했을 때 한미동맹은 시험대에 올라있다고 해도 과언이 아니다. 바이든 행정부가 트럼프 행정부의 대외정책을 완전히 뒤집는다고 하더라도 국제무대에서 미국의 이익을 보호하고 추구한다는 점에서는 같은 방향을 추구한다. 즉 오랜 기간 미국이 누려왔던 세계 최강대국의 지위를 위협하고

---

65) 주간조선, "일본이 주도한 '쿼드'... 영국 합류 '퀸텟'으로 확대?" 2021. 3. 22.

있는 중국은 반드시 견제해야 하는 대상이다. 미중경쟁이 바이든 행정부에서도 지속될 수밖에 없는 이유다.

그러나 중국견제에 있어 바이든 행정부의 미국은 다른 방법을 취할 가능성이 높다. 역내 동맹 및 파트너 국들과 함께 반중노선을 형성하여 중국의 영향력 확장을 견제하는 것이다. 민주주의 국가들이 영위하고 있는 국제 규칙과 규범의 틀을 만들어 중국의 독자적이고 반민주적인 활동을 제한한다는 것이다. 이러한 대중견제의 기제로서 바이든 행정부는 인도 · 태평양 전략 및 쿼드 플러스[66]에 한국이 참여하길 원한다.[67] 아시아 내 미국의 가장 중요한 동맹국인 한국, 일본과 함께 역내 삼각 안보협력에 대한 구상도 이러한 개념에서 출발했다.

트럼프 행정부에서 미중경쟁이 양자적(bilateral) 관계로 이뤄졌다면, 바이든 행정부의 미중경쟁은 다자적(multilateral) 형태로 이뤄질 가능성이 크다. 이러한 관점에서 볼 때, 향후 역내 대중견제, 북한 비핵화 협상 등 안보와 관련된 주요 사안들이 미국 주도 하 인도 · 태평양 전략, 쿼드 구상, 한미일 안보협력을 통해 진행될 것이다. 한편 미 국무부에서는 미중관계를 "다면적(multifaceted)"이라고 표현했다.[68] 미중 간 경쟁과 협력이 공존할 수 있다는 것으로 해석할 수 있다. 이는 앞서 언급한 '봉쇄 · 포용' 전략과 궤를 같이 한다. 경쟁이 불가피한 분야와 협력이 가능한 분야를 식별해서 접근하는 전략이다. 이러한 전략을 진행하는 것이 현실적으로 쉽지 않겠지만 현재의 미중 간 복잡하게 얽혀있는 글로벌 가치사슬을 감안하면 그나마 '현실적인' 구상이다.

미중관계의 심화현상으로 인해 한국은 막대한 영향을 받는다. 중국은 한국의 최대 교역국이다. 2020년 유럽연합의 최대 교역국도 미국에서 중국으로 바뀌었고 중국의 경제부상은 곧 세계적 영향력 확장으로 이어지고 있다.

---

66) Scott Snyder, "Will the New US-South Korea Deal Boost East Asian Security," CFR, March 11, 2021.

67) 프라이스 미 국무부 대변인은 미국의 대중견제를 묻는 기자의 질문에 한국과 일본과 같은 동맹이 미국의 힘의 원천이라고 설명. US Department of State, Press Briefing, March 11, 2021.

68) US Department of State, Press Briefing, March 11, 2021.

따라서 미중 사이에서 경쟁과 협력 분야를 식별해서 대응해야 하는 한국은 정책 결정마다 난관이 예상된다. 바이든 행정부 출범 후 진행한 첫 2+2 회담에서 한미 양국은 동맹의 가치와 중요성을 재확인했다. 동맹이 가야 할 방향에 대해서도 논의했다. 한미는 민주주의, 자유주의, 규칙에 기반을 둔 국제질서를 수호한다는 가치를 공유했고, 이를 이행하는 데 있어 상호 입장차가 있다는 점 역시 확인했다.

한국은 미국과 중국 사이에서 균형을 잡기 어려운 시점을 맞이할 수 있다. 미국의 대전략이 수정되지 않고 중국몽이 지속되는 한 미중경쟁은 지속된다. 내년 혹은 10년 후 한국은 미국과 중국 사이에서 선택을 강요당하는 상황을 맞이할 수 있다. 안보는 미국, 경제는 중국이라는 개념은 앞으로 유효하지 않다는 것이다. 그 상황이 곧 온다는 가정 하에 한국은 대비를 해야 한다.

전 세계 국력 10위에 위치한 한국은 미중경쟁이 격화되는 상황에서도 필수적인 국익(vital interest)과 중요한 국익(critical interest)[69]을 구분해야 한다. 한미동맹을 통해 창출되는 안보이익과 한중경제관계에서 창출되는 경제이익 사이에서 초조해하는 시기는 뒤로하고 미국과 중국의 분야별 혹은 의제별 협력을 시도해야 한다. 예를 들어 바이든 행정부가 추진하고자 하는 기후변화와 같은 의제에 관한 협력은 한국이 적극적으로 참여할 수 있다. 중국 역시 미중경쟁이 전면전으로 치닫지 않는다면 미국의 의제에 협조할 수 있다.

미국과의 안보, 중국과의 경제관계 중 무엇이 더 중요한지를 고민해야 하는 한국의 지정학적 운명은 변하지 않는다. 이제 미중 사이에서 안보, 혹은 경제를 두고 고민하지 말고, 한국이 선도적으로 잘할 수 있는 분야와 의제를 식별해서 선제적으로 제시해야 한다. 쿼드, 한미일 삼각 협력도 이런 맥락에서 구상해야 한다. 올해 3월 미국 국제전략문제연구소(CSIS)에서 발간한 '한미동맹을 위한 제언' 보고서에는 "탄력적인 아시아(resilient Asia)를 위한 동맹 건설"이 네 번째 제언으로 명시되어 있다. 동 보고서는 한국과 미국이 "반중

69) Sam C. Sarkesian, John Allen Williams, and Stephen J. Cimbala, US National Security: Policymakers, Processes and Politics (Boulder: Lynne Rienner Publishers, 2008), 9.

동맹(anti-China alliance)"이라는 문법을 버리고 미래지향적이고 원칙에 기반을 둔 "탄력적인 아시아"를 건설해야 한다고 한다.[70] 한국 역시 반미, 반중, 친중, 친미라는 정치적 스펙트럼을 떠나 탄력적인 대한민국(resilient Korea)을 표방할 때 비로소 온전한 세계 10대 강국으로 평가될 수 있을 것이다.

70) CSIS, "Recommendations for the US-Korea Alliance," CSIS Commission on the Korean Peninsula, March 2021.

참고문헌

구본학, “한미동맹의 미래 비전과 목표,” 신아세아, 25권 4호, 2018, p. 76.

김열수, 김경규, “트럼프 시대의 한미 군사쟁점과 대응방향,” 신아세아, 24권 1호, 2017, pp. 38-42.

대한민국 국방부, 『2020 국방백서』, p. 165-166.

대한민국 국방부, “한미 국방장관 회담 결과,” 국제정책관실 미국정책과 보도자료, 2021. 3. 17.

대한민국 외교부. “제11차 한미 방위비분담특별협정(SMA) 협상 최종 타결: 지난한 협상과정에서 합리적이고 공평한 분담이라는 우리의 원칙을 지켜낸 협상,” 보도자료, 2021.3.9.

대한민국 외교부, “한미 외교장관 회담 결과,” 북미국 북미1과 보도자료, 2021. 3. 17.

대한민국 정책브리핑, “한반도 평화 프로세스” 청와대, 2019.10.18.

박현주, 정진우, 유지혜, “5년간 국방비-방위비 동반상승...정부 ‘미군 안정적 주둔 중요,” 중앙일보, 2021.3.10.

백재옥, “한 · 미 방위비분담 현황 및 향후 과제,” 주간국방논단 제1670호 (17-19), 한국국방연구원, 2017년 5월 8일, p. 2.

서보혁, “미숙한 대화의 필연적 결과: 6자회담의 실패 원인,” 북한학연구, vol. 12, no. 1, 2016.

송세관, “한미동맹의 진화와 발전방향,” 대한정치학회보 27집 4호, 2019, p. 159.

연합뉴스, “김정은-시진핑, 구두친서 교환…“적대세력 방해속 北中단결강화”(종합),” 2021.3.23.

연합뉴스TV, “[뉴스초점] 서욱 ‘한일 · 한미일 안보협력 강화 · · · 각 군 차원 교류도.” 2021.3.18.

임형섭, "靑 '방위비 협상 타결, 린치핀 한미동맹 강화'," 연합뉴스, 2021.3.10.
조선일보, "내일부터 주한미군 韓 근로자 4000명 무급휴직," 2021.3.29.
주간조선, "일본이 주도한 '쿼드'... 영국 합류 '퀸텟'으로 확대?" 2021.3.22.
청와대, "제102주년 3 · 1절 기념사," 2021.3.1.
최원기, "미국 바이든 행정부의 아태전략 전망: 미국, 일본, 인도, 호주 다자 협의체(Quad)를 중심으로," IFANS 주요국제문제분석 2020-54, 국립외교원 외교안보연구소, 2020.12.
한승주, 『한국에 외교가 있는가』, 올림, 2021, p. 14.
e-나라지표, '국민총생산 및 경제성장률' (검색일: 2021.3.11.)
SBS News, "[단독] 블링컨 '한국과 쿼드 협조할 방법 찾을 수 있을 것'," 2021.3. 18.
"2020 Democratic Party Platform," Considered by 2020 Platform Committee and Approved by the Democratic National Convention, August 18, 2020. P. 72.
Anonymous, "The Longer Telegram: Toward A New American China Strategy," Atlantic Council, 2021.
Aishvarya Kavi. "Biden's 17 Executive Orders and other directives in Detail," New York Times, January 20, 2021.
Caitlin Oprysko, "Biden dings Trump for his handling of North Korea and Iran," Politico, July 1, 2019.
CSIS, "Recommendations for the US-Korea Alliance," CSIS Commission on the Korean Peninsula, March 2021.
Bruce Klingner, "Biden Administration must address Daunting North Korea Challenge," The Heritage Foundation, January 26, 2021.
Daniel Bessner and Nicholas Guilhot, "How Realism Waltzed Off," International Security, vol. 40, no. 2, 2015.
Erik French, Jiyoon Kim and Jihoon Yu, "The US Role in South Korea-Japan Relations: From Johnson to Biden," The Diplomat, January 14,

2021.

James Fretwell, "New US State Department pick spells doom for Moon's North Korea policies," NK PRO, January 28, 2021.

Jesus A. Rodriguez. "The World According to Tony Blinken." Politico, January 1, 2011.

John Gardy, "Biden Administration wants to expand Pacific 'Quad' Relationship, National Security Advisor Sullivan says," USNI News, June 29, 2021.

Joseph R. Biden, Jr. "Why America Must Lead Again: Rescuing U.S. Foreign Policy After Trump," Foreign Affairs, March/April 2020.

Jude Blanchette, "Confronting the Challenge of Chinese State Capitalism," CSIS, 2021.

Kim Gamel, "Biden calls North Korean leader a 'thug' but says he'd meet Kim if denuclearization is agreed," Stars and Stripes, October 23, 2020.

Kurt Campbell, "How America Can Shore up Asian Order," Foreign Affairs, January 12, 2021.

Leon S. Fuerth, 2011. "Grand Strategy," in Forging an American Grand Strategy: Security a Path Through a Complex Future, ed. Douglas C. Lovelace, Jr. 2013: 9-13.

Matthew Lee and Mark Thiessen, "US, China spar in first face-to-face meeting under Biden," Associated Press, March 19, 2021.

Niluksi Koswanage, Tongjian Dong, and Jing Li, "Blinken Presses China Diplomat on Human Rights, Hong Kong," Bloomberg News, February 6, 2021.

S. Ladislaw, "Productive Competition: A Framework for US-China Engagement on Climate Change," CSIS, 2021.

Sam C. Sarkesian, John Allen Williams, and Stephen J. Cimbala, US National Security: Policymakers, Processes and Politics (Boulder: Lynne

Rienner Publishers, 2008), 9.

Scott Snyder, "Will the New US-South Korea Deal Boost East Asian Security," CFR, March 11, 2021.

Scott Snyder, "What kind of North Korea will Biden face?" CFR, January 25, 2021.

The White House, "Inaugural Address by President Joseph R. Biden, Jr." January 20, 2021.

Thomas Wright, "The fraught politics facing Biden's Foreign Policy," Brookings, November 22, 2020.

Tom Corben, "Australia's Growing Security Cooperation With South Korea," The Diplomat, October 26, 2017; Samuel Ramani, "India's U-Turn on North Korea Policy," The Diplomat, July 19, 2017.

Tony Blinken. Senate Confirmation Hearing. January 19, 2021.

US Department of Defense. "Indo-Pacific Strategy Report: Preparedness, Partnerships, and Promoting Networked Region," June 1, 2019.

US Department of Defense, "Secretary of Defense Lloyd J. Austin III and Secretary of State Antony Blinken Conduct Press Conference With Their Counterparts After a U.S.-ROK Foreign and Defense Ministerial('2+2'), Hosted by the ROK's Foreign Minister Chung Eui-yong and Minister of Defense Suh Wook," March 18, 2021.

US Department of State, "Briefing with Acting Assistant Secretary of State for East Asian and Pacific Affairs Sung Kim and Acting Assistant Secretary of Defense for Indo-Pacific Security Affairs David F. Helvey on the Secretaries' Upcoming Trip to Japan and Republic of Korea," Special Briefing, March 12, 2021.

US Department of State, "Secretary Blinken's call with Australian Foreign Minister Payne," Office of the Spokesperson, January 27, 2021.

US Department of State, "Secretary Antony J. Blinken, Secretary of Defense Lloyd Austin, Japanese Foreign Minister Toshimitsu Motegi, and Japanese Defense Minister Nobuo Kishi at a Joint Press Availability," March 16, 2021.

US Department of State, Press Briefing, March 11, 2021.

8. 2020년 대통령 선거와 미중 관계
: 중국 때리기(China Bashing)와 디커플링 논쟁*

김영준(경상대)

▽

Ⅰ. 서론

선거에 출마한 후보자들은 유권자들의 지지를 확보하기 위해 많은 노력을 한다. 유권자들의 지지를 얻는 가장 전통적인 방식은 유권자들이 관심을 갖는 사안들에 대해 후보자가 어떤 입장을 가지고 있는지, 그리고 그 사안들에 대해 유권자들의 이익을 위해 어떠한 일을 할 계획인지를 밝히는 것이다. 아울러 유권자들의 주요 관심 사안에 대한 자신의 입장과 계획이 상대 당의 후보와 얼마나, 어떻게 다른지를 보여주려고 노력한다. 국내외 사안을 모두 다루는 대통령 선거에서 대외정책사안은 유권자들의 지지를 호소하기 위한 후보자들이 입장을 밝히고 상대 후보와 차별화를 추구하는 정책 사안들 중 큰 부분을 차지한다. 특히 국제적 영향력이 크고 또 국제적인 사안들이 국내 정치에 미치는 영향이 큰 미국의 대통령 선거에서 주요 대외정책 사안들에 대한 후보자들의 입장과 계획은 유권자들의 선택에 큰 영향을 주게 마련이다.

* 본 장의 내용은 졸고 "팬데믹 전후 미중관계와 디커플링 전망", 한국동북아논총 20권 4호, pp. 33-66.을 수정 보완하였다.

이처럼 유권자들의 지지를 확보하고 자신과 상대 후보와의 차별성을 선명하게 보여주는 과정에서 특정한 사안에 대한 유권자들의 관심을 불러일으키기 위해 그 사안이 갖는 중요성을 실제 이상으로 과장하는 일도 종종 발생한다. 특히 자신이 상대 후보에 비해 해당 사안에 대해 유권자의 지지를 확보하는데 유리한 입장이라고 판단하는 경우 해당 사안에 대한 자신의 입장을 밝힘과 동시에 상대방에게 입장을 분명히 밝힐 것을 강력하게 요구하기도 한다.

외교안보 영역에서 이러한 논쟁이 벌어지는 대표적인 사안이 미국의 국익을 침해하는 외부의 위협이 누구인가와 그 위협에 어떻게 대처해야 하는가의 문제이다. 미국 대통령 선거에서 후보자가 미국 밖에 존재하는 위협에 대해 서로 명확한 입장을 밝힐 것을 요구하는 일은 빈번히 있었다. 과거로 거슬러 올라가 냉전시기 소련과 공산권의 위협에 대한 논쟁에서부터 탈 냉전 시기에는 중동 국가들과 국제테러 단체에 대한 논쟁, 깡패 국가들의 위협에 관한 논쟁 등 다양한 외부 위협에 대한 정치 공방과 정책 공세는 흔한 일이었다.

본 장에서는 미국 대선과정 중에서 벌어지는 대외정책에 대한 공방 중에서 중국과 관련한 공방에 대해 살펴보았다. 먼저 2020년 이전 미국 대통령 선거에서 "중국 때리기(China Bashing)"가 어떻게 이뤄졌는지를 고찰하고, 2020년 선거에서의 중국 때리기는 이전과 어떤 차이를 보였는지를 분석하였다. 그리고 2020년 선거에서 논란이 되었던 중국과 미국의 디커플링이 실제는 어떤 양상으로 전개되고 있는지 분석하였다.

II. 미국 대통령 선거에서 "중국 때리기(China Bashing)"

미국 선거에서 중국은 논쟁적인 대외정책의 주요 소재이다. 중국과 관련된 외교정책 사안을 상대 후보에 대한 공격의 소재로 삼아 논쟁을 일으키고 편을 가르는 이른바 "중국 때리기(China Bashing)"는 이제 선거 전략의 상수라고 볼 수 있다. 특히 대통령 선거에서 상대 후보가 중국에 유약한 모습을 보인다고 비판하거나 중국의 이익을 미국의 이익보다 더 챙기려는 정치인으로 공격하는 일은 낯설지 않다.

이처럼 중국이 미국 대통령 선거에서 상대 후보를 공격하기 위한 소재로 활용되기 시작한 것은 데탕트 시기부터이다. 1972년 2월 21일, 닉슨을 비롯하여 키신저 국무장관 등 미국 대표단 일행이 방문하여 마오쩌둥과 회담을 갖고 '상하이 공동성명'을 발표함으로써 중국은 미국 정치에서 존재감을 갖기 시작하였다. 대통령 선거에서 중국이 논쟁 사안이 된 것은 그로부터 8년 뒤였다. 제39대 미국 대통령이었던 지미 카터는 1978년 12월 15일, 미국 정부가 1979년 1월 1일부터 중국과 공식적으로 외교 관계를 맺고, 대만과는 외교 관계를 끊겠다는 계획을 발표하였다. 그의 이러한 결정은 미국 보수 진영의 큰 반발을 불러일으켰고, 1980년 대통령 선거에서 매우 뜨거운 논란이 되었다. 공화당 대통령 후보로 나선 로널드 레이건은 선거 기간 내내 카터 행정부의 중국 정책을 비판하였다.

1992년 선거에서 민주당 대통령 후보로 선출된 빌 클린턴은 민주당 전당대회에서 대통령 후보 수락연설을 하며 자신이 대통령이 된다면 "미국은 바그다드에서 베이징에 이르기까지 독재자들을 어르지 않을 것"이라며 대외 정책 비전을 밝혔다.[1] 이는 1989년 민주화를 요구하며 천안문 광장에 모였던 중국인들을 학살한 천안문 사태에도 불구하고 조지 H. 부시 행정부가 중국과 관계 개선을 도모하는 것을 비판한 것이었다. 1992년 선거 기간 동안 빌 클린턴은 중국의 인권문제와 중국과의 무역관계 문제를 제기하며 부시 행정부의 중국 정책을 비판하였다.[2]

2008년 대통령 선거에서 민주당 대선후보로 나선 버락 오바마 당시 연방 상원의원은 조지 W. 부시 대통령의 중국 정책을 신랄하게 비판하였다. 그는 부시 행정부가 중국 앞에서 "나약하게(pasty)" 굴며, 중국의 부당한 무역관행을 방치했다고 주장하였다. 오바마는 이전 대통령 후보들에 비해 중국에 대

1) Bill Clinton, Address Accepting the Presidential Nomination at the Democratic National Convention in New York, July 16, 1992 https://www.presidency.ucsb.edu/documents/address-accepting-the-presidential-nomination-the-democratic-national-convention-new-york
원문은 "an America that will not coddle tyrants, from Baghdad to Beijing"이다.

2) 당시 언론에서는 클린턴이 중국 지도자들을 "북경의 도살자들"이라고 불렀다고 보도하였으나 후에 그가 직접 이런 발언을 하였다는 근거가 없다는 주장도 제기되었다. https://chinachannel.org/2019/01/11/butcher-beijing/

해 구체적인 비판을 제기하였다. 우선 환율 문제를 거론하였다. 그는 미국의 대중국 무역적자는 "(중국의) 환율 조작과 직접 연관"되었다며 중국 정부를 비판하였다.[3] 오바마가 중국의 환율 조작 문제를 거론한 까닭은 부시 행정부가 재임기간 동안 중국을 환율 조작국으로 지정하지 않은 데에 대한 미국 내 비판여론을 의식한 것이다.

중국의 환율 조작 문제는 지금도 마찬가지이지만 당시에도 미국 제조업 경기 하락과 맞물려 매우 민감한 대외정책 사안이었다. 특히 당시 선거는 중국 섬유제품의 대미수출 제한 조치의 일몰과 맞물려 있었으며, 부시 행정부는 이 조치의 연장을 주저하던 상황이었다. 따라서 미국의 섬유업계는 환율 조작 문제와 함께 중국제품의 대미수출제한 조치 연장에 대한 입장표명을 민주 · 공화 대선후보들에게 요구하였다. 민주당 대통령 후보 오바마는 미국 섬유협회에 보낸 편지에서 "중국은 환율정책들을 포함하여 수출에 의존한 성장이 아닌 내수를 통한 성장이 이뤄지도록 정책의 변화가 있어야 한다"고 언급하고 이를 위해 자신은 중국의 불공정한 무역관행을 바로잡기 위해 미국 정부의 노력을 배가하고, 무역대표부에게 더 큰 역량을 부여할 것이라고 밝혔다. 오바마 측 인사는 오바마 후보가 당선된다면, "활용가능한 모든 권한과 외교적 수단을 동원해" 중국에 압력을 가하고 백악관이 활용할 수 있는 수단을 더 많이 제공하도록 하는 법안의 제정을 지지할 것이라고 주장하였다.[4]

대만과의 관계도 선거과정 중 큰 논쟁 사안이었다. 부시 행정부는 대만 문제에 대해 소극적인 태도를 보였고, 오바마 후보 측도 대만 문제에 대해 중국과 대만이 서로 대화를 통해 평화적으로 문제를 해결해야 한다는 입장을 견지했다. 반면 2008년 선거 당시 공화당 대통령 후보였던 존 매케인 상원의원측은 대만 문제에 대해 미국의 적극적인 개입의 필요성을 피력하였다. 매케인 후보에게 외교정책 자문을 하던 랜디 슈라이버는 매케인 후보가 "그동

---

3) https://www.reuters.com/article/us-usa-china-obama-currency-idUSTRE49S7FQ20081029

4) https://www.reuters.com/article/us-usa-politics-trade/mccain-obama-campaigns-clash-on-trade-deals-idUKTRE497A2020081008

안 대만의 참여가 막혀있던 국제보건기구(WTO)와 다른 국제기구에 의미있는 참여를 할 자격이 있다고 믿는다"라고 언급하며, "중국이 반대하더라도 명분이 있는 일에는 뜻을 분명히 밝힐 필요가 있다"고 주장하였다.[5)]

2012년 대통령 선거에 출마한 밋 롬니 공화당 대선후보도 자신이 대통령에 당선된다면 임기 시작 첫날에 중국을 환율 조작국으로 지정할 것이라고 주장하였다.[6)] 그는 현직인 오바마 대통령이 "중국의 속임수를 막을 수 있는 기회가 일곱 번 있었다. 일곱 번 모두 막지 않았다"며 오바마 행정부가 미국의 일자리가 중국으로 흘러들어가게 내버려 두었다고 비판하였다.[7)] 또 지속적인 선거 광고를 통해 중국이 미국의 기술과 지식을 훔쳐가고 있다고 비난하였다.

"미국을 다시 위대하게"라는 선거 표어를 걸고 2016년 대통령 선거에 공화당 후보로 나선 도널드 트럼프는 선거 기간 동안 경제 정책의 관점에서 중국에 대한 비판을 쏟아냈다. 이는 선거 과정에서 자신을 경제 문제를 해결할 수 있는 정치지도자로 부각시키려는 전략이었다. 중국에 대한 경제 분야에서 트럼프 대통령의 비판은 두 가지로 나뉘는데, 첫째는 중국이 미국으로부터 부당한 방식으로 이득을 얻고 있다는 것이다. 언론 인터뷰에서 트럼프 공화당 후보는 중국이 환율을 조작하여 부당하게 미국과의 통상에서 이득을 보고 있다고 비난했다. 그리고 만일 자신이 대통령에 당선되면 중국에게 45%의 관세를 부과하겠다고 주장했다.[8)]

트럼프 공화당 후보의 중국에 대한 비판의 두 번째 초점은 왜 그동안 미국은 중국으로부터 그렇게 당할 수밖에 없었는가에 맞춰졌었다. 이를 통해

---

5) https://www.reuters.com/article/us-taiwan-usa-election/mccain-tilts-towards-taiwan-obama-may-favor-china-idUSTRE49T1D520081030

6) https://www.chinadaily.com.cn/opinion/2016-11/01/content_27235834.htm

7) https://carnegietsinghua.org/2012/10/17/china-factor-in-u.s.-presidential-election-separating-rhetoric-from-action-pub-49700

8) "Here's a recap of what Trump said about Asia during the Campaign." *CNBC* http://www.cnbc.com/2016/11/10/trumps-foreign-policy-heres-a-recap-of-what-the-president-trump-said/ (검색일: 2017.1.23)

트럼프는 미국이 중국에게 부당하게 이익을 빼앗긴 원인이 근본적으로 기존의 미국의 정치지도자들의 무능이라는 점을 부각시키고자 하였다. 트럼프는 "중국은 경제적으로 미국을 부당하게 이용해먹고 있다. 그런데 우리는 아무것도 안 하고 있다. 사실은 (중국의 부당행위를) 중단시키는 일은 아주 쉽다"[9]라고 주장하였다. 그의 이러한 인식의 표출은 정치적으로 자신이 기존의 미국 정치지도자들과 달리 중국으로 인한 미국 경제의 손실 발생에 대해 단호하게 대처할 수 있으며, 이를 통해 미국내 일자리 창출, 중국을 비롯한 해외로 이전된 미국 기업들, 특히 제조업 공장들의 미국으로의 복귀를 성사시킬 수 있음을 강조하기 위한 전략이었다.

Ⅲ. 2020년 대통령 선거와 "중국 때리기(China Bashing)"

2020년 대통령 선거에서도 중국 문제는 어김없이 등장하였다. 사실 트럼프 행정부 출범 이후 미국 대외정책에서 중국에 대한 압박은 이전 행정부에 비해 그 폭과 수위가 높아졌기 때문에 대통령 선거에서 중국과 관련한 논쟁이 있을 것이라는 사실은 충분히 예견이 가능하였다. 그러나 2020년 대통령 선거에서 중국이 활용되는 방식과 내용은 이전 선거에서와 달랐다.

우선 이전 선거에서 중국이 활용되는 방식은 앞에서 살펴본 바와 같이 상대 후보의 중국에 대한 입장 또는 정책에 대해 비판하는 것이었다. 물론 2020년 선거에서도 이러한 방식이 활용되기는 하였다. 주로 트럼프 대통령이 바이든 민주당 후보의 과거 친중 발언과 행보를 공격 대상으로 삼았다. 트럼프 지지 슈퍼팩(Super PAC)인 '아메리카 퍼스트(America First)'는 바이든 민주당 대통령 후보의 과거 행적을 친중 행보로 공격하는 광고물들을 유포하였다. 트럼프 측은 바이든을 "베이징 바이든"이라고 부르며 그가 워싱턴 정치 엘리트들을 선도하여 중국에 순응적인 정책을 이끌었다고 비판하였다.[10] 그

---

9) *Ibid.*

10) Jack Brewster, "Pro-Trump Group Running 'Beijing Biden' Ads Accusing Biden Of Being Soft On China During Pandemic", 『Forbes』, 2020, 04, 16. https://www.forbes.com/sites/jackbrewster/2020/04/16/pro-trump-group-

러나 중국을 이용한 바이든에 대한 공격은 그리 오래가지 않았다.

2020년 선거에서 바이든은 중국에 대한 입장에서는 트럼프와 차별성이 없었다. 트럼프 측에서는 중국을 활용하여 바이든을 공격하는 것보다 중국을 직접 공격하는 방식을 선거에서 활용하였다. 여기에는 공교롭게도 미국 대통령 선거 일정과 겹친 코로나19 확산에 따른 중국 책임론과 트럼프 행정부 4년 동안 악화된 미국인들의 대중국 감정이 주요 요인으로 작용하였다. 따라서 트럼프 측에서는 코로나19 중국 책임론과 중국에 대한 무역의존도를 줄여야 한다는 디커플링 정책, 두 가지 방향에서 중국을 활용한 선거 전략을 구사하였다.

1. 코로나19 논란

1) 트럼프 행정부의 중국 활용전략

중국 우한에서 코로나19의 지역감염이 급속히 진행되고 국제사회가 관심을 갖고 시작하던 2020년 초에 미국 또한 이 문제에 대해 관심을 보였다. 당시 미국이 관심을 가진 부분은 중국 당국이 과연 코로나19 확산에 대처할 능력이 있는가와 코로나19가 어떤 감염병인지에 대한 정보였다. 미국은 또 중국내 감염이 확산되며 부족하게 된 의료와 방역물자에 대한 지원도 하였다. 2월초 스티브 비건 미 국무부 부장관은 미국이 마스크와 가운을 포함한 17.8톤 분량의 의료물자를 중국에 보냈다고 밝혔고,[11] 폼페이오 국무장관은 코로나19에 피해를 입은 중국과 다른 국가들을 돕기 위해 미국이 1억불 가량의 지원을 할 준비가 되어있다고 밝혔다.[12]

그러나 두 나라의 협력 관계는 오래가지 않았다. 미국은 2월 2일부터 14일

---

running-beijing-biden-ads-accusing-biden-of-being-soft-on-china-during-pandemic/?sh=aaa06e613a20

11) James T. Areddy, "Beijing Faults U.S. Stance on Coronavirus", 『The Wall Street Journal』, 2020년 2월 6일.

12) Reuters Staff, "U.S. announces aid for China, other countries impacted by coronavirus," 『Reuters』, 2020년 2월 8일.

이내 중국에 체류했던 외국인의 미국 입국을 금지하였다. 또 14일 이내에 중국 우한이 속한 후베이성을 방문하였던 미국인들도 14일간 시설격리를 할 것이라고 발표하였다. 미국의 이런 조치에 대해 화춘잉 중국 외교부 대변인은 "세계보건기구가 여행제한을 권고하지 않는다고 밝히자마자, 미국은 정반대의 길로 갔다"며 "미국이 공포를 선동한다고 비판하였다.[13] 이에 대해 미 국무부 대변인실은 "해외에 있는 미국 시민의 안녕과 안전보다 더 높은 우선순위는 없다"며 중국의 반발을 일축하였다.

이렇듯 트럼프 행정부가 코로나19 문제와 관련한 중국에 대한 태도를 바꾼 데에는 두 가지 선거 전략이 있었던 것으로 볼 수 있다. 첫째는 중국 책임을 강조하여 지지자를 결집하려는 전략이다. 보수 성향의 트럼프 지지자들은 중국에 대한 반감 역시 높다. 그러므로 트럼프 측은 중국에 대한 적극적인 공세전략을 통해 코로나19로 인한 트럼프 지지자들의 중국에 대해 한층 높아진 반감을 편승하며 이들의 목소리를 대변하는 지도자인 트럼프를 지키기 위해 결집하자는 메시지를 낼 수 있을 것으로 판단한 것으로 보인다.

두 번째 전략은 코로나19 대응에 대한 책임회피이다. 트럼프 대통령은 코로나19 사태 초기에 그 위험성에 대해 대중들에게 의도적으로 과소평가하는 전략적 실책을 범하였다.[14] 미국내 코로나19의 확산이 심각해지고 난 뒤에도 자신의 입장을 바꾸기보다는 초기에 보였던 입장을 고수하며 언론과 싸움을 벌이는 실책을 범하였다. 이 실책을 만회하기 위해 선택한 전략이 중국 책임론 강조였다.

이렇게 트럼프 행정부가 선거과정에 중국을 적극 활용하기로 전략을 결정한 뒤 미중은 두 가지 측면에서 갈등을 빚게 된다. 첫 번째는 중국의 투명한 정보공개 여부이다. 폼페이오 장관은 코로나19 백신 개발과 방역에 필수적

13) 백성원, "미 국무부, 중국의 '입국금지' 반발 일축"…"국민 안전이 최우선", 『voice of America』, 2020년 2월 6일.

14) Tmamra Keith, "Trump Says He Downplayed Coronavirus Threat In U.S. To Avert Panic", 『NPR』, 2020년 9월 11일, https://www.npr.org/2020/09/11/911828384/trump-says-he-downplayed-coronavirus-threat-in-u-s-to-avert-panic

인 정보를 중국공산당이 미국에게 제공하고 있지 않다고 비난하였다.[15] 로버트 오브라이언 백악관 국가안보보좌관도 중국이 정확한 실상을 공개하지 않고 있다고 비판하였다. 그는 중국이 정보를 감추는 바람에 세계가 코로나19에 대응할 시간을 두 달가량 허비하게 만들었다고 주장하기도 하였다.[16]

두 번째는 코로나19 세계 확산에 대한 중국 책임론이다. 폼페이오 장관은 코로나19를 언급할 때 국제보건기구가 정한 영문공식 명칭인 'COVID-19'나 서양언론에서 흔히 사용하는 '코로나 바이러스' 대신 "우한 바이러스(Wuhan virus)" 또는 "우한 코로나 바이러스(Wuhan coronavirus)" 라고 하여 중국 당국으로부터 항의를 받았고 미국내에서도 인종주의 논란을 불러일으켰다.[17] 공화당 소속 연방상원의원인 톰 코튼 역시 "우한 바이러스"가 중국의 생물학실험실에서 제조되었을 가능성이 있다며 음모론을 펼쳤다. 중국 책임론은 한편으로는 인종주의와 음모론 논쟁으로 확산되며 또 다른 논란을 낳기도 하였다.

한편 트럼프 대통령은 중국에 대한 직접적인 비판을 자제하면서 시진핑 주석과의 지도자간 우호관계는 유지하려는 듯한 태도를 취해왔다. 트럼프 대통령은 2월초 중국의 상황을 언급하며 시진핑 주석과 코로나 바이러스에 관해 이야기를 나눴고 중국이 일을 매우 잘하고 있다고까지 말하였다.[18] 트럼프 대통령의 중국에 대한 태도는 미국내 감염 확산이 심각해지면서 바뀌기 시작하였다. 그는 백악관 브리핑에서 미리 준비한 원고에 코로나 바이러스로 작성된 부분을 지우고 "중국 바이러스(Chinese Virus)"로 고친 흔적이 언론에

---

15) 미국 국무부, Secretary Michael R. Pompeo With Joe Kernan, Becky Quick, and Andrew Ross Sorkin of CNBC Squawk Box, https://www.state.gov/secretary-michael-r-pompeo-with-joe-kernan-becky-quick-and-andrew-ross-sorkin-of-cnbc-squawk-box/(검색일: 2020년 10월 20일).

16) Melissa Quinn, "National security adviser says China "covered up" coronavirus, delaying global response," 『CBS』, 2020년 3월 11일.

17) Nahal Toosi, "Trump aides pound on China. Health experts say: Please stop," 『Politico』, 2020년 3월 13일.

18) Jordyn Phelps and Karen Travers, "Trump not concerned China may be covering up full extent of coronavirus outbreak," 『ABC News』, 2020년 2월 8일.

포착되었다.[19] 트럼프 대통령은 자신이 코로나19를 중국 바이러스라고 부른 것이 인종주의라는 비판을 받게 되자 이에 대해 "인종주의가 전혀 아니다. 그것이 중국에서 왔기 때문이며 그뿐이다. 나는 정확하기를 바란 것이다"라고 해명하였다.[20]

코로나19를 둘러싼 두 나라의 갈등은 국제 수준으로 확산되었다. 폼페이오 국무장관은 화상으로 개최된 G7 외무장관 회의에 참여한 모든 이들이 중국이 벌이고 있는 "국제 허위정보 유포전(international disinformation campaign)"에 대해 논의하였다고 밝히며 세계는 중국 당국으로부터 감염병에 대한 정확한 정보를 받기를 필요로 한다고 주장하였다.[21] 이날 개최된 G7 회의는 미국이 "우한 바이러스"를 공동성명에 명기하기를 주장하는 바람에 공동성명 도출에 실패하였다.[22] 미국이 제안한 공동성명 초안에는 감염병의 확산에 중국의 책임이 있다는 내용도 포함되어 있던 것으로 알려졌다.[23]

코로나19 사태는 미중 두 나라의 디커플링 우려를 더욱 복잡하게 만들었다. 트럼프 행정부의 대중 강경론자들은 이번 위기를 미국 제조업의 중국에 대한 의존도의 심각성을 부각시킬 좋은 기회라고 생각한다. 그들이 중국 의존도의 심각함 근거로 삼는 것은 의료 분야이다.

미국 외교위원회의 국제보건 전문가인 황옌중 선임연구원이 작성한 보고서에 따르면 미국내에서 소비되는 항생제, 비타민C, 이부프로펜, 코티솔의 90% 이상이 중국에서 제조되어 수입되는 것으로 나타났다.[24] 또 진통해열제

---

19) Allyson Chiu, "Trump has no qualms about calling coronavirus the 'Chinese Virus.' That's a dangerous attitude, experts say,".『Washington Post』, 2020년 3월 20일.

20) Chris Cillizza,,"Yes, of course Donald Trump is calling coronavirus the 'China virus' for political reasons," 『CNN』, 2020년 3월 20일.

21) Reuters Staff, "Pompeo says G7 discussed China's coronavirus 'disinformation'," 2020년 3월 26일, 『Reuters』, 2020년 3월 26일.

22) Von Christoph Schult, "Streit über "Wuhan-Virus," 『Der Spiegel』, 2020년 3월 24일.

23) Alex Marquardt and Jennifer Hansler, "US push to include 'Wuhan virus' language in G7 joint statement fractures alliance," 『CNN』, 2020년 3월 26일.

24) Yanzhong Huang, "The Coronavirus Outbreak Could Disrupt the U.S. Drug

의 성분으로 쓰이는 아세트아미노펜의 경우는 약 70%, 항혈액응고제에 쓰이는 헤파린은 40에서 45%가량을 중국에 의존하고 있는 것으로 나타났다.

헤이스팅스 센터의 선임 자문인 로즈마리 깁슨은 2019년 7월 31일 미중 경제안보 검토 위원회가 개최한 청문회에 출석하여서 "만일 중국이 우리 의약품 제조에 주요한 재료들의 수출을 중단한다면 몇 달 안에 약국들은 약품이 모자라게 되고 보건 체계는 작동을 멈추게 될 것이다"라고 증언하였다.[25)]

코로나19 위기가 심각해지던 지난 2월 28일 미 식품의약안전국은 중국에서 수입되는 약품 한 종이 미국내에서 이미 부족하며, 중국에서 수입되는 다른 20여 종에 대해서도 모니터링을 하고 있다고 밝혔다.[26)]

▶ **표 1 미국내 주요의약품의 중국 의존도(%)**

품목	의존도(%)
항생제	97
비타민 C	90+
이부프로펜	90+
코티솔	90+
아세트아미노펜	70
헤파린	40–45

출처: The Coronavirus Outbreak Could Disrupt the U.S. Drug Supply By Yanzhong Huang, CFR Expert March 5, 2020 https://www.cfr.org/in-brief/coronavirus-disrupt-us-drug-supply-shortages-fda

Supply," https://www.cfr.org/in-brief/coronavirus-disrupt-us-drug-supply-shortages-fda(검색일: 2020년 7월 20일).

25) Testimony of Rosemary Gibson,"Exploring the Growing U.S. Reliance on China's Biotech and Pharmaceutical Products" https://www.uscc.gov/sites/default/files/RosemaryGibsonTestimonyUSCCJuly152019.pdf(검색일: 2020년 8월 2일)

26) Ana Swanson, "Coronavirus Spurs U.S. efforts to End China's Chokehold on Drugs." 『NYT』, 2020년 3월 11일.

로버트 라이트하이저 미국 무역대표부 대표는 이러한 트럼프 행정부내의 의견을 반영하여 핵심 의료용품의 미국 내 생산을 촉진하는 방안을 추진하겠다고 밝혔다.[27] 그는 2020년 3월 31일 G20 통상장관 화상 회의에서 "유감스럽게도 미국은 다른 나라와 마찬가지로 저렴한 의료제품과 물자의 원천을 외국에 과잉 의존하는 것이 우리 경제에 전략적 취약성을 만들었다는 것을 이 위기에서 알게 됐다"고 밝혔다.[28] 그리고 이러한 전략적 취약성에 대응하기 위해 "미국을 위해 공급망의 다변화를 장려하고 국내에서 더 많은 생산을 촉진하도록 추진하고 있다"고도 하였다.

또 나바로 백악관 국장은 연방정부가 미국에서 제조된 제품을 구매하도록 하는 "Buy American" 법안에 의약품과 의료제품을 포함하도록 확대 · 강화하는 방안을 마련 중이라고 알려졌다.[29] 상무장관 윌버 로스는 중국의 상황으로 인해 "일자리가 북미로 돌아오는 속도가 빨라질 수도 있다"고 언급하였다.[30]

워싱턴에서는 미국 기업이 해외에 인공위성 영상처리 소프트웨어를 수출하기 위해서는 반드시 면허를 취득하도록 제한하는 규제안을 논의가 이뤄졌다.[31] 이처럼 트럼프 행정부는 대통령 선거일이 다가올수록 중국과의 디커플링을 제조업 분야에 국한되지 않고 인공지능, 로봇 산업 등 4차 산업 영역으로 확대하려 시도함으로써 다방면에서 대중 공세를 강화하였다.

---

27) Katie Thomas, "First Drug Shortage Caused by Coronavirus, F.D.A. Says. But It Won't Disclose What Drug or Where It's Made." 『NYT』, 2020년 2월 28일.

28) Reuters Staff, "Coronavirus shows U.S. too dependent on cheap medical imports, USTR says." 『Reuters』, 2020년 3월 31일.

29) Reuters Staff, "Coronavirus shows U.S. too dependent on cheap medical imports, USTR says." 『Reuters』, 2020년 3월 31일.

30) Philip H. Gordon, ""America First" Is a Dangerous Fantasy in a Pandemic Saturday," https://www.foreignaffairs.com/articles/2020-04-04/america-first-dangerous-fantasy-pandemic(검색일: 2020년 9월 3일).

31) James Politi, "Fears rise that US-China economic 'decoupling' is irreversible," 『Financial Times』, 2020년 1월 22일.

2) 중국의 대응

2020년 3월에 들어서며 코로나19 감염 확산세가 진정되고 하루 사망자의 수도 줄어들자 중국은 그동안 대내외에서 손상되었던 정부의 리더십과 이미지를 회복하기 위한 노력을 시작하였다. 국내에서는 그동안 코로나19 환자 치료에 동원되었던 의료진들의 미담을 전하는 보도들이 이어졌다. 후베이 성에 지원을 나왔던 의료 인력이 복귀하는 길에 경찰 오토바이들이 거리에 나와 배웅하는 장면이 인민일보에 보도되는가 하면 시진핑 주석의 위기극복 리더십에 대해 찬양하는 언론보도도 나왔다. 국제사회를 향해서도 중국의 이미지와 영향력을 회복하려 시도하였다. 중국은 코로나19가 전 세계의 문제라는 점을 부각시키며 국제사회에 유엔과 WHO등의 국제기구를 활용한 국제협력의 중요성을 강조하였다. 그리고 중국이 국제협력을 주도할 뜻을 밝혔다. 시진핑 주석이 정상(頂上) 외교에 앞장섰다. 안토니오 구테헤스 유엔 사무총장과 3월 12일 전화통화를 한 시주석은 "중국인민의 노력이 세계 각국에 전염병 방제를 위한 소중한 시간을 벌어줬다"고 말하며 중국이 세계의 보건을 위해 공헌할 뜻을 비췄다. 지난 14일에는 문재인 대통령에게 전문을 보내 "전염병에는 국경이 없고, 세계 각국은 동고동락하는 운명 공동체"라면서 두 나라의 협력 수준을 높여나갈 것을 제안하였다. 이탈리아의 세르지오 마타렐라 대통령에게 보낸 전문에서는 전염병 방제를 위해 도움을 제공할 뜻을 밝혔다. 또 하산 로하니 이란 대통령에게도 전문을 보내 코로나19의 방제를 위해 돕겠다는 뜻을 밝혔다.

유럽지역에는 우르줄라 폰데어라이엔 유럽연합(EU) 집행위원장과 EU 회원국 정상의 회의체인 EU 정상회의 샤를 미셸 상임의장에 위로 전문을 보냈고, 지난 24일에는 영국의 존슨 총리와 전화통화를 갖고 세계 각국이 유엔과 G20의 틀 안에서 보건 관리와 거시경제정책 조율을 할 것을 제안하였다.

중국이 국제사회에서 국가 이미지와 영향력 회복을 위해 더 큰 노력을 기울인 것은 이른바 '마스크 외교(Mask Diplomacy)'라고 불리는 의료물자 지원이었다. 3월 13일 중유럽과 동유럽의 17개 국가들과 화상회의를 열고 코로나19 방역 대책에 대해 자문을 하였으며 이들에게 방역물자 지원도 약속하였다.[32] 24일에는 중남미 25개국과도 화상회의를 갖고 방역대책에 대한 조언을 하였다. 중국은 조언에만 그치지 않고 물자를 지원하기 시작하였다. 체코에 항공기 7대 분량의 의료물자를 지원하였고, 세르비아에도 호흡기, 마스크, 진단키트 등의 의료물자와 방역 전문가들을 보냈다. 이란과 이라크에도 진단키트와 의료물자를 보냈고 이탈리아에도 중국 적십자를 통해 의료물자와 의료 전문가들을 파견하였다. 3월 중순까지 중국은 이탈리아에 마스크 50만 개, 4톤 분량의 의료물자, 1800벌의 보호복, 15만 개의 장갑을 지원하였다.[33] 폴란드에는 검진키트 만 개, 마스크 2만 개, 보호복 5천 점 보호안경 5천 개, 장갑 만 개 등의 지원을 제안하였다.

중국의 마스크 외교에는 정부뿐 아니라 민간도 함께 참여하였다. 중국의 대표 IT기업인 화웨이는 아일랜드를 포함한 여러 나라에 의료용 보호 장비를 각국에 지원하였고, 마윈은 아프리카에 백만 개 이상의 검진키트와 6만 벌 이상의 의료 보호 장구를 지원하기로 약속하였다.[34] 그는 또 프랑스, 벨기에, 이탈리아, 스페인 등 유럽 전역에 2백만 개의 마스크를 제공하기로 약속하였다. 시진핑 주석은 주세페 콘티 이탈리아 총리와 전화통화를 하면서 "보건 실크로드"를 건설할 뜻을 비춘 것으로 전해졌다.[35]

중국 외교부 대변인인 자오리젠(趙立堅)은 3월 12일 자신의 트위터 계정에 올린 글에서 "미군이 우한에 코로나19를 가져온 것일 수 있다"고 주장하여

---

32) EURACTIV Network, Capitals Special Edition – How effective is China's 'mask diplomacy' in Europe? 『EURACTIV』, 2020년 3월 26일.

33) EURACTIV Network, Capitals Special Edition – How effective is China's 'mask diplomacy' in Europe? 『EURACTIV』, 2020년 3월 26일.

34) Jan van der Made, "'Face mask diplomacy' benefits Chinese billionaires as Covid-19 spreads," 『RFI』 http://www.rfi.fr/en/business/20200327-face-mask-diplomacy-benefits-chinese-billionaires-coronavirus-export-shift-epicentre-wuhan-europe-united-states-covid19,(검색일: 2020년 9월 17일).

35) David Hutt, "China's 'mask diplomacy' in pandemic-hit Europe stirs unease," 『Nikkei』, 2020년 3월 25일. https://asia.nikkei.com/Spotlight/Coronavirus/China-s-mask-diplomacy-in-pandemic-hit-Europe-stirs-unease,(검색일: 2020년 9월 17일).

코로나19의 중국 발원설을 부정하는데서 그치지 않고 미국이 이를 중국에 유포하였다는 음모론을 제기하였다.[36] 이에 미 국무부는 추이톈카이(崔天凱) 미국 주재 중국 대사를 초치해 강하게 항의했다.

정보제공과 관련된 미국의 중국에 대한 비난에 화춘잉(華春瑩) 중국 외교부 대변인은 미국 쪽에서 '코로나19 은폐론'이 제기되자 지난 19일 "중국은 1월 3일 이후 미국에 코로나 바이러스 상황과 대응 관련 정보를 제공해왔다… 그런데 이제 중국이 늦췄다고 비난하느냐?"고 반박했다.[37] 그러자 모건 오테이거스 미국 국무부 대변인은 다음날 "1월 3일까지 중국 당국은 이미 코로나19 바이러스 샘플을 파괴하라고 명령했으며, 우한 의사들의 입을 막고 온라인에서 대중의 우려를 검열했다"고 재차 중국정부를 공격했다.[38] 화 대변인은 지난 21일부터 여러 차례의 트위터 메시지로 이 문제에 대해 논쟁하였다.

중국이 초기대응에 실패하고 정보를 감춰서 국제사회에 두 달 동안 피해를 입혔다는 주장에 대해 가장 먼저 반박에 나선 것은 테워드로스 아드하놈 거브러여수스 WHO 사무총장이었다. 코로나19 사태 초기부터 지나치게 중국을 두둔하는 입장을 펼쳐와 국제사회의 비난을 받았던 거브러여수스 사무총장은 2월 4일 세계보건기구 집행이사회에서 중국의 조처로 바이러스가 해외로 심각하게 확산하는 것을 막았다고 발언하였다. 또 독일 뮌헨에서 열린 안보회의에 참석해서는 코로나19가 중국 밖 지역에서는 아직 널리 확산하지 않았다면서, 이는 중국이 발병을 원천적으로 억제하기 위해 취한 조처가 세계에 시간을 가져다 준 것이라고 주장하였다.[39]

이후 중국 정부는 중국 덕분에 다른 나라들이 대처할 시간을 벌었다는 논리를 적극적으로 설파하기 시작하였다. 왕이(王毅) 중국 외교 담당 국무위원

36) Zaho Lijian,, https://twitter.com/zlj517, (검색일: 2020년 10월 1일).

37) 김윤구, "미국-중국 정부 대변인 코로나19 놓고 트위터 설전," 『연합뉴스』, 2020년 3월 23일, https://www.yna.co.kr/view/AKR20200323067900083(검색일: 2020년 8월 23일).

38) 김윤구, 『연합뉴스』, 2020년 3월 23일, (검색일: 2020년 8월 23일).

39) VOA, "WHO 사무총장, 또 중국 두둔…뮌헨안보회의서 "대응시간 벌어줘," 『Voice of America』, 2020년 2월 17일.

겸 외교부장은 도미닉 라브 영국 외무장관과 통화에서 "중국의 노력은 인민의 건강과 안전을 지켰고 각국의 방역을 위해 시간을 벌어줬다"며 같은 주장을 펼쳤다.[40] 인민일보는 시진핑 주석이 3월 12일 안토니우 구테흐스 유엔 사무총장과 통화에서 "중국 인민의 힘든 노력이 세계 각국의 전염병 방제를 위한 소중한 시간을 벌어줬고 중요한 공헌을 했다"고 보도하였다.[41]

중국 외교부의 겅솽 대변인은 3월 12일 외교부 정례 브리핑에서 거브러여수스 세계보건기구 사무총장의 발언을 근거로 "중국의 강력한 방제 조치와 중국 인민의 희생 덕분에" 다른 나라들이 코로나19에 대처할 귀중한 시간을 벌어줬다는 주장을 되풀이하며 한국과 싱가포르를 예로 들었다.[42] 그는 또 오브라이언 미국 국가안보보좌관이 중국이 초기대응에 실패하고 정보를 감춰서 국제사회에 두 달 동안 피해를 입혔다는 주장을 한 것에 대해 어떻게 생각하느냐는 질문에 대해 적극 반박하였다. 그는 중국에 대한 책임전가가 미국의 전염병 예방 통제에 도움이 되지 않는다면서 미국 전문가를 포함한 세계보건기구 전문가 팀이 9일간 중국을 시찰했고 이들이 정보의 투명성을 확인하였다고 주장하였다.

2. 미중 디커플링: 논쟁과 현실

1) 미중의 디커플링 논쟁

트럼프 행정부 출범 이후 많은 학자들과 전문가들은 미중, 두 나라의 관계가 디커플링(Decoupling)을 시작하였다고 진단하였다. 키스 존슨과 로비 그래머는 미국의 정책가들이 1930년대 일본과 관계처럼 또 다른 아시아의 강대국과 경제와 지정학 대결에 휘말려 있다고 진단하면서 현재의 급격히 고조된

---

40) 이민정, "中왕이 "중국, 각국의 코로나19 방역 위한 시간 벌어줘," 『중앙일보』, 2020년 3월 10일.

41) KBS뉴스, "시진핑 "중국 힘든 노력이 전세계 코로나19 방제시간 벌어줘," 『KBS』, 2020년 3월 13일.

42) 人民网, "美官员妄称中方"掩盖"疫情 外交部回应:不道德", http://world.people.com.cn/n1/2020/0312/c1002-31629624.html(검색일: 2020년 10월 5일).

경제 디커플링 현상이 1930년대의 재판(再版)이라고 주장하였다.[43] 다만 둘의 차이점은 이번의 디커플링은 평화 시기에 포퓰리스트에 의해 시작되었고, 코로나19 팬데믹에 의해 악화되었다는 점이라고 진단하였다. 안세영은 미중 1단계 무역협정 체결 이후에도 누그러들지 않는 미국의 중국 정책의 강도를 근거로 미국과 중국, 두 나라가 세계를 "반(反)중국과 친(親)중국으로 양분"할 가능성에 대해 언급하였다.[44]

황치판(黃奇帆) 중국국제경제교류센터(CCIEE) 부이사장은 디커플링 현상이 나타나고 있는 다양한 영역들을 제시하였다. 그는 무역, 금융, 외환, 자본, 기술, 국제은행간통신협회(SWIFT), 교육, 인터넷 · 통신, 투자, 미국 '확대관할법(미국 민사소송법상 원칙으로 각 주에서 주 내에 거주하지 않는 역외자에 대해 재판관할권을 확대해 적용하는 법)' 등 10대 분야에서 디커플링의 조짐이 나타나고 있으며, 이미 일부 영역에서는 현실화되고 있다고 분석하였다.[45]

다른 한편에서는 디커플링의 가능성이 그렇게 크지 않으며, 디커플링의 파급효과도 심각하지 않을 것이라는 진단이 두 나라에서 제기되었다. 2020년 8월 30일 개최된 '중국 금융 40인 포럼(CF40)'에 참석한 샤오강(肖鋼) 전 중국증권감독관리위원회 주석 겸 CF40 선임연구원은 "금융업은 모든 실물 경제에 영향을 미치는 만큼, 미중 양국간 금융 디커플링은 불가능한 일"이라고 단정하였다. 후메이라 파묵(Humeyra Pamuk)과 안드레아 샬랄(Andrea Shalal)은 미 국무부 경제성장, 에너지, 환경 담당 부차관인 키스 크라치(Keith Krach)의 말을 인용하여 트럼프 행정부가 중국을 "세계 산업 공급망에서 제거하는 정책에 "가속추진(turbocharging)"하고 있다"고 평가하면서도 디커플링이 실제

43) Keith Johnson and Robbie Gramer, "The Great Decoupling," https://foreignpolicy.com/2020/05/14/ch ina-us-pandemic-economy-tensions-trump-coronavirus-covid-new-cold-war-economics-the-great-decoupling/(검색일: 2020년 8월 20일).

44) 안세영, "루비콘강 건넌 '美 · 中 디커플링'," 『한국경제』, 2020년 05월 18일.

45) 배상희, "10대 분야 미중 디커플링 현주소 진단, 현실화 가능성은?," 『뉴스핌』 2020년 9월 1일, https://www.newspim.com/news/view/20200901000793(검색일: 2020년 9월 20일).

발생할 가능성은 낮게 평가하였다. 그들은 중국기업인 화웨이가 컴퓨터 칩을 수출하지 못하도록 제재하는 조치가 시행되지 못하고 있다는 점 등을 들어 트럼프 행정부의 중국에 대한 징벌이 성과를 거두지 못하고 있다고 주장하였다.[46)]

코로나19 팬데믹 발생 이후 미중 디커플링과 팬데믹의 상관관계에 대해 우려의 시각도 제기되었다. 이동규는 코로나19 상황에서 중국이 "글로벌밸류체인 내에서 요구되는 세계의 공장" 역할을 수행하지 못한 까닭에 다국적 기업들의 탈중국 움직임이 가속화 되었고 미국내에서 중국에 대한 경제의존의 위험성에 대한 인식이 확산되었다고 진단하였다.[47)] 또 코로나19 확산 중 악화된 미중 두 나라 국민들의 서로에 대한 인식이 미중 관계 개선의 저해 요인이 되고 있다는 점을 지적하였다.

옌량(Yan Liang)은 기초 의료장비와 마스크, 면봉, 호흡기 같은 개인보호장구를 충분히 갖추지 못한 미국이 팬데믹에 충분한 대비를 하지 못한 상황에서 중국으로부터의 공급이 부족하게 되자 미국내에서 공산품의 높은 중국 의존도가 위험한 현상이라는 인식이 확산되었다고 주장하였다.[48)] 그리고 코로나19 팬데믹을 명분으로 삼아 미국이 국수주의적인 경제 운용을 한다면 미국으로서도 많은 비용을 부담하게 될 것이라고 경고하였다.

미국의 중국 전문가 토마스 크리스텐슨(Thomas J. Christensen)은 코로나19 발생 전에도 이미 긴장관계이던 미중 관계가 코로나19로 인해 악화되어 가고 있음을 우려하였다. 그는 중국의 권위주의 체제가 코로나19와 같은 상황에

46) Humeyra Pamuk and Andrea Shalal, "Trump administration pushing to rip global supply chains from China: officials," 『Reuters』, 2020년 5월 4일, https://www.reuters.com/article/us-health-coronavirus-usa-china/trump-administration-pushing-to-rip-global-supply-chains-from-china-officials-idUSKBN22G0BZ(검색일: 2020년 9월 21일).

47) 이동규, "코로나19 팬데믹 이후의 미중 갈등과 향후 전망," 아산정책연구원 이슈브리프, 2020.06.12.

48) Yan Liang, "The US, China, and the Perils of Post-Covid Decoupling," 『The Diplomat』. https://thediplomat.com/2020/05/the-us-china-and-the-perils-of-post-covid-decoupling/(검색일: 2020년 9월 19일).

유연하게 대처할 수 없는 속성을 지녔다고 분석하여 현재 상황이 중국 정치 체제의 한계에서 비롯되었음을 지적하였다.[49] 그는 선거 과정에서 중국과 세계보건기구(WHO: World Health Organization)를 비판하고 트럼프 대통령의 중국 여행객 미국 입국 제한 조치를 찬양한 공화당의 행태와 코로나19를 "중국 바이러스"라며 비난에만 열중한 트럼프 대통령의 행태를 비판하며 미국 역시 코로나19 팬데믹을 정치적으로 활용하여 미중 관계가 더 악화되었다고 주장하였다.[50]

이처럼 미중 디커플링의 가능성과 그 영향에 대해서는 다양한 시각이 존재한다. 디커플링이 실제로 발생하고 있으며 앞으로 더 심각해질 것으로 보는 시각은 정치 포퓰리즘을 그 주요 원인으로 지목한다. 그리고 통상 분야와 ITC산업 분야에서 디커플링이 더 많이 일어날 것으로 본다. 디커플링이 일시적이거나 제한적일 것으로 보는 시각은 미중 두 나라의 관계가 이미 다양하게 얽혀있다는 관계의 복잡성을 주목한다. 따라서 두 나라가 서로 다른 세상에서 존재한다는 의미의 디커플링은 가능하지 않다고 본다. 한편 2020년의 팬데믹이 디커플링을 더 촉진하고 있다고 보는 시각도 존재한다. 이런 주장을 하는 이들은 이미 두 나라의 관계가 심각하게 손상된 상황에서 코로나19 상황으로 디커플링이 심화되고 있고, 그 속도도 빨라지고 있다는 우려를 한다.

2) 경제 디커플링 현황

트럼프 행정부는 여기서 살펴본 바와 같이 출범 초기부터 다양한 영역에서 중국에게 압박 정책을 구사해왔다. 코로나19 팬데믹과 이어진 책임론 공방은 이러한 트럼프 행정부의 대중 압박 정책에 더 큰 정당성을 부여하는 계기가 되었다. 그러나 미중, 두 나라가 과연 디커플링이라고 부를 수 있을 정도로 서로에 대한 의존도를 큰 폭으로 낮출 수 있을지는 의문이다. 트럼프 행정부가 출범한 2017년 이후 지금까지 두 나라의 국내외 경제 상황을 분석해 보

49) Thomas J. Christensen, "A Modern Tragedy? Covid-19 and U.S.-China Relations," Brookings Report, May 2020.

50) Thomas J. Christensen, Brookings Report, May 2020.

면 이 문제에 대한 답은 더 분명해진다. 디커플링에 대해 회의적인 전망을 하는 근거는 크게 세 가지이다.

첫 번째는 대중 압박 정책과 디커플링 정책으로 발생한 미국의 손실이 누적되어 가고 있다는 것이다. 무디스와 옥스퍼드 이코노믹스는 미중의 무역 갈등으로 작년 한 해에만 약 65조가량의 경제 손실이 발생하였다고 분석하였다. 또 두 나라가 맺은 1단계 무역합의가 잠정 합의에 불과하고 중국의 대미수출 품목 3분의 2가량이 관세에 영향을 받게 되기 때문에 2020년에는 손실 규모가 미화 약 85억 불 정도로 커질 것이라고 전망하였다.[51] 이러한 경제적 손실은 코로나19로 국내 경기는 물론 국제 경기가 심각하게 침체된 상황에서 중국은 물론 미국에게 더 큰 부담을 늘릴 뿐이다. 따라서 2020년 11월 대통령 선거에서 트럼프 대통령이 재선에 성공하든지 아니면 바이든 민주당 후보가 당선되든지 상관없이 미국이 스스로의 경제 침체를 감내하며 대중 경제블록을 추구하는 정책을 강력히 추진하기는 어려울 것으로 보인다.

두 번째 트럼프 행정부의 대중 압박 정책과 디커플링 정책의 실효성 문제이다. 트럼프 대통령은 미국의 대중 의존도를 줄이고 미국산 물품의 구매를 장려하기 위해 집권 초기부터 행정명령을 발동하였다. 행정명령뿐 아니라 그러나 실질적으로 효과를 거둔 정책은 찾아보기 드물다.

대표적으로 연방정부가 물품을 구매한 내역에 대해 연례보고서를 작성하여 발표하도록 한 행정명령을 들 수 있다.[52] 본 행정명령은 발효된 지 3년이 지났지만 물품 구매 내역 보고서가 아직까지 한 번도 발표된 바 없다. 다만 연방정부가 직접 조달한 해외제조 물품에 관한 자료가 2019 회계연도 보고서에 포함된 바 있다. 이 당시 연방정부가 직접 조달한 해외제조 물품의 총 조달액은 미화 약 78억 불이었으며, 이는 연방정부의 전체 조달액의 약 3.6%

51) Heather Long, "Was Trump's China trade war worth it?," 『Washington Post』, 2020년 1월 16일.

52) The White House, Presidential Executive Order on Buy American and Hire American, https://www.whitehouse.gov/presidential-actions/presidential-executive-order-buy-american-hire-american/(검색일: 2020년 8월 2일).

정도 차지하는 금액이다.[53] 오바마 대통령의 임기 마지막 해였던 2016 회계연도에서 연방정부가 직접 조달한 해외 제조 물품의 총액은 미화 60억 불이며, 이는 전체 연방정부 직접 조달액의 약 3.5%이다.[54] 따라서 트럼프 대통령 집권 시기인 2019 회계연도에 연방정부가 직접 조달한 해외 제조 물품의 금액과 비중이 오바마 대통령 임기 마지막 해인 2016회계연도에 비해 오히려 증가한 셈이다.

미국 정부는 국방관련 정부기관들을 제외한 다른 기관들이 하청 계약을 맺는 경우 해외에서 제조된 물품에 대해 실제 가격에 6%의 추가 비용을 부과한 가격으로 미국내에서 제조된 물품들과 가격 경쟁을 하도록 하는 제도를 운영한다. 트럼프 대통령은 2019년, 6%의 추가 비용을 최대 20%까지 높이는 행정명령을 통과시켰다.[55] 그러나 2020년 9월까지도 이 조치는 시행되지 않았다. 트럼프 행정부는 국내 경기 부양을 위해 다양한 정책을 집행하였다. 그런데 그 정책들의 영향으로 미국 기업들이 해외 투자를 늘리는 결과를 맞기도 하였다.

트럼프 대통령은 2018년 5월 수입 철강제품에 대해 25%의 관세를 부과하는 정책을 시행하였다. 이로 인해 미국내에서 관세 부과 이전 가격으로 철강을 구매하려는 주문이 급증하였고, 수요의 급격한 증가에 따라 가격도 상승하였다. 그러나 이는 일시적인 효과였을 뿐 미국 철강 산업의 고질적인 문제들을 해결하는 데 도움이 되지 못하였다. 오히려 노후화된 철강 제조 설비와 비효율적인 낡은 장비들의 교체가 지연되는 효과를 낳았을 뿐이다.[56]

53) Don Lee, "Why Trump's 'Buy American' campaign went nowhere," 『LA Times』, 2020년 8월 31일.

54) Don Lee, "Steel tariffs bring vindication for Trump's feisty trade advisor Peter Navarro," 『LA Times』, 2018년 3월 11일.

55) The White House, Executive Order on Maximizing Use of American-Made Goods, Products, and Materials Issued on: July 15, 2019, https://www.whitehouse.gov/presidential-actions/executive-order-maximizing-use-american-made-goods-products-materials/(검색일: 2020년 8월 2일).

56) Don Lee, "Trump's steel tariffs were supposed to save the industry. They made things worse," 『LA Times』, 2019년 10월 29일.

또 대외적으로 보더라도 인도태평양 전략의 기치 하에 미국 정부가 추진하였던 프로젝트들이 실제 디커플링의 효과를 낳았다고 보기 어렵다. 예를 들어 미국, 일본, 호주 세 나라가 인도태평양 지역의 사회간접자본 투자 건전성과 투명성 제고를 목적으로 출범시킨 Blue Dot Network를 들 수 있다. 이 기구는 중국 주도의 AIIB에 대한 대응 성격으로 세워진 것이나 실질적인 성과를 내지 못하고 있다.[57] 최근 미 국무부가 인도태평양 지역 국가들을 상대로 참여를 독려하고 있는 경제번영네트워크도 그 실체가 무엇인지에 대해 명확하게 드러난 바 없다.

마지막으로 미국과 중국 두 나라 사이의 통상 무역 관계와 자본 교류의 양상이 일반적인 관측과 다른 변화를 보였다는 점이다. 트럼프 행정부의 출범한 2017년 이후 미국의 대외교역 두 나라의 교역량은 일정한 패턴을 보였다고 보기 어렵다. 트럼프 행정부가 출범한 이후 첫 두 해 동안 미국의 중국으로부터 수입과 중국에 대한 수출 모두 오바마 대통령 시절보다 증가하는 양상을 보였다.[58] 2019년에는 중국에 대한 수출과 수입이 모두 줄어들었다. 그러나 수출과 수입의 줄어든 것은 중국과의 교역관계에서 뿐만 아니라 미국의 전체 교역량이 줄어든 영향이 크다. 한편 두 나라 사이의 자본의 흐름은 더욱 주목할 만하다.

57) U.S. Department of State, Blue Dot Network, https://www.state.gov/blue-dot-network/(검색일: 2020년 8월 3일).

58) United States Census Bureau, https://www.census.gov/foreign-trade/balance/c5700.html(검색일: 2020년 8월 3일).

▶ 그림 1 미국의 대중 직접 투자(2000~2019)

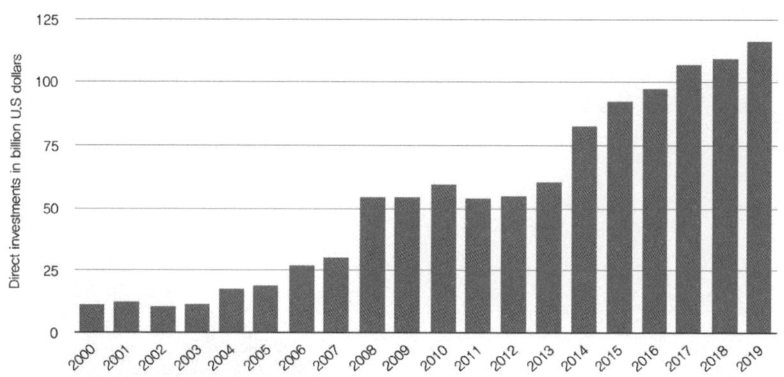

출처: www.stastista.com

<그림1>은 2000년부터 2019년까지 미국 자본의 중국에 대한 직접 투자(Direct Investment)금액을 나타낸다. 여기에서 보듯이 이 기간 중 미국의 중국에 대한 직접 투자 금액은 꾸준히 증가하는 추세에 있으며, 2014년 75억 불을 돌파한 이후 트럼프 행정부 시기인 2017년에 100억 불을 돌파하였고, 이후에도 계속해서 투자가 늘어나고 있다는 사실을 알 수 있다. 중국에 대한 금융투자를 늘리는 것은 비단 미국 뿐 아니다.

<그림2>는 2014년 1월부터 2020년 3월까지 해외 자본의 중국 주식과 채권 투자액 변화 추이를 나타낸 것이다.[59] 그림에서 알 수 있듯이 해외 자본의 투자는 2기 오바마 행정부 후반에 다소 감소하다가 2016년 중반에 들어서면서 증가세로 확연하게 돌아서고, 트럼프 행정부 시기인 2017년 이후 급격히 늘어나고 있다는 사실을 확인할 수 있다. 특히 미중 갈등이 본격화 되었다고 평가받는 2018년 이후에 증가세가 더욱 두드러진다는 것을 알 수 있다. 이처

59) Nicholas R. Lardy and Tianlei Huang, "Despite the rhetoric, US-China financial decoupling is not happening," https://www.piie.com/blogs/china-economic-watch/despite-rhetoric-us-china-financial-decoupling-not-happening(검색일: 2020년 7월 29일).

럼 미국을 포함한 해외 자본의 중국 유입이 트럼프 행정부 시기에 더 큰 폭으로 늘어나고 있다는 사실은 미중 경제 디커플링 가능성에 대해 낮게 평가할 수 있는 근거로 여겨진다.

▶ 그림 2 해외 자본의 중국 채권과 주식 투자(2004.01~2020.03)

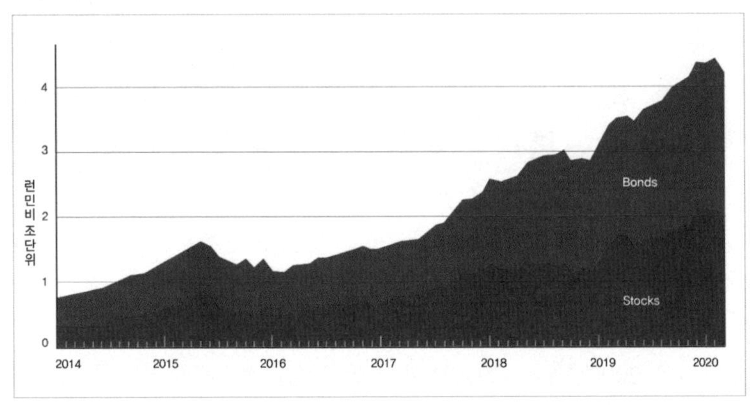

출처: 인민은행, Peterson Institute for International Economy 보고서에서 재인용

중국에 대한 해외 자본의 금융 투자 증가세는 앞으로도 확대되어나갈 전망이다. 중국 증권감독관리위원회(CSRC)와 중국은행보험감독관리위원회(CBIRC)는 법 개정을 통하여 2020년 4월 1일부터 외국계 금융사의 중국 지사가 자산운용업 면허를 신청할 수 있도록 했다. 이에 따라 9월 2일, 씨티은행(Citi Bank)이 미국 은행으로는 최초로 중국에서 펀드 수탁업무 면허(Custody License)를 취득했다.[60] 트럼프 행정부와 갈등 중에도 중국 당국이 미국 은행에 자국 자산운용시장 진출을 허용한 것이다. 씨티은행은 이번 면허 취득으로 중국에서 뮤추얼 펀드 등을 운용할 수 있게 됐다. 미국계 자산운용사인 블랙록은 지난달 21일 중국에서 전유 자산운용사업을 설립하는 승인을

60) Evelyn Cheng, "U.S. financial firms like Citi and BlackRock make inroads into the Chinese market," 『CNBC』, 2020년 9월 2일.

얻었다고 밝혔다. 또 미국의 신용카드 업체인 아멕스는 자사의 중국 합작법인 '리엔통(連通)기술서비스'가 지난 6월 13일 중국 인민은행으로부터 현지 은행 카드 거래 취소 승인을 받았다고 발표했고 미국의 뮤추얼 펀드인 뱅가드(Vanguard)는 홍콩과 일본 사업을 폐쇄하고 향후 6개월에서 2년 안에 아시아 본사를 상하이로 이전하겠다는 계획을 발표하였다.[61)]

▶ 그림 3 중국 유입 해외직접투자 중 미국자본 비중(2009~2019)

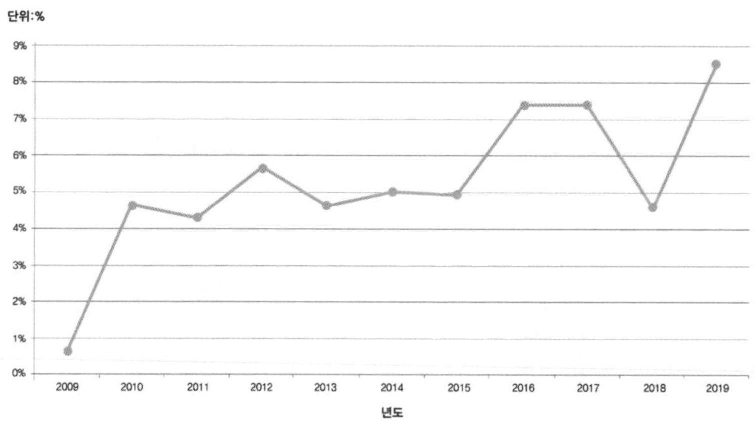

출처: World Bank, US-China investment Hub(http://www.us-china-investment.org/fdi-data)

<그림 3>은 2009년부터 2019년 사이의 중국에 유입된 해외직접투자자금 중 미국 자본이 차지하는 비중의 변화를 살펴본 것이다. 이 그림에서 알 수 있듯이 미국 자본이 차지하는 비중은 2019년 급격히 증가하여 4%를 넘겼고, 이후 점진적으로 증가하는 추세를 보였다. 2016년 7%를 넘긴 미국 자본의 점유율은 트럼프 행정부가 출범한 2017년 미미하게 증가하였다가 2018년에는 5% 미만으로 낮아졌다. 하지만 이듬해인 2019년 8%를 넘어서며 역대 최대를 기록하였다.

61) Bloomberg News, "Vanguard to End Presence in Hong Kong, Japan With Job Cuts,"『Bloomberg』, 2020년 8월 26일.

<그림 4>는 해외직접투자에 쓰인 미국 자본 중 중국에 투자한 비중의 변화추이를 살펴본 것이다. 구체적으로 여기에서는 오바마 행정부 2기의 마지막 3년인 2014년부터 2016년 사이 해외직접투자 미국자본 중 중국에 투자한 자본 비중의 평균과 트럼프 행정부 집권 3년인 2017년부터 2019년 사이의 평균을 비교하였다.

▶ 그림 4 미국 자본의 해외직접투자 중 중국투자 비중 변화 오바마 3년(2014~16) 평균 vs 트럼프 3년(2017~19) 평균

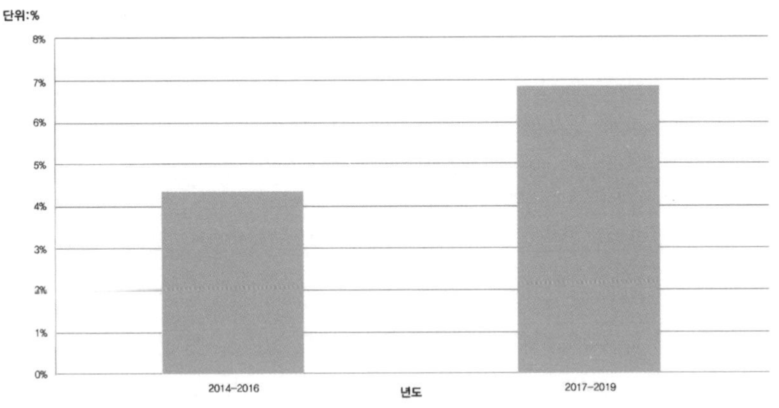

출처: World Bank, US-China investment Hub(http://www.us-china-investment.org/fdi-data)

3) 정치 디커플링 현황: 미국내 여론을 중심으로

경제 분야, 특히 금융 교류의 영역과 정치 영역에서의 미중 두 나라의 디커플링 양상은 사뭇 다른 모습을 보인다. 앞서 살펴보았듯이 트럼프 행정부 시기 미국은 중국에 대해 정치, 외교, 안보, 경제 등 여러 방면에서 압박 정책을 펼쳐왔다. 코로나19 팬데믹은 트럼프 정부의 대중 강경 입장을 더욱 강화할 좋은 기회를 제공하였다.

▶ 그림 5 미국인들의 중국에 대한 호감/비호감도 (%) (2005~2020)

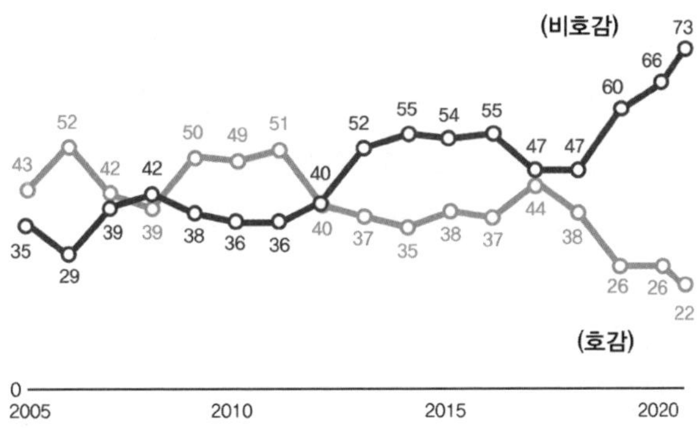

출처: Pew Research Center, https://www.pewresearch.org/grobal/2020/07/30/americans-fault-china-for-its-role-in-the-spread-of-covid-19/pg_20-07-30_u-s-views-china_0-01/

<그림 5>는 미국의 여론조사 기관인 퓨 리서치(Pew Research)가 2005년부터 2020년 사이에 미국민들의 중국에 대한 호감/비호감도를 조사한 결과이다.[62] 이 결과에 따르면 미국민들의 중국에 대한 비호감도는 2013년을 기점으로 큰 폭의 변화를 보인다. 2005년에서 2012년 사이 미국민들의 중국에 대한 비호감도는 최저 29%에서 최고 42% 사이를 오르내렸으며, 동 시기 호감도는 최저 42%에서 최고 52% 사이에 있다는 것을 알 수 있다. 이 시기에 호감도가 비호감도보다 낮은 수치를 기록한 해는 2008년 단 한 번이며, 이때 비호감도는 호감도보다 3% 포인트 높았다.

오바마 행정부의 두 번째 임기 시작인 2013년부터 트럼프 행정부 마지막 임기인 2020년 사이의 미국인들의 중국에 대한 태도는 앞 시기와 큰 차이를 보인다. 이 시기 동안 미국인들의 중국에 대한 호감도가 비호감도 보다 높았던 적은 한 번도 없다. 또 비호감도와 호감도 사이의 차이도 점점 많이 벌어지고 있다는 것을 알 수 있다. 2기 오바마 행정부가 출범하던 2013년 미국인들

62) Laura Silver, Kat Devlin and Christine Huang, “Americans Fault China for Its Role in the Spread of COVID-19,” 『Pew Research』, 2020년 7월 30일, https://www.pewresearch.org/global/2020/07/30/americans-fault-china-for-its-role-in-the-spread-of-covid-19/(검색일: 2020년 9월 29일).

의 중국에 대한 비호감도는 52%로, 37%였던 호감도에 비해 15%포인트 더 높았다. 그 차이는 이듬해인 2014년에는 더 벌어져서 20%포인트 차이로 비호감도가 더 높았다. 이후 비슷한 추세를 보이던 호감도와 비호감도는 2016년 일시적으로 그 차이가 좁아졌다. 하지만 트럼프 행정부가 출범한 2017년부터 다시 벌어지기 시작하여 2017년에는 9%포인트, 2018년에는 34%포인트, 2019년에는 40%포인트의 차이를 보였다. 그리고 트럼프 행정부 임기 마지막 해인 2020년 미국민들의 중국에 대한 비호감도는 73%포인트로 조사 기간 중 가장 높은 수치를 나타내었다. 반면 비호감도는 22%로 조사 기간 중 가장 낮은 수치를 나타내었다.

▶ 그림 6 연령병 미국인들의 중국에 대한 비호감도 (%) (2005–2020)

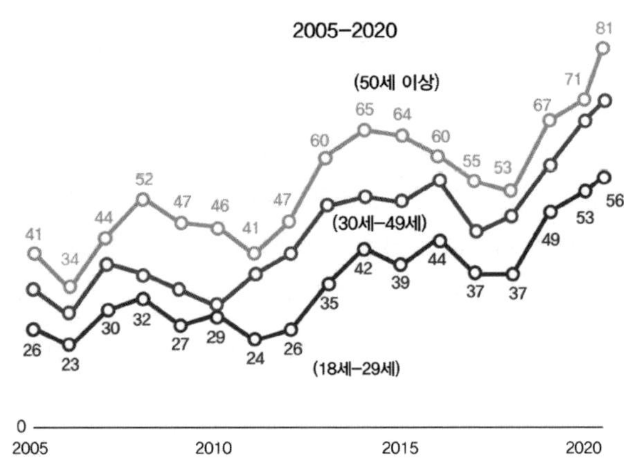

출처: Pew Research Center, https://www.pewresearch.org/grobal/2020/07/30/americans-fault-china-for-its-role-in-the-spread-of-covid-19/pg_20-07-30_u-s-views-china_0-01/

미국인들의 중국에 대한 태도가 악화되는 현상은 전 연령대를 통해 공통적으로 나타나고 있다. <그림 6>에서 알 수 있듯이 연령대가 높을수록 중국에 대한 비호감도가 높고, 연령대가 낮을수록 비호감도가 낮기는 하다. 그러나 시간이 지날수록 전 연령대에서 비호감도가 상승하고 있으며 연령대별 상승 폭의 차이가 많지 않다는 것을 알 수 있다.

<그림 5>와 <그림 6>에서 모두 나타나듯이 트럼프 행정부 임기 동안 미국민들의 중국에 대한 태도는 급격히 악화되었으며, 이는 1차적으로 트럼프 대통령 자신과 백악관과 행정부의 대중강경파들이 주도한 대중 강경책의 영향이 크다고 보여진다. 한편 2020년 비호감도가 최고치를, 호감도가 최저치를 기록한 데에는 코로나19 팬데믹의 영향이 크다. 같은 조사에서 "우한의 코로나 바이러스 발현에 대한 중국 정부의 초기 대응이 바이러스의 세계적 확산에 얼마나 책임이 있는가?"라는 질문에 대해 어느 정도(a fair amount) 책임이 있다와 매우 큰(a great deal) 책임이 있다는 응답을 한 사람의 비율이 78%로 나타났다. 반면 별로 책임이 없다(Not too much)와 전혀 책임이 없다(not at all)라고 응답한 사람들은 20%에 불과하였다.[63] 또 미국과 중국의 "경제 교류(economic ties)"가 긍정적인지 부정적인지를 묻는 질문에 대해 2019년에 부정적으로 평가했던 사람들의 비중은 53%였고, 긍정적으로 평가했던 사람들은 41%였다. 그러나 2020년에는 68%의 사람들이 부정적으로, 30%의 사람들이 긍정적으로 평가하여, 부정평가의 비율이 1년 만에 15%포인트 늘었으며 긍정평가의 비율이 11% 포인트 줄어들었다.

▶ 그림 7 미국인들의 대중국 경제 · 통상 정책 선호도 (2011~2020)

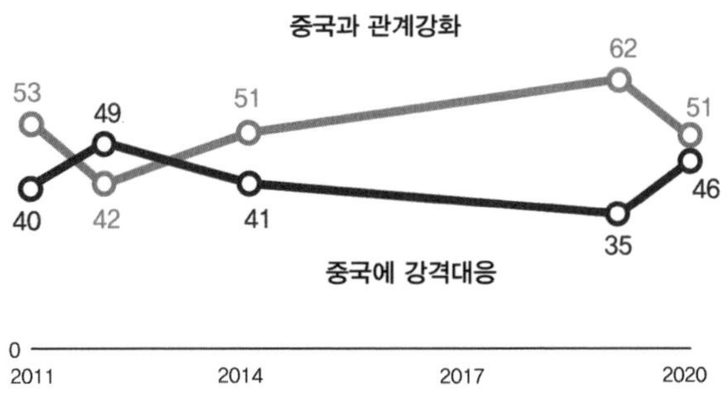

출처: Pew Research Center, https://www.pewresearch.org/grobal/2020/07/30/americans-fault-china-for-its-role-in-the-spread-of-covid-19/pg_20-07-30_u-s-views-china_0-01/

63) Silver, Devlin and Huang, 『Pew Research』.

<그림 7>은 미국이 경제와 통상 정책에 있어서 중국에 대해 어떻게 대응해야 하는지를 물은 질문에 대한 응답을 보여준다. 중국과 관계를 강화해야 한다고 응답한 사람의 비율은 2019년 62%에서 2020년 51%로 11%포인트 낮아졌다. 반면 중국에 강경대응해야 한다고 응답한 사람의 비율은 2019년에서 35%에서 2020년 45%로 11%포인트 높아졌다. 이전 응답의 추세와 비교해 보면 관계 강화가 필요하다고 응답한 사람들의 비율은 2012년 이후 점차 높아져 가고 있었고, 강경대응이 필요하다고 응답한 사람들의 비율은 점차 낮아져 가고 있었다. 그런데 2020년에 들어서 그 추세가 반전된 것이다. 미국민들의 지지 정당별 태도를 보면 공화당 지지층에서 민주당 지지층보다 중국에 대한 비호감도가 높기는 하나, 두 집단 모두 높은 수준에서 중국을 부정적으로 바라보고 있다는 결과가 나왔다.

이러한 여러 조사 결과들에 비추어보아 미국인들의 중국에 대한 부정적 태도가 최근 더 강화된 데에는 트럼프 행정부의 영향이 크다고 할 수 있다. 그리고 이미 악화되고 있던 미국인들의 중국에 대한 태도가 코로나19 팬데믹으로 인해 더 악화되었다고 판단된다. 특히 앞서 살펴본 바와 같이 코로나19 팬데믹 발생 뒤 중국 정부의 책임전가 행태와 트럼프 행정부의 중국 정부에 대한 책임론 제기가 미국내 대중 강경여론 확산의 주요 원인으로 작용하였다. 미국내 대중 강경론의 확산과 공고화는 앞으로 출범하게 될 바이든 행정부에서도 중국에 대한 정책을 수립할 때 큰 압력으로 작용하게 될 요인으로 평가된다.

Ⅳ. 결론

이 장에서는 2020년 선거에서 나타난 "중국 때리기" 전략이 구사된 방식과 미중 관계에 대한 영향을 살펴보았다. 트럼프 대통령이 이끄는 미국은 행정부 출범 초기부터 중국에 대해 매우 강경한 태도로 일관하였다. 트럼프 행정부의 중국에 대한 태도는 실제 정책으로도 이어졌다. 많은 행정명령을 통해 중국으로부터 수입되는 물품에 대해 고율의 관세를 매겼고, 중국을 환율조작국으로 지정하기도 하였다. 또 안보 영역에서도 대만 관계, 남중국해 문제, 홍콩 자유화 문제 등을 통해 중국에 대한 압박을 시행하였다. 비록 1차 미중 통상합의가 이뤄지며 두 나라 사이의 통상 갈등이 봉합되기는 하였으나 양국의 서로에 대한 감정은 매우 악화되었다. 이러한 환경속에서 과거 냉전과 같이 미국이 중국과 분리될 것이라는 디커플링 시나리오 가능성이 높아졌다는 주장이 힘을 얻었다. 거기에 코로나19 팬데믹의 발생은 두 나라 관계를 더욱 험난하게 만들었고, 이러한 조건들은 선거과정에서 주로 트럼프 대통령 측에 의해 “중국 직접 때리기”전략으로 활용되었다.

미국내 코로나19 확산은 재선에 나선 트럼프 대통령을 궁지에 몰아넣었다. 트럼프 대통령은 위기극복을 위한 전략으로 인종주의 논란을 감수하면서 중국의 코로나19 책임론을 부각시켰다. 또 미국의 중국 의존이 얼마나 위험한지를 코로나19로 유권자들의 관심이 높아진 의료 분야의 사례를 통해 중국 위협론을 확산시키며 디커플링 논란을 일으켰다.

트럼프 대통령의 “중국 직접 때리기” 전략은 미중의 디커플링이 현실화되는 것 아니냐는 우려를 낳았다. 그러나 본 장의 분석에서도 알 수 있듯이 미중의 상호의존은 손쉽게 디커플링이 이뤄질 만큼 단순한 관계는 아니다. 금융 분야에서는 오히려 미국을 비롯한 서구자본의 중국 유입과 투자가 트럼프 행정부 시기 동안 크게 증가하였다는 사실이 확인되었다. 물론 미국내 중국에 대한 여론은 이전 시기에 비해 많이 악화되었다. 이렇게 악화된 여론은 바이든 행정부의 대중 정책에도 큰 영향을 미칠 것이다. 미국 선거에서 “중국 때리기”도 간접 또는 직접 방식으로 계속될 것으로 보인다. 그러나 정치적 수사로 양국 관계를 속단하기보다는 실제 양국의 관계가 변화하는 양상에 대해 실증적인 분석과 판단이 필요하다.

9. 탈자유주의적 역사로의 가속화?

포스트-코로나, 포스트-트럼프 시대 미국외교와 세계질서 읽기*

차태서(성균관대학교)

▽

Ⅰ. 서론

오늘날 국제정치학계에서는 포스트-코로나 시대 국제질서의 향방에 대한 논의가 만개하고 있다. 특히 팬데믹으로 인해 기성 세계질서에 근본적 변화가 오는 역사의 변곡점이 형성될지(Kissinger 2020; Summers 2020), 아니면 2020년은 별다른 지정학적 변화가 발생하지 않은 일시적 혼란기로 망각되어 버릴지(Allison 2020; Nye 2020a) 등의 예측을 놓고 대논쟁이 진행 중이다. 본 장도 이런 이론적 논의를 배경으로 삼아 코로나19 팬데믹이 국제정치일반에 제기한 질문에 유의하면서, 특히 미국외교와 자유세계질서의 궤적에 현 전지구적 전염병 사태가 어떤 영향을 가져왔는지를 탐구해보고자 한다.

기실 세계체제의 새로운 거대변환은 이미 대략 2008년을 기점으로 관찰된 미국권력의 하강과 중국의 부상으로 인한 패권경쟁의 양상 그리고 그와 직결된 변화로서 자유세계질서/지구화의 침식으로 인한 근대적인 현실주의적, 민

* 본 장의 초고는 『국제 지역연구』 제30권 제1호(2021 봄)에 발표되었다.

족주의적 세계의 귀환으로 표현된 바 있다(Miskovic 2021). 그리고 이런 "탈냉전 30년의 위기"(차태서 · 류석진 2020) 혹은 세계정치경제질서의 탈자유주의화의 원인은 아이러니하게도 소련붕괴 이후 단극질서 아래 (신)자유주의적 현대성이 아무런 제약없이 과도하게 추구된 결과로 여겨진다(Mearsheimer 2020; Walt 2019). 즉, 과거 E.H. 카나 칼 폴라니 등이 관찰한 전간기의 체계적 카오스의 등장과 유사하게 지정학적 과잉팽창(영구적 테러전쟁 실패)과 이중운동(전지구적 금융위기와 포퓰리즘 부상)의 발생으로 인해 세계가 단일의 정치경제모델로 통합 수렴될 수 있다는 자유(지상)주의적 판타지의 시대가 스스로 붕괴하기 시작한 것이다(Panitch and Gindin 2018). 이런 맥락에서 보면, 우리는 코로나 팬데믹이라는 체제외부적 충격(exogenous shock) 덕분에 2020년을 경유하며 자유세계질서와 지구 거버넌스의 기능부전이 어디까지 악화되어 왔는지를 적나라하게 확인했던 셈이다. 아울러 전염병의 대유행 와중에 어떤 방식으로 국내외의 비자유주의적 경향들이 미국외교, 나아가 세계질서의 흐름 속에 강화되는지도 목격하였다.

이하 본문에서는 우선, 코로나 사태가 어떻게 2010년대 이후 이미 관찰되기 시작한 미국외교 및 세계질서의 거시적 변화의 기폭제가 되었는지 설명할 것이다. 다음으로 포스트-코로나, 포스트-트럼프 시대의 미국 대전략을 조망해보고자 하는데, 특히 2021년 출범한 조 바이든 행정부가 가속화된 역사의 흐름을 다시 감속하는 제어장치의 역할을 수행할 수 있을지 타진해 본다. 여기서 문제가 되는 것은 현재의 구조적 비자유주의화 트렌드를 야기한 두 독립변수이다. 즉, 신자유주의 세계화의 백래쉬로 발현한 포퓰리즘과 중국의 부상이라는 전지구적 세력배분의 변동에 신행정부가 어떻게 대응할 것인가의 문제를 집중해 살펴볼 것이다. 이러한 문제들의 무게와 복잡성을 단순히 코로나 "이전", 트럼프 "이전" 정상상태(status quo ante)를 지향하는 복고적 전략으로 돌파할 수 없다는 점에서 우리는 오늘날 바이든 정부가 감당하고 있는 역사적 숙제의 무게를 가늠할 수 있게 된다.

II. A.C.: 코로나 이후의 세계 (무)질서?

코로나 위기가 발생하기 한참 이전(B.C.)인 조지 W. 부시 행정부 말기에 들어서면서부터 이미 국가간 질서의 차원과 사회경제적 차원 모두에서 팍스 아메리카나의 전반적 위기 징후가 나타나고 있었다. 한편으로, 미국패권의 하강으로 인한 자유국제질서의 쇠락과 현실주의적 강대국 정치의 모습이 부활하였고, 다른 한편으로는 신자유주의적 세계화의 부작용이 부의 양극화와 함께 반지구주의적 사회운동의 분출을 야기하였다. 이른바 자유세계질서의 "쌍둥이 위기"가 발생한 것이다(Callinicos 2010). 2016년 대선에서 아웃사이더 도널드 트럼프의 예기치 않은 당선과 이후 전개된 반자유국제주의적 독트린의 실행은 이러한 구조적 위기가 전면적으로 표출되는 상황 속에서 미국 나름의 대응과정으로 이해가능하다(Schadlow 2020; Ashbee and Hurst 2020).

이런 전사(前史)적 배경아래 코로나 바이러스로 전세계가 고난의 행군을 하게 된 2020년을 경유하며 우리가 목도한 것은 소위 "역사의 가속화" 현상이다(Haass 2020a). 트럼프 시대를 전후해 이미 두드러지게 관찰되기 시작한 미국패권의 하강과 그에 따른 지구화 약화 경향이 코로나 대유행이라는 촉매제에 의해 더욱 심화되었던 것이다. 특히 트럼프 행정부하 미국은 국내방역에서조차 성공하지 못하면서 세계에 모범사례를 제시하는 데 실패하였을 뿐만 아니라, 국제적으로도 안보와 경제 양쪽 모두에서 글로벌 공공재 제공자로서 패권국 역할 수행을 스스로 포기하는 듯한 모습을 연출하였다. 더욱이 중국과의 패권경쟁에 몰두하며, 지정학적 논리가 전지구적 협력의 논리를 압도하는 상황을 만들었다. 결과적으로 이는 팍스 아메리카나 속에 규칙기반질서(RBO)를 영위해온 상대적 안정과 번영의 탈냉전 시대가 완전히 지나가고, 다시금 홉스적 세계("bellum omnium contra omnes")가 재림하고 있다는 불길한 예언을 불러들였다. 2020년 하반기 백신 발명이라는 의학적 희소식에도 불구하고 현실주의적 국제정치의 논리가 상황을 압도해 "백신 민족주의"가 새로운 이슈로 등장한 것은 이런 변화된 세계질서의 일면을 잘 보여주었다.

1. 글로벌 거버넌스의 기능부전과 지정학적 논리의 득세

국제정치적 차원에서 코로나19사태에 직면한 집권 4년차 트럼프 정부 대응의 전체적 기조는 기존 민족주의적 대외정책의 강화로 귀결되었다. 안과 밖의 구분을 선명히 하고 물질적으로 좁게 정의된 일국적 이익을 추구하는 현실주의적 접근법이 부각되었던 것이다(Diaz and Mountz 2020). 특히 쇠퇴하는 패권국의 수장으로서 임기 막바지 한 해 동안 트럼프가 수행한 대전략에서 두드러졌던 것은 자유세계질서 리더로서 글로벌 공공재를 제공할 것을 명시적으로 거부한 점과 미중간 전략경쟁의 강도를 질적으로 변화시킨 점 등을 들 수 있다. 이는 결과적으로 모두 팍스 아메리카나의 약화와 세계정치경제의 반자유주의화 흐름을 증폭시켰다고 평가할 수 있다. 트럼프주의와 팬데믹 사태의 결합이 자유세계질서에 대한 "결정적인 스트레스 시험(critical stress test)"을 제공한 셈이다(Hicken, Jones and Menon 2021).

먼저, 감염병 대유행이라는 신흥안보이슈의 대응과정에서 미국은 초기부터 전통적인 세계경찰역할을 거의 완전히 포기함으로써, 안보 공공재를 제공하는 것에 실패하고 안보 소비자로 역할이 변화되었다(Reich and Dombrowski 2020). 나아가 좁은 상대적 국익 추구에 매진함으로써, 유럽 동맹국으로 향하던 마스크를 중간에 가로채 미국으로 가져오는 등의 "해적행위"까지 감행하는 등 방역물자 수급을 둘러싸고 전형적인 국가간 죄수의 딜레마 상황을 유발하였다. 또한 트럼프 대통령은 2020년 7월 코로나 사태에 대한 부적절 대응 및 중국 편향성 등을 이유로 들며 WHO 탈퇴를 유엔사무총장에게 통보하였을 뿐만 아니라, WHO와의 연관성을 이유로 동년 9월에는 백신 공동구매를 위한 국제 프로젝트인 코백스(COVAX) 참가까지 공개적으로 거부하였다(정은숙 2020). 이로써 WHO와 유엔 안전보장이사회 등 과거 전지구적 유행병 대응에 공공재를 제공하던 주요 다자기구들이 미국의 리더십 행사 거부로 모두 제대로 된 기능을 상실하였으며, 코로나 사태의 정치화와 안보화 속에 초국적 협력의 동력이 실종되었다. 그리고 바로 이러한 국제적 대응의 약화로 인해 과거 팬데믹들과 질적으로 다른 규모의 거대한 피해가 발생하고 말았다(Huang 2021).

결과적으로 트럼프 시대 미국의 일방주의적 코로나19 대응은 배타적 민족주의와 완전 주권론으로 무장한 국가들 간에 지정학적 제로섬 논리가 부각되는 계기를 구성하였다. 분명 코로나 사태와 같은 급박한 신흥안보적 위협의 창발은 초국적 협력과 네트워크 거버넌스의 필요성을 낳았다(김상배 2020; 윤정현 2020). 예를 들어, 2020년 11월 개최된 파리평화포럼에서의 포용적 다자주의 미래세계질서에 대한 규범적 호소는 그러한 당위를 잘 표현하였다(Macron et al. 2021). 그러나 실제 반자유주의적 역사경향이 "가속화된" 국가간 정치의 장에서는 좁은 의미의 국익 논리가 자유주의적 논리를 압도했었다. 전통적으로 현실주의에서 이야기해 온 것처럼, 생존을 최우선시하는 국가들이 절대적 이득보다 상대적 이득을 추구함으로써 필요한 협력이 제대로 발생하지 못하는 상황이 도래했던 것이다(전재성 2020). 탈냉전 시대에 오랫동안 풍미했던 자유주의 국제정치이론의 영향력이 쇠퇴하고, 다시금 현실주의 국제정치학이 주목받게 된 계기였다(Gvosdev 2020; Walt 2020a).

같은 맥락에서 민족-국가와 주권의 논리, 그리고 지정학적 경쟁이 만연하면서 경제적 차원에서의 탈세계화와 보호주의 논리도 강화되었다(Hameiri 2021; Helleiner 2021). 팬데믹과 뒤이은 미국의 리더십 실종은 무엇보다 먼저 세계경제 전반의 교란과 침체로 나타났다(Reinhart and Reinhart 2020). 그리고 개별국가들은 그동안 발전심화만 계속해오던 전지구적 가치사슬(GVC)의 취약점에 대해 숙고하게 됐다. 특히 중국의 생산력에 대한 오랜 의존에 대해서도 재고하게 되었다. 이윤의 극대화나 가치 효율성보다 위기시에 어떻게 자립적으로 안정적인 경제운영을 지속할 수 있을 지에 대한 관심이 증가한 것이다. 이에 따라 그간 지속된 공급망의 오프쇼어링(offshoring)이나 지구화 경향등과 정반대되는 리쇼어링(reshoring)과 지역화(regionalization)가 새로운 대세로 등장하게 된다. 이는 전체적으로 탈냉전기 세계정치를 특징지어왔던 경제적 지구화의 흐름이 둔화, (더 심하게는) 역전되는 현상으로 연결될 수도 있었다(Farrell and Newman 2020; Janeway 2020; Legrain 2020).

다른 한편, 전지구적으로 배타적 민족주의 논리가 팽배(Bieber 2020; Rachman 2020)해지고 반자유주의적 차별과 배제의 흐름이 증대(Elias et al.

2021)되는 트렌드는 "백신 민족주의"라는 새로운 분쟁의 불씨도 양산하였다. 2020년 말부터 일부 선진국에서 접종이 시작된 코로나19 백신은 분명 보건적 차원의 새로운 돌파구를 제공하였다. 그러나 국제정치학적 차원에서는 백신의 생산과 유통을 둘러싸고 더 큰 국가간 경쟁과 갈등이 벌어져 현실주의적 논리가 재강화하는 기제가 되었다. 글로벌 리더십의 부재로 인해 국가간 집단행동의 딜레마가 극대화된 것이다(Bollyky and Bown 2020a;b; Rutschman 2021). 사실 백신 민족주의는 역학적 차원에서 자멸적이며, 의료적 차원에서 비생산적이라는 것이 과학적 진실이다. 세계인 전체의 집단면역이 달성되지 않는 한 백신의 보건적 효과는 제한적이기 때문이다(Ghebreyesus 2021). 그러나 현실에서는 일부 선진국의 입도선매로 인해 부국과 빈국간에 백신 확보량에 극심한 차이가 발생함으로써 고질적인 남반구와 북반구간의 격차가 재확인되었고, 약육강식 혹은 적자생존의 강력정치적(machtpolitik) 세계정치논리가 다시 한 번 노출되고 말았다.

2. 미중패권경쟁의 심화: 신냉전의 본격화

2008년 이후 전초전이 이미 시작된 미국과 중국의 전략경쟁 양상 역시 코로나 비상사태를 겪으며 전방위적인 신냉전의 형태로 진화하였다. 코로나 위기의 지속이 미중관계의 긴장을 반영했을 뿐 아니라 그 갈등을 증폭시키는 역할도 수행했기 때문이다(deLisle, 2021). 대유행 초반부터 두 강대국은 과거 조류 인플루엔자 사태나 에볼라 팬데믹 사례 등과 달리 보건협력 대신 상호 책임 공방전에 몰두하였고, 지경학적 논리 혹은 경제의 안보화 논리에 따라 경제적 디커플링을 위한 노력이 바로 뒤따랐다(Schell 2020; Johnson and Gramer 2020).

코로나19 사태에 대한 트럼프의 초기대응은 — 국내 중산층의 경제위기에 대한 자신의 해법과 매우 유사하게 — "중국 때리기(China bashing)"에 기반한 정치술책에 의존해 있었다. 자신의 무능 때문에 초래된 미국내 보건위기 상황의 책임을 외부타자에 전가하는 전형적인 포퓰리즘 전략이었다. "중국 바이러스", "우한 바이러스", "쿵플루(Kungflu)" 같은 인종주의적 색채의 용어를 일관되게 사용하였고, 이런 식의 반윤리적 수사는 트럼프 자신의 고별연설에까지 줄곧 나타났다(Trump 2021).

하지만 더 근본적인 시각에서 주목할 것은 2020년 미중경쟁의 내용이 정치체제와 이데올로기에 대한 경쟁으로 질적 도약을 했다는 사실이다. 중국과의 전면적 "신냉전-대결정책" 방향으로 미국의 대중국 전략이 진화했던 것이다(이혜정 2020). 사실 정권 초반부에서부터 트럼프 정부의 브랜드 정책은 대중 강경접근법이었다. 그러나 『국가안보전략보고서(NSS)』(The White House 2017)나 마이크 펜스 부통령의 허드슨 연구소 연설(Pence 2018)에 이르기까지 초기 트럼프 정부의 대중국 담론은 그래도 현실주의의 언어에 기반해 있었다. 즉 중국을 기존 미국주도 국제질서에 불만을 지닌 수정주의 국가로 규정하고 미중 양국이 강대국간 세력경쟁상태에 들어갔음을 인지하는 수준이었으며, 주요 전선도 무역과 기술표준이라고 하는 하드파워의 영역에 구축되어 있었다.

그러나 코로나 시대에 진입한 후인 2020년에 작성된 정부의 공식 문건이나 연설문들의 서사는 결이 전혀 달랐다. 이 시기부터는 교역이나 테크놀로지 분쟁의 수준을 넘어 전면적 체제대결 — 자유민주주의 대 권위주의 레짐 — 수준으로 미중경쟁이 격화하는 모습을 보였다. 이 시기 미국 수뇌부는 중화인민공화국 정부가 아닌 중국공산당(CCP), 시진핑 국가주석(President) 대신 총서기(General Secretary)라는 명칭을 사용해 상대를 지칭하는 등 새로운 용어와 수사를 동원해 중국 체제의 전체주의적 속성자체를 비판하는 단계로 넘어갔다. 현실주의적 담론 대신 네오콘적 언어가 가미됨으로써, 상대가 죽어야 내가 사는 식의 이데올로기-레짐경쟁 차원에서의 타자화(혹은 더 나아가 악마화) 작업이 본격화된 것이다. 2018년경 무역전쟁을 시작으로 악화된 미중관계는 코로나 사태가 일종의 결정타가 되어 "냉전 II"라고 부르기에 손색이 없는 수준으로 귀결되었다(Ferguson 2020).

Ⅲ. 역사의 제동수로서 바이든 행정부

1. 역사 감속의 계기?: 우발적 변수로서 코로나 팬데믹

코로나19 대유행이 세계사에 남긴 흥미로운 반사실적 질문거리(counterfactual questions) 중의 하나는 2019년 말이 아닌, 2018년이나 2021년에 COVID-19 사태가 일어났더라면 어떤 효과가 발생했을 것인가 하는 점이다. 앞서 우리가 살펴본 역사의 거시적 트렌드로서 자유세계질서 쇠퇴의 가속화란 효과는 단순한 1-2년의 시차로 변화할 성질의 일은 아니다. 따라서 이 부분에서 시차상의 반사실적 질문의 효용은 크지 않다. 그러나 2020년 11월에 미국 대선이 예정되어 있었다는 점은 다른 면에서 매우 의미심장하다. 어쩌면 코로나바이러스가 가져온 가장 큰 우연적 효과는 트럼프 대통령의 재선실패일 수도 있기 때문이다. 사실 팬데믹이 본격화되기 이전인 2020년 1월까지는 사상 최장인 127개월 연속 호황과 기록적으로 낮은 실업률(1969년 이래 최저인 3.5%) 등 미국 경제의 상황이 상당히 낙관적인 상태였기 때문에 트럼프의 재선가도에 청신호가 켜져 있던 형국이었다. 그러나 코로나 대유행 상황에 대응하는 트럼프 행정부의 극도의 무능함과 뒤이은 대규모 경기침체는 11월 대선의 향방에도 큰 영향을 미친 것으로 평가된다(Zurcher 2020). 따라서 코로나19 바이러스가 비록 역사의 중대국면을 만들어낸 독립변수는 아니지만, 미국의 정권교체에 일조함으로써, 포퓰리스트적 미국 대전략의 "정상화", 나아가 "역사의 감속(deceleration)" 계기를 구성하는 아이러니한 효과를 생산했다고 평가할 수 있다.

실로 트럼프 시대가 남긴 파괴적 유산은 심대하다고 할 수 있는데, 무엇보다 팬데믹이라는 우발적 사건의 가속페달까지 임기 말에 겹치면서 미국내 정치분열의 극단적 심화와 함께 대외적으로 미국패권의 하강과 그에 따른 자유세계질서 약화라는 거대한 숙제를 남겨 놓았다(Haass 2021). 따라서 이렇게 "교란"되어버린 세계를 "회복"시킬 역사적 책무가 신행정부에게 주어졌다(Haass 2020b). 이에 바이든은 미국 리더십의 회복과 민주주의와 인권 등 가치에 기반한 자유세계질서의 복원을 핵심적 외교의제로 설정하고 선거 캠페인

시절부터 줄곧 한목소리로 “미국의 귀환(America is back)” 메시지를 강조해 왔다. 특히 트럼프 독트린과 정반대로 다자주의와 글로벌 거버넌스를 중시하고 개방적인 국가체제로의 복귀를 약속하였다(Biden 2020). 실제로 그는 2021년 1월 정권출범 첫 주부터 역사상 유례없는 대량의 행정명령과 성명서 등을 발표해 미국 우선주의의 흔적을 지우는 데 주력하였다. 예를 들어, 파리기후변화협약, WHO, COVAX 등 전지구적 공통도전문제에 대응하는 다자체들에 다시 미국의 리더십을 제공할 것을 공약하였고, 남부국경 장벽건설중단, 일부 무슬림 국가들에 대한 입국금지조치 폐지, 이민관련 시정조치 등 배외주의나 토착주의에 기반한 트럼프의 유산을 해체하였다(전홍기혜 2021). 아울러 같은 맥락에서 바이든 대통령은 취임 후 첫 부처 방문지로 국무부를 선택해 외교의 복원을 상징적으로 강조하고, 주독미군 감축중단지시 등 트럼프 시대의 일방주의적, 거래주의적 동맹정책을 청산하는 제스처도 보여주었다(Biden 2021). 이러한 노력은 2021년 내내 이어졌는데, 바이든은 특히 인도-태평양 지역 정상들과의 연쇄회담과 유럽순방과정에서 주요 동맹국들과 공동성명들을 잇달아 발표함으로써, 미국이 다시 돌아왔고, 자유세계질서의 리더 역할을 수행할 것임을 반복적으로 천명하였다(The White House 2021a;b).

2. 두 가지 숙제

그렇다면 과연 바이든 정부는 코로나 팬데믹으로 더욱 가속화된 2010년대 이래의 거대한 역사적 경향성에 제동을 걸 수 있을 것인가? 여기에는 신행정부가 정면대결할 수밖에 없는 문제들이 대내와 대외 두 차원에서 도사리고 있다.

1) 국내적 도전: “트럼프 없는 트럼프주의”

지난 미국 대통령 선거의 가장 중요한 결과는 당연히 민주당으로의 정권교체이지만, 사실 한 가지 더 주목받은 포인트는 바로 트럼프의 놀라운 선전이었다. 2020년을 경유하며 코로나19 대응실패와 인종차별 반대시위 등 온갖

국정의 난맥상이 표출되었음에도, 트럼프는 무려 7,400여만 명의 유권자에게 재신임을 받았다. 이 결과는 2016년 그가 받은 투표수보다 1천만 표 이상 증가한 것으로 미국대선 사상 2위의 득표기록에 해당한다. 이는 그의 재임기간 미국사회의 분열과 양극화가 더욱 심화되었음을 보여준 것이자, 이후 "트럼프 없는 트럼프주의"의 지속가능성을 충분히 증명한 셈이다(정의길, 2021). 이런 맥락에서 마이크 데이비스는 2020 대선을 통해 미국정치가 일종의 "참호전(trench warfare)" 상태로 접어들었음이 드러났다고 진단한다. 이데올로기, 인종, 종교의 요소들이 3중으로 정렬되어 세계에서 유례없는 정체성 양극화가 진행되었기 때문에 민주, 공화 양당 내에 반란 투표가능성이 사라지고 두 개의 일괴암적 투표블록이 팽팽히 맞서는 단일의 움직이지 않는 전선이 형성되었다는 것이다. 이로 인해 완전한 교착상태, 아무런 의미있는 개혁이나 진전이 불가능한 상황이 미국정치의 기본조건이 되어 버렸다(Davis 2020).

특히 향후 바이든 정부의 "역사의 감속" 과제에서 문제가 되는 것은 바로 공화당의 극단화, 반자유주의화 이슈이다. V-Party Project, Global Party Survey 등 국가간 비교정당연구에 따르면, 놀랍게도 공화당은 자유민주주의 가치정향에 있어 독일의 기민당 같은 정통 중도보수정당 보다 권위주의적 포퓰리스트 정당(스페인의 복스, 네널란드의 자유당, 독일의 대안당 등)에 가까운 것으로 측정되었다(Norris 2021). 공화당에 깊숙이 침투한 백인 민족주의 혹은 인종주의적 태도가 민주주의 규범에 대한 거부나 포기로까지 나타나고 있는 상황이다(Bartels 2020). 2021년 1월 6일, 세계를 경악케 한 강경 트럼프 지지자들의 연방의회 점거사태는 그러한 공화당 급진화의 논리적 귀결이다. 이 역사적 소동은 정당한 선거결과를 음모론에 입각해 부정하고 폭력적인 정권유지를 획책했다는 점에서 "민주주의 역진(democratic backsliding)" 현상이 중남미 어딘가 "바나나 공화국"이 아닌 세계 민주주의의 지도국을 자처하는 미국에서 발생하였다는 사실을 극적으로 예시하였다(Diamond 2021).

이와 같은 정당정치의 난국을 타개하기 위해서는 토대적 문제의 처리, 즉 사회경제적 양극화의 문제를 근본적으로 개혁해나가야 하지만, 팬데믹으로 인해 경제적 조건이 더욱 악화되고 있어 해결책 제시가 쉽지 않다. 총국민소득에서 노동 몫의 축소라는 신자유주의 반혁명 이래의 장기적 경향이 팬데믹으로 가속화되었기 때문이다. 즉, 좋은 일자리 창출과 거리가 먼 디지털 경제로의 진입, 빅테크의 성장, 자동화 진행 등이 코로나 사태로 탄력을 받고 있는 상황에서 최근 수십 년간 신자유주의적 세계화 국면에서의 계급 역관계, 노동보다 자본에 생산성 증대의 몫이 훨씬 더 많이 돌아가는 트렌드는 더욱더 강화될 전망이다(Case and Deaton 2020; Deaton 2021; Ghilarducci 2021). 결국 백신으로 인한 집단면역이 작동해 팬데믹이 종식된 후에도 디지털 기술에 익숙하고 고등교육을 받은 계층은 자산이 증가하지만, 사회적 약자들은 계속해서 금전적 불안과 실업에 시달리는 소위 "K자형" 양극화 경제회복이 찾아올 가능성이 크다(Sachs 2021). 2008년 경제위기 이후와 유사하게 오늘날 팬데믹 침체 상황에서도 주식시장만 계속 호황이 지속되는 것도 그러한 경제적 양극화의 한 표현이라고 볼 수 있다(Hameiri 2021). 결과적으로 공화당에 자리잡은 포퓰리즘이 더욱더 악성화될 수 있는 사회경제적 토양이 팬데믹 시기를 경유하며 공고화되고 있는 셈이다.

다른 한편, 미국 국내 민주주의의 약화는 미국의 대외 리더십에도 영향을 미쳐 미국패권의 복원을 꾀하는 바이든 행정부에게 또 다른 차원의 도전을 부여하고 있다. 팬데믹 환경하 방역실패와 국내 정정의 불안으로 인해, 대외 이미지상 미국은 민주주의의 선구자는 고사하고 내부 선거마저 안정적으로 운영하지 못하는 "실패국가"(Packer 2020)로 전락했다는 자조가 나올 정도이다. 이런 배경에서 전통적인 우방국들을 포함한 해외국가들은 앞으로 미국을 세계질서의 불안정 요소로 간주할 것이다(Ashford 2021). 이는 단순히 "미친 왕"을 몰아내고 "정상적인" 대통령이 집권했다거나, 온건중도적인 민주당이 정권교체를 이루었다고 해서 해결될 문제가 아니다. 애초에 트럼프와 같은 사람을 대통령으로 선출하고, 이 난국에도 7,400여만 명이 그를 재신임한 나라를 과연 앞으로 패권국으로서 신뢰할 수 있을지를 놓고 전세계 국가들의 재계산이 발생하고 있기 때문이다(Nye 2020b; Kirshner 2021).

무엇보다 동맹국들 입장에서는 조지 W. 부시 시절을 끝으로 미국외교 대전략의 합의가 해체되었다는 사실을 확인했다는 점이 중요하다. 오바마-

트럼프-바이든으로 이어지는 소위 포스트-(금융)위기 기간 동안 미국의 대외정책 독트린에 큰 요동이 발생해온 것이 사실이다. 이후 새로운 초당적 컨센서스가 형성될 때까지, 어느 정당이 집권하느냐, 더 정확하게는 두 주류정당 내 어느 파벌 ― 전통적 자유국제주의? 진보좌파? 신보수주의? 트럼프주의? ― 이 집권하느냐에 따라 미국외교의 방향성이 크게 널뛰기할 가능성이 증명되었기에 우방국들의 미국에 대한 신뢰는 약화될 수밖에 없다(Green 2020). 다극적 세계질서가 부상하는 불안정한 구조적 조건 아래에서 미국에 대한 신뢰까지 약화되어 버렸기에, 서구 동맹국들이 점차 중국과 미국 모두로부터 거리를 띄워 독립성을 강화하고자 노력하는 파편화된 국제체제가 부상할 가능성이 엿보인다(Lind 2020).

2) 국제적 도전: "협력적 경쟁"이라는 수수께끼

다음으로 외부적 도전으로서 중국의 부상이라는 요소는 팬데믹 시기를 거치며 그 위급성이 더욱 부각되는 형국이다. 감염병 유행 초기대응과 이후 적극적 공공외교("전랑외교") 수행과정에서 많은 실수를 저지르긴 했지만, 성공적 방역과 경제성장을 통해 중국이 물질적으로 상당히 부상한 반면, 트럼프의 미국은 하드파워와 소프트파워 차원 모두에서 큰 손상을 입고 말았다. 2008년에도 그랬듯 2020년대 초 전지구적 위기국면도 중국이 또 다시 패권경쟁에서 도약을 한 시기로 기록될 가능성이 존재한다.

이러한 전지구적 세력균형 변화상황에 대해 보다 본격적으로 대중국 강경책을 펴야 한다는 것은 이미 트럼프 행정부 시절부터 하나의 초당적 합의사항이 되었다. 가령, 2020년 채택된 민주당 강령에서 하나의 중국원칙이 삭제되었다든지, 중국의 불공정 무역행위와 소수민족탄압을 비판하는 내용들이 담겨 있었던 것이 하나의 예다(US Democratic Party 2020). 보다 핵심적으로 유념할 것은 대선 이전부터 현재 바이든 행정부의 외교 브레인을 구성하는 인사들이 트럼프 정부와 거의 동일한 대중국 인식 패러다임을 공유하기 시작했다는 사실이다. 이들의 사유는 기본적으로 자유국제주의적 합의에 기반한 과거 대중전략이 실패하였으며, 중국은 현 세계질서를 전복하려는 "수정주의 세력"이라는 트럼프 행정부의 내러티브와 정확히 일치하는 것이다. 바이든 대통령 자신을 비롯 대부분의 핵심 참모들이 오바마(심지어는 클린턴) 행정부 시절부터의 유력인사들이지만, 중국에 대한 근본적 해석방식에 있어서만큼은 커다란 동조화 과정이 발생한 셈이다.

2021년 취임 후 정권 수뇌부에서 나오는 논의들 역시 전반적으로 트럼프 행정부 시기의 기본방향과 크게 다르지 않아 보인다. 이와 관련해 한 가지 상징적인 예시로 오바마 정부시절 피벗전략의 지적 설계자 중 한 명인 커트 캠벨 현 백악관 인도-태평양 조정관은 2021년 5월 스탠포드 연설에서 관여 정책시대의 종료와 패권경쟁시대의 시작을 명시하였다. 아울러 인태지역의 운영시스템(OS)이 중국에 의해 심각한 압력에 직면해 있기에, 역내 동맹/파트너 국가들과 함께 이에 대항해 대중 억지력을 강화할 것이란 입장을 밝혔다(Campbell 2021). 보다 구체적으로 바이든 정부는 전임 정권 말과 비슷하게 계속해서 중국 체제의 인권침해 문제와 비민주성을 강조하면서, 미국을 위시한 민주주의 진영 대 중국(과 러시아) 중심의 권위주의 진영이라고 하는 이데올로기 충돌의 단층선을 명확히 하고 있다. 대표적으로 정권초기 이례적으로 조기에 발표된 『임시 국가안보전략지침(Interim National Security Strategic Guidance)』에서 바이든은 매우 역사철학적인 수사를 동원해 현재의 국면을 "역사적 변곡점"이라 지칭하면서 권위주의에 맞서 민주주의의 우수성을 증명해야만 하는 근본적 논쟁의 와중이자 미래세계의 향방을 결정할 중차대한 시기란 점을 강조하였다(The White House 2021c). 실제 정책에 있어서도 신임 행정부는 정권 출범 이후 외교의 에너지를 동아시아 지역에 쏟아붓고 있는 것이 뚜렷해 보인다. 2021년 3월에 사상최초의 쿼드(Quad) 정상회의를 개최하고, 이어서 2+2회담 개최를 위해 국무, 국방장관의 첫 해외순방지를 한국과 일본으로 결정했을뿐더러, 4월에 성사된 행정부 첫 대면 정상회담의 상대로도 일본의 스가 요시히데 총리와 대한민국의 문재인 대통령을 선정하였다. 특히 미일 정상회담 후 발표된 공동선언문에서는 명확한 언어로 규칙기반질서를 위협하는 중국의 행위에 대한 규탄을 담고, 남중국해, 대만, 홍콩, 신장 등 중국이 핵심이익으로 규정하여 매우 민감하게 반응하는 문제들에 대해서도 비판적 입장을 명기하였다(The White House 2021d).

정리하면, 현 바이든 정권에서도 지난 정권과 유사하게 이데올로기적인 분계선에 맞춰 대중국 봉쇄망이 건설된 가능성이 커 보인다. 물론 트럼프 식의 거칠고 일방주의적인 대중정책실행이 지니는 부적절함을 넘어설 필요가 있다는 것도 새로운 초당적 합의사안의 일부이다(Green 2021). 즉, 신냉전으로 치닫는 전면적 대결보다는 “협력적 경합” (Nye 2018), “재앙에 이르지 않는 경쟁”(Campbell and Sullivan 2019) 등과 같은 보다 실용적, 중도적 접근이 민주당 인사들의 차별적 기조라는 점은 유념할 필요가 있다. 이런 맥락에서 바이든은 미중간의 전략경쟁과는 별도로 팬데믹이나 기후변화와 같은 초국적 문제들에 대한 양국의 공동대응을 강조해 왔다(Biden 2020).

Ⅳ. 결론

본 장을 마무리하며 한 가지 짚고 넘어갈 것은 트럼프 재임기가 남긴 교훈에 관한 문제이다. 이는 달리 말하면, 왜 바이든의 대전략이 단순히 노스텔지어(nostalgia)에 기반한 복고정치에 갇히면 안 되는기에 대한 논의이다. 트럼프 시대의 “미국을 다시 위대하게 만들자(MAGA)” 구호가 이상화된 픽션적 과거(c.1950s)의 향수를 자극하는 반동적 비전이었던 것처럼, 트럼프 이전의 “좋았던” 팍스 아메리카나 체제로 돌아가야 한다는 슬로건도 퇴행적이기는 마찬가지이다. 바로 그 이전의 정상상태(status quo ante)가 2010년대 본격화되고 2020년 코로나 위기로 가속화된 반자유주의화의 역사적 트렌드를 불러왔음을 직시해야 할 필요가 있다. 국내외의 구조적 문제에서 야기된 거시적 경향을 단순히 백신과 같은 기술적 이슈나 권좌에서 광인(madman) 몰아내기 수준의 정권게임 문제로 환원하는 것은 불가능하다.

수십 년간 상원의원과 부통령직 등 주요공직을 거친 바이든, 그리고 과거 클린턴이나 오바마 행정부 시절부터 오랜 기간 회전문 시스템을 거쳐 온 신행정부의 주요 각료와 백악관 참모진은 기실 트럼프가 그동안 줄기차게 공격해온 “망가진 체제(rigged system)” 혹은 “기득권층(establishment)” 그 자체이다.

따라서 그만큼 바이든 행정부의 대내외 정책이 "re-"라는 접두사[1]에 갇혀 이전 패러다임을 복구, 복원하는 복고풍 독트린에 함몰되기 쉽다. 그러나 단명했던 "단극적 순간(unipolar moment)"의 자유주의 컨센서스를 근본적으로 회의했던 트럼프주의자들의 질문은 여전히 유효하다. 국내외 정책기조 모두에서 팍스 아메리카나 위기의 근본적 원인에 대한 숙고를 요청하고 있기 때문이다.

우선 대외정책 분야에서 "내부자들"의 상식이자 정상 패러다임인 자유패권전략의 오류를 비판한 것은 트럼프 시대의 타당한 문제 제기라 할 수 있다. 예를 들어, 트럼프는 고별사(Trump 2021)에서도 자신의 주요 치적으로 재임 중 새로운 전쟁을 일으키지 않았다는 점을 강조하였는데 이 지점만큼은 곱씹어 볼 필요가 있다. 즉 전임 집권세력이 대테러 전쟁의 지속이 불가능하다는 사실을 직시하고 소위 정권교체 독트린이나 민주주의 성전(crusade)에 대한 기존 엘리트들의 믿음에 통렬한 반성을 보여주었을 뿐만 아니라 실제로 반개입주의 공약을 지켜냈다는 점을 의미하기 때문이다(Walt 2021; Green 2020). 일극체제라는 물적토대가 허물어진 것은 엄연한 구조적 현실이다. 그런 어려운 환경에서 바이든의 미국이 과잉팽창의 위험이 존재하는 기성 자유 국제주의 대전략으로 회귀하는 것은 역사의 부정적 가속화와 파국을 가져오고 말 것이라는 현실주의자들의 경고에 귀 기울일 필요가 있다(Bacevich 2021; Walt 2020b). 나아가 더 근본적인 국가정체성 차원에서 미국이 보편적 이상을 수호하는 예외적 국가로서 세계의 리더역할을 수행해야 한다는 탈냉전기의 기본 가정과 사명의식에 대한 성찰도 요구된다. 지난 10여 년간 세계의 세력균형에 근본적 변화가 도래했고 미국의 지구적 지위, 목표에 대한 재평가가 시급한 시점이라 할 수 있다. 특히 선악 이분법을 통해 상대를 악마화하는 예외주의에 내재한 정체성 정치의 위험성을 성찰해야만 한다(Gewen 2020).

결국 바이든 행정부 또한 전통적인 외교 대전략 패러다임에서 대전환이

1) 바이든 행정부의 주요 인사들이 정책노선과 관련해 사용해온 언어들을 보면, 트럼프 이전 정상상태로의 회귀와 피해복구를 의미하는 접두사 "re-"로 시작하는 단어들(restoring, repairing, revitalizing, reinvigorating, renewal, return etc.)의 용례가 빈번하다.

필요한 시점임을 인지하고, 더 잘 운영되는 개선된 버전의 트럼프식 외교정책—"역외균형 현실주의(offshore balancing realism)"—을 하나의 대안으로 고려해볼 수 있다(O'Sullivan 2020). 비록 트럼프는 전혀 좋은 대통령이라고는 할 수 없는 인물이었고, 실제 정책수행에 있어서도 서투름과 비일관성이 두드러졌지만, 그가 미국 대전략의 전제들, 탈냉전적 합의에 대한 근본적 반성의 기회를 제공한 것도 사실이다. 트럼프 이전 자유세계질서에 대한 낭만적 향수가 미국외교의 미래를 결정짓는다면 이는 반복되는 비극의 씨앗이자 역사적 기회의 상실이 될 것이다(Ashford 2020).

다음으로 국내정치 영역에서도 트럼프 시대는 유사한 형태의 교훈을 제공한다. 2010년대 정치 양극화와 급진적 포퓰리즘의 성장은 사실 제도권 주류 정당들 사이에 자리 잡은 자유방임주의적 합의에 대한 불만을 반영했다. 따라서 기성 신자유주의적 사회계약의 지속 불가능성이 지적되지 않을 수 없다(Choonara 2020). 물론 트럼프의 경제정책이 민족주의적 무역/이민정책과 함께 조세 감면 등의 조치로 상징되는 재강화된 신자유주의 교리가 모순적으로 조합된 형태를 띤 것은 불만에 찬 백인노동계급을 위한 제대로 된 해법이나 새로운 사회계약의 비전을 전혀 제시하지 못했다. 그러나 기성 양대 정당간 컨센서스에 기반한 미국정치의 맹점이 어디인지, 그 속에서 계급과 인종의 모순이 어떻게 곪아 터지고 있었는지는 트럼프 재임기를 경유하며 더는 감출 수 없게 되었다. 무엇보다 보건안보 거버넌스의 실패는 기존 미국사회에 존재하던 빈부격차와 인종차별의 문제를 적나라하게 노출하였으며, 이로 인해 더 탄력을 받게 된 극심한 정치적 양극화가 정상적인 정치공간의 숙의를 가로막아 버렸다.

결국 관건은 오늘날 정치적 난국의 사회경제적 토대문제를 해결할 수 있는지의 여부에 달려 있다. 탈냉전기 시대정신을 대표했던 신자유주의적 컨센서스의 대안으로서 전후 케인즈주의적 "내장된 자유주의(embedded liberalism)"의 복원이 가능할 것인지가 시대의 핵심적 질문인 셈이다. 물론 이러한 포스트-코로나 시대 자본주의의 "위대한 리셋"(Schwab 2020) 혹은 새로운 사회계약의 수립(Rodrik and Stantcheva 2020; Editorial Board 2020)은 자연적으로 발생하지 않는다. 이 논점이야말로 여러 사회 세력 간의 헤게모니 투쟁의 장을 형성하며, 만일 개혁가들이 명확한 비전을 가지고 위기를 기회로 전환할 수 있는 기획을 작동시키지 못한다면, 오히려 전간기와 유사하게 반동적 극우세력이 자신들의 배타주의적 민족주의와 권위주의의 기획을 관철하는 역사적 계기로 코로나 이후 환경을 활용할지도 모른다(Berman 2020).

그럼에도 바이든 시대가 단순히 트럼프 지지자들을 무지한 자들, "개탄할 자들(deplorables)"로 비난하며 엘리트주의적 "브라만 좌파" 정치로의 복귀를 의미하게 된다면, 분노와 좌절을 먹고 자란 트럼프주의의 토양은 다시 비옥해지고 말 것이다(Rodrik 2020). 그렇다면 새로운 민주당 정권이 과연 오늘날 팬데믹을 전화위복의 기회로 삼아 2008년 금융위기에도 살아남은 신자유주의 독트린을 폐기할 수 있을 것인가? 나아가 과거 프랭클린 루즈벨트의 뉴딜정책에 버금가는 급진적 개혁정책을 통해 고삐 풀린 자본주의를 통제하고 사회경제적 평등이 확대되는 "대압착(Great Compression)" 시대를 재현할 수 있을까?(Kuttner 2020) 사상 유례가 없는 수조 달러 규모의 초대형 경기부양 및 사회복지 계획안들("American Rescue Plan," "American Jobs Plan," "American Families Plan" etc.)로 발동이 걸린 바이든표 개혁 드라이브가 앞으로 급진화된 공화당과 자본세력, 민주당 내부의 갈등에 대응하며 어떤 성과를 가져올 수 있을지 주목된다.

참고문헌

김상배. 2020.「코로나19와 신흥안보의 복합지정학: 팬데믹의 창발과 세계정치의 변환」.『한국정치학회보』 54집 4호. pp. 53-81.

윤정현. 2020.「신흥안보 위험과 네트워크 거버넌스: 불확실성 시대의 초국가적 난제와 대응전략」.『한국정치학회보』 54집 4호. pp. 29-51.

이혜정. 2020.「미중관계: 바이든 행정부의 대중국 정책 전망」.『성균 차이나 브리프』 9권 1호. pp. 62-67.

전재성. 2020.「코로나 사태와 미중 전략 경쟁」.『국제문제연구소 이슈브리핑』 6월 18일. http://cis.snu.ac.kr/sub5/5_4.php?mode=view&number=1348&page=3&b_name=isu (검색일: 2021. 7. 8).

전홍기혜. 2021.「바이든 '트럼프 지우기' 속도전 일주일…성과와 한계」.『프레시안』 1월 30일. https://www.pressian.com/pages/articles/2021012911215155781 (검색일: 2021. 7. 8).

정은숙. 2020.「팬데믹하 위기의 국제질서와 글로벌 거버넌스: 미국 신행정부에 거는 기대」.『세종정책브리프』 12월 14일. http://www.sejong.org/boad/1/egoread.php?bd=3&itm=&txt=&pg=1&seq=5719 (검색일: 2021. 7. 8).

정의길. 2021.「미국은 트럼프를 떠나보내지 아니하였다」.『한겨레』 1월 3일. http://www.hani.co.kr/arti/international/international_general/976295.html (검색일: 2021. 7. 8).

차태서 · 류석진. 2020.「탈냉전 "30년의 위기": 다시, 에드워드 할렛 카를 읽는 시간」.『한국과 국제정치』 36권 1호. pp. 1-36.

Allison, Graham T. 2020. "The US-China Relationship after Coronavirus: Clues from History." In Hal Brands and Francis Gavin. (eds.), *COVID-19 and World Order: The Future of Conflict, Competition, and Cooperation.* Baltimore: Johns Hopkins University Press.

Ashbee, Edward and Steven Hurst. 2020. "The Trump Foreign Policy Record and the Concept of Transformational Change." *Global Affairs*, 6(1): 5-19.

Ashford, Emma. 2020. "Why Joe Biden Can't Restore the Foreign Policy Status Quo." *The National Interest*, December 20. https://nationalinterest.org/feature/why-joe-biden-can%E2%80%99t-restore-foreign-policy-status-quo-174671 (accessed 8 July 2021).

______. 2021. "America Can't Promote Democracy Abroad. It Can't Even Protect It at Home." *Foreign Policy*, January 7. https://foreignpolicy.com/2021/01/07/america-cant-promote-protect-democracy-abroad/ (accessed 8 July 2021).

Bacevich, Andrew. 2021. "Biden, Blinken and the Blob." *The Spectator*, January 18. https://spectator.us/topic/biden-blinken-blob-foreign-policy/ (accessed 8 July 2021).

Bartels, Larry M. 2020. "Ethnic Antagonism Erodes Republicans' Commitment to Democracy." *Proceedings of the National Academy of Sciences*, 117(37): 22752-22759.

Berman, Sheri. 2020. "Crises Only Sometimes Lead to Change. Here's Why." *Foreign Policy*, July 4. https://foreignpolicy.com/2020/07/04/coronavirus-crisis-turning-point-change/ (accessed 8 July 2021).

Biden, Jr., Joseph R. 2020. "Why America Must Lead Again: Rescuing U.S. Foreign Policy After Trump." *Foreign Affairs*, 99(2): 64-76.

______. 2021. "America's Place in the World." *The White House*, February 4. https://www.whitehouse.gov/briefing-room/speeches-remarks/2021/02/04/remarks-by-president-biden-on-americas-place-in-the-world/ (accessed 8 July 2021).

Bieber, Florian. 2020. “Global Nationalism in Times of the COVID-19 Pandemic.” *Nationalities Papers*, https://doi.org/10.1017/nps.2020.35

Bollyky, Thomas J. and Chad P. Bown. 2020a. “The Tragedy of Vaccine Nationalism: Only Cooperation Can End the Pandemic.” *Foreign Affairs*, 99(5): 96-108.

______. 2020b. “Vaccine Nationalism Will Prolong the Pandemic: A Global Problem Calls for Collective Action.” *Foreign Affairs*, December 29. https://www.foreignaffairs.com/articles/world/2020-12-29/vaccine-nationalism-will-prolong-pandemic (accessed 8 July 2021).

Callinicos, Alex. 2010. *Bonfire of Illusions: The Twin Crises of the Liberal World*. Malden, MA: Polity.

Campbell, Kurt M. 2021. “White House Top Asia Policy Officials Discuss U.S. China Strategy at APARC’s Oksenberg Conference.” May 27. https://fsi.stanford.edu/news/white-house-top-asia-policy-officials-discuss-us-china-strategy-aparc%E2%80%99s-oksenberg-conference (accessed 8 July 2021).

______ and Jake Sullivan. 2019. “Competition Without Catastrophe: How America Can Both Challenge and Coexist With China.” *Foreign Affairs*, 98(5): 96-110.

Case, Anne and Angus Deaton. 2020. “Living and Dying in America in 2021.” *Project Syndicate*, December 28. https://www.project-syndicate.org/commentary/post-covid-economy-more-deaths-of-despair-by-anne-case-and-angus-deaton-2020-12 (accessed 8 July 2021).

Choonara, Joseph. 2020. “A Year Under the Pandemic.” *International Socialism*, December 16. http://isj.org.uk/a-year-under-the-pandemic/ (accessed 8 July 2021).

Davis, Mike. 2020. “Trench Warfare: Notes on the 2020 Election.” *New Left Review*, 126: 5-32.

Deaton, Angus. 2021. "American Capitalism's Poor Prognosis." *Project Syndicate*, January 13. https://www.project-syndicate.org/onpoint/american-capitalism-no-end-to-the-rent-seeking-by-angus-deaton-2021-01 (accessed 8 July 2021).

deLisle, Jacques. 2021. "When Rivalry Goes Viral: COVID-19, U.S.-China Relations, and East Asia." *Orbis*, 65(1): 46-74.

Diamond, Larry. 2021. "The Capitol Siege Is the Wake-up Call America Shouldn't Have Needed." *Foreign Affairs*, January 7. https://www.foreignaffairs.com/articles/united-states/2021-01-07/capitol-siege-wake-call-america-shouldnt-have-needed (accessed 8 July 2021).

Diaz, Ileana I. and Alison Mountz. 2020. "Intensifying Fissures: Geopolitics, Nationalism, Militarism, and the US Response to the Novel Coronavirus." *Geopolitics*, 25(5): 1037-1044.

Editorial Board. 2020. "Virus Lays Bare the Frailty of the Social Contract." *Financial Times*, April 4. https://www.ft.com/content/7eff769a-74dd-11ea-95fe-fcd274e920ca (accessed 8 July 2021).

Elias, Amanuel et al. 2021. "Racism and Nationalism During and Beyond the COVID-19 Pandemic." *Ethnic and Racial Studies*, 44(5): 783-793.

Farrell, Henry and Abraham Newman. 2020. "Will the Coronavirus End Globalization as We Know It?" *Foreign Affairs*, March 16. https://www.foreignaffairs.com/articles/2020-03-16/will-coronavirus-end-globalization-we-know-it (accessed 8 July 2021).

Ferguson, Niall. 2020. "From COVID War to Cold War: The New Three-Body Problem." In Hal Brands and Francis Gavin. (eds.), *COVID-19 and World Order: The Future of Conflict, Competition, and Cooperation*. Baltimore: Johns Hopkins University Press.

Friedman, Thomas L. 2020. "Our New Historical Divide: B.C. and A.C.—the World Before Corona and the World After." *The New York Times*,

March 17. https://www.nytimes.com/2020/03/17/opinion/coronavirus-trends.html (accessed 8 July 2021).

Gewen, Barry. 2020. "Why Joe Biden Will Confront the Limits of American Power." *National Interest*, December 23. https://nationalinterest.org/feature/why-joe-biden-will-confront-limits-american-power-174923 (accessed 8 July 2021).

Ghebreyesus, Tedros A. 2021. "Vaccine Nationalism Harms Everyone and Protects No One." *Foreign Policy*, February 2. https://foreignpolicy.com/2021/02/02/vaccine-nationalism-harms-everyone-and-protects-no-one/ (accessed 8 July 2021).

Ghilarducci, Teresa. 2021. "A Post-COVID Labor Revival?" *Project Syndicate*, January 11. https://www.project-syndicate.org/onpoint/covid19-policymakers-must-put-workers-first-by-teresa-ghilarducci-2021-01 (accessed 8 July 2021).

Green, Dominic. 2020. "Why Joe Biden Is Headed for Failure." *The National Interest*, December 20. https://nationalinterest.org/feature/why-joe-biden-headed-failure-174926 (accessed 8 July 2021).

Green, Michael J. 2021. "Biden Makes His First Bold Move on Asia." *Foreign Policy*, January 13. https://foreignpolicy.com/2021/01/13/kurt-campbell-biden-asia-china-appointment/ (accessed 8 July 2021).

Gvosdev, Nikolas. 2020. "Why the Pandemic Has Revived Hard-Nosed Realism." *World Politics Review*, September 8. https://www.worldpoliticsreview.com/articles/29039/looking-at-the-coronavirus-crisis-through-realist-theory (accessed 8 July 2021).

Haass, Richard. 2020a. "The Pandemic Will Accelerate History Rather Than Reshape It." *Foreign Affairs*, April 7. https://www.foreignaffairs.com/articles/united-states/2020-04-07/pandemic-will-accelerate-history-rather-reshape-it (accessed 8 July 2021).

______. 2020b. "Present at the Disruption: How Trump Unmade U.S. Foreign Policy." *Foreign Affairs*, 99(5): 24-34.

______. 2021. "Present at the Destruction: Trump's Final Act Has Accelerated the Onset of a Post-American World." *Foreign Affairs*, January 11. https://www.foreignaffairs.com/articles/united-states/2021-01-11/present-destruction (accessed 8 July 2021).

Hameiri, Shahar. 2021. "COVID-19: Is This the End of Globalization?" *International Journal*, https://doi.org/10.1177/0020702020985325.

Helleiner, Eric. 2021. "The Return of National Self-Sufficiency? Excavating Autarkic Thought in a De-Globalizing Era." *International Studies Review*, https://doi.org/10.1093/isr/viaa092.

Hicken, Allen, Pauline Jones, and Anil Menon. 2021. "The International System After Trump and the Pandemic." *Current History*, 120(822): 3–8.

Huang, Yanzhong. 2021. "Why the World Lost to the Pandemic." *Foreign Affairs*, January 28. https://www.foreignaffairs.com/articles/united-states/2021-01-28/why-world-lost-pandemic (accessed 8 July 2021).

Johnson, Keith and Robbie Gramer. 2020. "The Great Decoupling." *Foreign Policy*, May 14. https://foreignpolicy.com/2020/05/14/china-us-pandemic-economy-tensions-trump-coronavirus-covid-new-cold-war-economics-the-great-decoupling/ (accessed 8 July 2021).

Janeway, William H. 2020. "The Retreat from Globalization." *Project Syndicate*, June 26. https://www.project-syndicate.org/onpoint/faces-of-economic-deglobalization-by-william-h-janeway-2020-06 (accessed 8 July 2021).

Kirshner, Jonathan. 2021. "Gone But Not Forgotten: Trump's Long Shadow and the End of American Credibility." *Foreign Affairs*, 100(2): 18-26.

Kissinger, Henry. 2020. "The Coronavirus Pandemic Will Forever Alter the World Order." *The Wall Street Journal*, April 3. https://www.wsj.com/articles/the-coronavirus-pandemic-will-forever-alter-the-world-order-11585953005 (accessed 8 July 2021).

Kuttner, Robert. 2020. "To Fight Inequality, the United States Needs an FDR. Can Biden Deliver?" *Foreign Policy*, July 4. https://foreignpolicy.com/2020/07/04/to-fight-inequality-the-united-states-needs-an-fdr-can-biden-deliver/ (accessed 8 July 2021).

Legrain, Philippe. 2020. "The Coronavirus is Killing Globalization as We Know It." *Foreign Policy*, March 12. https://foreignpolicy.com/2020/03/12/coronavirus-killing-globalization-nationalism-protectionism-trump/ (accessed 8 July 2021).

Lind, Michael. 2020. "Thanks to China's Rise, the Age of Dealignment Is Here." *The National Interest*, October 17. https://nationalinterest.org/feature/thanks-china%E2%80%99s-rise-age-dealignment-here-170810 (accessed 8 July 2021).

Macron, Emmanuel et al. 2021. "Multilateral Cooperation for Global Recovery." *Project Syndicate*, February 3. https://www.project-syndicate.org/commentary/multilateralism-for-the-masses-by-emmanuel-macron-et-al-2020-02 (accessed 8 July 2021).

Mearsheimer, John J. 이춘근 역. 2020.『미국 외교의 거대한 환상: 자유주의적 패권 정책에 대한 공격적 현실주의의 비판』. 서울: 김앤김북스.

Miskovic, Damjan Krnjevic. 2021. "Back with a Vengeance: The Return of Rough and Tumble Geopolitics." *Orbis*, 65(1): 118-135.

Norris, Pippa. 2021. "It Happened in America." *Foreign Affairs*, January 7. https://www.foreignaffairs.com/articles/united-states/2021-01-07/it-happened-america (accessed 8 July 2021).

Nye, Joseph S. 2018. "The Cooperative Rivalry of US-China Relations." *Project Syndicate*, November 6. https://www.project-syndicate.org/

commentary/multilateralism-for-the-masses-by-emmanuel-macron-et-al-2020-02 (accessed 8 July 2021).

______. 2020a. "No, the Coronavirus Will Not Change the Global Order." *Foreign Policy*, April 16. https://foreignpolicy.com/2020/04/16/coronavirus-pandemic-china-united-states-power-competition/ (accessed 8 July 2021).

______. 2020b. "Can Joe Biden's America Be Trusted?" *Project Syndicate*, December 4. https://foreignpolicy.com/2020/10/09/covid-19-might-not-change-the-world/ (accessed 8 July 2021).

O'Sullivan, John. 2020. "Biden Should Pursue a Trump 2.0 Foreign Policy." *National Interest*, December 26. https://nationalinterest.org/feature/biden-should-pursue-trump-20-foreign-policy-175115 (accessed 8 July 2021).

Packer, George. 2020. "We Are Living in a Failed State." *The Atlantic*. https://www.theatlantic.com/magazine/archive/2020/06/underlying-conditions/610261/ (accessed 8 July 2021).

Panitch, Leo and Sam Gindin. 2018. "Trumping the Empire." In Leo Panitch and Greg Albo. (eds.), *Socialist Register 2019: A World Turned Upside Down?* London: Merlin Press.

Pence, Mike. 2018. "Remarks by Vice President Pence on the Administration's Policy toward China," *The White House*, October 4. https://trumpwhitehouse.archives.gov/briefings-statements/remarks-vice-president-pence-administrations-policy-toward-china/ (accessed 8 July 2021).

Rachman, Gideon. 2020. "Nationalism Is a Side Effect of Coronavirus." *Financial Times*, March 23. https://www.ft.com/content/644fd920-6cea-11ea-9bca-bf503995cd6f (accessed 8 July 2021).

Reich, Simon and Peter Dombrowski. 2020. "The Consequence of

COVID-19: How the United States Moved from Security Provider to Security Consumer." *International Affairs*, 96(5): 1253–1279.

Reinhart, Carmen and Vincent Reinhart. 2020. "The Pandemic Depression: The Global Economy Will Never Be the Same." *Foreign Affairs*, 99(5): 84-95.

Rodrik, Dani. 2020. "The Democrats' Four-Year Reprieve." *Project Syndicate*, November 9. https://www.project-syndicate.org/commentary/joe-biden-democrats-must-reconnect-with-workers-by-dani-rodrik-2020-11 (accessed 8 July 2021).

______ and Stefanie Stantcheva 2020. "The Post-Pandemic Social Contract." *Project Syndicate*, June 11. https://www.project-syndicate.org/commentary/new-social-contract-must-target-good-job-creation-by-dani-rodrik-and-stefanie-stantcheva-2020-06 (accessed 8 July 2021).

Rutschman, Ana S. 2021. "Is There a Cure for Vaccine Nationalism?" *Current History*, 120(822): 9–14.

Sachs, Jeffrey. 2021.「"부양책으론 위기 못 끝내…美 백신보급 속도에 경제회복 달렸다"」. 『한국경제』 1월 29일. https://www.hankyung.com/international/article/2021012984951 (검색일: 2021. 7. 8).

Schadlow, Nadia. 2020. "The End of American Illusion: Trump and the World as It Is." *Foreign Affairs*, 99(5): 35-45.

Schell, Orville. 2020. "The Ugly End of Chimerica." *Foreign Policy*, April 3. https://foreignpolicy.com/2020/04/03/chimerica-ugly-end-coronavirus-china-us-trade-relations/ (accessed 8 July 2021).

Schwab, Klaus. 2020. "Time for a Great Reset." *Project Syndicate*, June 3. https://www.project-syndicate.org/commentary/great-reset-capitalism-covid19-crisis-by-klaus-schwab-2020-06 (accessed 8 July 2021).

Summers, Lawrence. 2020. "Covid-19 Looks Like a Hinge in History." *Financial Times*, May 14. https://www.ft.com/content/de643ae8-9527-

11ea-899a-f62a20d54625 (accessed 8 July 2021).

The White House. 2017. "National Security Strategy of the United States of America." *National Security Strategy Archive*, December 18. http://nssarchive.us/wp-content/uploads/2020/04/2017.pdf (accessed 8 July 2021).

______. 2021a. "Quad Leaders' Joint Statement: 'The Spirit of the Quad'." March 12. https://www.whitehouse.gov/briefing-room/statements-releases/2021/03/12/quad-leaders-joint-statement-the-spirit-of-the-quad/ (accessed 8 July 2021).

______. 2021b. "Carbis Bay G7 Summit Communique." June 13. https://www.whitehouse.gov/briefing-room/statements-releases/2021/06/13/carbis-bay-g7-summit-communique/ (accessed 8 July 2021).

______. 2021c. "Interim National Security Strategic Guidance." March 3. https://www.whitehouse.gov/wp-content/uploads/2021/03/NSC-1v2.pdf (accessed 8 July 2021).

______. 2021d. "U.S.- Japan Joint Leaders' Statement: 'U.S.–Japan Global Partnership for a New Era'." April 16. https://www.whitehouse.gov/briefing-room/statements-releases/2021/04/16/u-s-japan-joint-leaders-statement-u-s-japan-global-partnership-for-a-new-era (accessed 8 July 2021).

Trump, Donald J. 2021. "Farewell Address." *The White House*, January 19. https://trumpwhitehouse.archives.gov/briefings-statements/remarks-president-trump-farewell-address-nation/ (accessed 8 July 2021).

US Democratic Party. 2020. "2020 *Democratic Party Platform*." Democratic National Convention, July 31. https://www.demconvention.com/wp-content/uploads/2020/08/2020-07-31-Democratic-Party-Platform-For-Distribution.pdf (accessed 8 July 2021).

Walt, Stephen M. 2019. "The End of Hubris: And the New Age of

American Restraint." *Foreign Affairs*, 98(3): 26-35.

______. 2020a. "The Realist's Guide to the Coronavirus Outbreak." *Foreign Policy*, March 9. https://foreignpolicy.com/2020/03/09/coronavirus-economy-globalization-virus-icu-realism/ (accessed 8 July 2021).

______. 2020b. "Biden Sees the A-Team. I See the Blob." *Foreign Policy*, December 11. https://foreignpolicy.com/2020/12/11/biden-sees-the-a-team-i-see-the-blob/ (accessed 8 July 2021).

______. 2021. "Trump's Final Foreign-Policy Report Card." *Foreign Policy*, January 5. https://foreignpolicy.com/2021/01/05/trumps-final-foreign-policy-report-card/ (accessed 8 July 2021).

Zurcher, Anthony. 2020. "US Election Results: Five Reasons Biden Won." *BBC*, November 7. https://www.bbc.com/news/election-us-2020-54782631 (accessed 8 July 2021).

색인

ㅈ

공저자 소개(집필 순서에 따름)

서정건 경희대학교 정치외교학과 교수

임성호 경희대학교 정치외교학과 교수

이종곤 이화여자대학교 정치외교학과 부교수

이병재 연세대학교 디지털사회과학센터 연구교수

백미정 주로스앤젤레스 총영사관 선임연구원

권보람 한국국방연구원 선임연구원

이수훈 한국국방연구원 선임연구원

김영준 경상국립대학교 정치외교학과 조교수

차태서 성균관대학교 정치외교학과 조교수

트럼프의 퇴장?

– 2020년 미국 대통령 선거의 평가와 전망

초판발행 2022년 1월 25일

지은이 미국정치연구회
펴낸이 안종만·안상준

편 집 장유나
기획/마케팅 장규식
표지디자인 이수빈
제 작 고철민·조영환

펴낸곳 (주) 박영사
서울특별시 금천구 가산디지털2로 53, 210호(가산동, 한라시그마밸리)
등록 1959.3.11. 제300-1959-1호(倫)
전 화 02)733-6771
f a x 02)736-4818
e-mail pys@pybook.co.kr
homepage www.pybook.co.kr
ISBN 979-11-303-1401-3 03340

정 가 17,000원